시대를 움직인
한마디

시대를 움직인 한마디

명언과 함께 떠나는 세계사 여행

시마자키 스스무 지음 | 전형배 옮김

창해

명언과 함께 떠나는 세계사 여행

"이집트는 나일 강의 선물."

"주사위는 던져졌다."

"나에게는 꿈이 있습니다."

예로 든 명언 가운데 첫 번째는 '역사의 아버지' 헤로도토스가 한 말이고, 두 번째는 로마의 영웅 카이사르의 말, 그리고 세 번째는 미국 공민권 운동의 지도자 킹 목사가 한 말이다. 모두 역사에 길이 남을 명언이다.

세계 역사상 이런 명언은 헤아릴 수 없을 정도로 많다. 그렇다면 그 많고 많은 명언 중에서도 꼭 기억해둘 만한 명언을 통해 세계사를 조감해볼 수는 없을까? 이 책은 그런 소박한 생각에서 탄생하였다.

명언의 종류는 매우 다양하다. 예를 들어 "이집트는 나일 강의 선물"이라는 말은 자연의 풍요로운 혜택을 입은 이집트 땅의 비옥함을 설명해준다. 그에 비해 "나에게는 꿈이 있습니다"라는 명언은 미국 건국 이래로 줄곧 존재해온 인종 차별 문제를 일깨움과 동시에, 공민권 운동의 고양이라는 사회 현상을 지칭하기도 한다. 이처럼 명언 혹은 기억에 남는 말이라 해도 그것이 품고 있는 내용은 천차만별이며, 그것이 바로 역사 읽기의 재미이기도 하다.

이 책은 그런 명언을 실마리 삼아 그 말이 생겨난 시대 상황을 설명하고, 그에 기준하여 세계사를 조감해본 것이다. 가급적 출전이 명확한 명언을 선택하려 노력했다. 그러나 누가 최초의 발설자인지 알 수 없는 데다 그전부터 전해져온 속담도 다수 포함되고 말았다. 이를 통해 알 수 있는 것처럼, 명언이 꼭 위인의 입에서 나온 것이라고 단정 지을 순 없다.

이 책을 집필하는 동안 세계 4대 문명에서 현대에 이르기까지 인류의 역사를 개관할 수 있도록 한다는 데 유의했다. 하지만 취사선택 과정에서 지역에 따른 편차는 어쩔 수 없었다. 또 지면의 한계 때문에 명언과 본문을 충분히 연결 짓지 못하는 경우도 생겼다. 이런 아쉬운 점들에 관해서는 독자 여러분의 깊은 이해를 바란다.

한편 이 책은 명언마다 두 쪽씩 배분하여 글을 구성했기 때문에 읽는 데 지겹지는 않을 것이다. 또 본문의 이해를 돕기 위해 항목별로 관련 사진과 팁을 첨부해 그것만 골라 읽어도 재미가 쏠쏠할 것이다. 아무데나 먼저 읽어도 좋고, 일부만을 읽어도 관계없다. 그것이 이 책의 장점이다. 이 책을 통해 한 사람이라도 더 많은 독자가 세계사에 흥미를 가지고, 더욱 상세한 내용을 알고 싶어 하게 된다면 그 이상 바랄 나위가 없다.

시마자키 스스무

들어가는 말_ 명언과 함께 떠나는 세계사 여행 5

1장 역사의 시작

1. 문명의 시작

이집트 문명_ "이집트는 나일 강의 선물" 24

메소포타미아 문명_ "눈에는 눈, 이에는 이" 26

투탕카멘의 시대_ "나는 줄곧 무언가를 발견하리라는 예감이 들었다" 28

이집트 대 히타이트_ "백만 병사보다 아멘 신이 더 든든하다" 30

문명과 미케네 문명_ "크레타의 대지여, 포도주빛 바다의 한가운데 떠 있도다" 32

트로이 전쟁_ "신들께서 나를 죽음으로 초대하셨다" 34

2. 유일한 신

출애굽_ "하나님은 율법을 낳아주신 아버지이다" 36

여호수아의 여리고 정복_ "그 기초를 쌓을 때 장자를 잃을 것이요, 문을 세울 때 막내를 잃으리라" 38

이스라엘인 대 팔레스타인인_ "나는 하나님의 가호를 받고 있다" 40

이스라엘의 고뇌_ "나는 죽음으로써 벌을 받아 마땅하다" 42

솔로몬의 치세_ "히브리인은 행복합니다. 대왕의 지혜에 귀기울일 수 있기 때문입니다." 44

3. 새로운 통치자

아시리아와 페르시아_ "내가 하는 말을 듣고 자유의 몸이 될지어다" 46

페르시아 제국의 융성_ "왕의 눈, 왕의 귀" 48

바빌론 유수_ "우리는 신전을 다시 세워 예루살렘의 영광을 회복할 것이다" 50

불교의 시작_ "천상천하 유아독존" 52

4. 대지를 뒤흔든 전쟁

아테네와 스파르타_ "우리나라 정치 체제를 다른 나라의 모범으로 삼게 한다" 54

페르시아 전쟁_ "당신들의 명령에 따라 우리는 여기에서 쓰러졌다" 56

알렉산드로스 대왕의 원정_ "마케도니아에는 네가 있을 자리가 없다" 58

로마 건국_ "나는 노래한다, 전쟁과 한 사람의 영웅을" 60

5. 중국 통일의 권모술수

하·은 왕조_ "은나라가 거울삼을 나라가 멀리 있지 않다" 62

춘추시대_ "정의 대소와 경중을 묻다" 64

전국시대_ "닭의 머리가 될지언정 소의 꼬리는 되지 말라" 66

진나라의 중국 통일_ "왕후장상의 씨가 따로 있다더냐" 68

한 왕조의 성립_ "사면초가" 70

무제의 서역 개척_ "천마가 왔구나, 마침내 서역 땅에서" 72

2장 지중해·오리엔트 세계의 진전

1. 시대를 초월한 위인

고뇌에 찬 유대의 역사_ "하나님의 예배를 지키는 데 열심인 사람은 내 뒤를 따르라" 80

예수의 죽음과 부활_ "네 이웃을 사랑하라" 82

로마의 내란_ "주사위는 던져졌다" 84

로마 황제의 탄생_ "무모한 장군보다 신중한 장군이 낫다" 86

2. 제정 로마 시대

나바테아의 번영_ "그 부유함으로 다른 유목 민족의 부러움을 사다" 88

아우구스투스 이후의 로마_ "이 세상에서 실로 뛰어난 예술가가 사라지고 마누나" 90

기독교의 발전_ "육체적 할례는 진정한 할례가 아니다" 92

로마 대 유대_ "자결로 그들을 놀라게 하고, 그 대담함으로 그들을 경악시키자" 94

로마의 5현제 시대_ "인류가 가장 행복했던 시대" 96

혼돈에 빠지는 로마_ "마음을 하나로, 병사를 부유하게, 다른 것에는 일절 신경을 꺼라" 98

로마 대 팔미라_ "태양신은 자신의 백성들을 버렸다" 100

아르메니아의 기독교 국교화_ "복음에 있어서 우리의 창시자요 아버지" 102

3. 고난을 떨쳐낸 영웅들

후한의 서역 경영_ "호랑이굴에 들어가지 않고 어찌 호랑이 새끼를 얻으리오" 104

조조의 대두_ "치세의 능신, 난세의 간웅이리니" 106

유비의 궐기_ "넓적다리에 살이 붙었구나" 108

삼국시대의 성립_ "내가 공명을 만난 것은 물고기가 물을 만난 것과 같다" 110

촉한과 오의 대결_ "선비는 사흘만 못 보면 눈을 씻고 다시 봐야 한다" 112

4. 동아시아 세계의 지배자

진의 중국 통일_ "파죽지세" 114

5호16국 시대_ "문턱에 걸려 나막신 뒤축이 부서져도 알지 못했다" 116

수 왕조와 야마토 조정_ "해 뜨는 곳의 천자가 해 지는 곳의 천자에게 보내오" 118

당나라의 창건_ "창업과 수성 중 어느 것이 더 어려운가?" 120

5. 세계 종교의 탄생

로마 제국의 사두정치_ "신들의 은혜를 저버리는 행동을 해서는 안 된다" 122

로마 제국의 천도_ "내 앞에서 걸어가는 자가 멈출 때까지 계속 간다" 124

비잔틴 제국의 전성기_ "솔로몬이여, 내가 그대를 앞섰노라" 126

이슬람교의 탄생_ "진리가 찾아들자 허위가 사라졌노라" 128

3장 민족의 이동과 대제국의 형성

1. 고뇌하는 중국

당 태종 시대_ "하늘에는 날아가는 새가 없고, 땅에는 달리는 짐승이 없다" 136

당 현종 시대_ "아름다운 후궁 삼천을 모았으나, 삼천의 총애가 한 사람에게 있네" 138

5대10국과 송나라_ "침대 밖은 모두 타인의 집이니" 140

송의 국정 대개혁_ "천하의 근심을 먼저 걱정하고, 천하가 즐거워한 뒤에 즐거워하라" 142

금과 송의 대결_ "내가 쏟은 10년 노력이 하루아침에 무너졌다" 144

2. 이슬람 세력의 강대화

이슬람의 정복 활동_ "시리아여 안녕히, 이토록 아름다운 나라를 적에게 넘긴단 말인가" 146

후우마이야 왕조의 건국_ "나와 저토록 무시무시한 적을 바다로 갈라놓으신 신께 감사를!" 148

비잔틴 제국의 약진_ "그 앞에서는 사라센인도 공포에 질려 죽고 만다" 150

셀주크 왕조의 건국_ "투르크인의 손에 검이 있는 한 신앙은 불멸하리라" 152

3. 교회와 황제

프랑크 왕국의 성립_ "전 유럽을 오직 선함으로 채웠다" 154

러시아의 기원_ "키예프는 루시의 모든 도시들의 어머니" 156

바이킹의 활약_ "고하게나, 아름다운 도시에게" 158

카노사의 굴욕_ "지상의 그 누구도 교황을 재판할 수 없다" 160

4. 두 세계의 치열한 싸움

십자군 원정_ "자, 이교도와의 전쟁을 위해 떠나자" 162

이집트 아이유브 왕조_ "술탄의 미덕이 모두에게 미치고 있다" 164

시아파와 수니파_ "이 궁전이야말로 천국임이 틀림없다" 166

플랜태저넷 왕조의 혼란_ "사려는 사람만 있다면 런던을 팔아도 좋다" 168

플랜태저넷 왕조의 쇠퇴_ "이로써 비로소 잉글랜드 왕이 될 수 있다" 170

시칠리아의 번영_ "원래부터 자신이 숭배하던 신에게 가호를 기원하라" 172

신성 로마 제국의 안정기_ "왕가가 단절될 경우, 왕국의 주민들이 새로운 왕을 선출할 권리를 가진다" 174

5. 세계 제국의 야망

칭기즈 칸의 등장_ "천신의 명을 받고 태어난 푸른 늑대" 176

몽골 제국 대 남송_ "죽음이야말로 내가 바라는 바다" 178

원나라의 융성_ "고금을 통틀어 최강의 대왕" 180

한족 국가 명나라_ "생각건대 명 태조는 성현과 호걸과 도적의 성격을 두루 갖췄다" 182

영락제의 친정_ "사막에 거하던 연왕이었으니, 짐에게는 북녘을 돌아보는 고민이 없도다" 184

4장 근대의 개막

1. 유럽에 부는 새 바람

프랑스의 왕위 쟁탈전_ "프랑스 왕을 자칭하는 백작의 아들" 192

백년전쟁_ "성채는 그대들의 것. 자, 돌격!" 194

발루아 왕조의 융성_ "신의 칼이 신속하게 지상으로 내려왔다" 196

르네상스의 개화_ "모든 조각들의 그림자가 옅어졌다" 198

폴란드의 리투아니아 병합_ "폴란드는 농민의 지옥이요, 유대인의 낙원" 200

합스부르크 왕가의 전략_ "전쟁은 다른 나라들이 하게 두고 자네는 결혼하게" 202

메디치 가문의 번영_ "붉은 천 몇 자만 있으면 귀족 한 사람은 너끈히 만들지" 204

2. 새로운 신앙으로

종교 개혁의 시작_ "인간은 신앙을 통해서만 의로워진다" 206

가톨릭 대 프로테스탄트_"하나님의 더 큰 영광을 위하여" 208

영국 국교회의 성립_"신앙의 옹호자" 210

이탈리아 전쟁_"이것은 한 도시의 파괴라기보다 한 문명의 파괴이다" 212

3. 새로운 세계로

대항해 시대_"그들은 쇠고기를 먹지 않는다" 214

신대륙 발견_"주민들을 개종시키는 것은 쉽다. 거기에서 그들이 일하게 하는 것이다" 216

세계 일주 항해_"이보다 아름다운, 아니 이보다 훌륭한 해협은 없으리라 생각한다" 218

스페인의 황금시대_"스페인이 움직이면 세계가 떤다" 220

4. 절대주의 국가 시대

튜더 왕조의 전성기_"미혼의 처녀로서 죽다" 222

영국의 혁명_"우리는 정신을 지닌 사람들을 모아야 한다" 224

프랑스의 절대주의 체제_"짐이 곧 국가" 226

러시아 제국의 대개혁_"도시 건설은 전쟁과 같다" 228

5. 아시아에 나타난 거대 제국

티무르 제국의 발흥_"그래도 그는 광대한 영토를 지배하는 황제이다" 230

오스만 왕조의 진격_"저 도시를 달라" 232

사파위 왕조의 영광_"이스파한은 세계의 절반" 234

무굴 왕조의 전성기_"드물게 보는 위대한 천재, 대정치가이신 대왕" 236

조선 왕조의 위기_"가볍게 움직이지 말고, 냉정히 산처럼 움직이라" 238

중국의 새로운 통치자가 된 청나라_"머리카락을 남기고자 한다면 머리를 남기지 말라" 240

5장 아시아·아프리카의 식민지화

1. 국민국가로 가는 길

국민국가로 가는 길_"군주는 국가의 제1공복" 246

미국의 독립운동_"대표 없이 과세 없다" 248

프랑스 혁명_"아닙니다, 폐하! 이건 혁명이옵니다" 250

프랑스 공화정의 성립_"조국이 위기에 처했다" 252

나폴레옹의 대륙 지배_"내 사전에 불가능이란 단어는 없다" 254

빈 회의와 백일천하_"회의에선 춤만 췄고, 무엇 하나 이루어지지 않았다" 256

2. 끓어오르는 유럽

오스만 왕조의 쇠퇴_"쇠약해진 제국이 위험에 처해 이웃 나라가 자제하기만을 바라고 있다" 258

미국과 멕시코의 전쟁_"천국과 가장 멀고 미국과 가장 가까운 나라" 260

크림 전쟁_"천사는 고뇌하는 사람들을 위해 싸우는 사람이다" 262

러시아의 농노 해방령_"겉은 번쩍이지만 속은 썩었다" 264

영국의 산업혁명_"해결하지 못할 문제는 없다" 266

프랑스 7월혁명_"자유주의는 옳다" 268

프랑스 2월혁명_"민중의 승리다. 노동자와 중산 계급의 승리가 서로를 감싸 안았다" 270

3. 바다를 건너가다

아편전쟁_"우리나라에 불명예를 안겨준 전쟁" 272

태평천국의 난_"도의 근원은 하늘에 있다" 274

남북전쟁_"노예제는 크나큰 도덕적 악이다" 276

열강의 멕시코 개입_"멕시코 제국은 난산 끝에 태어난 아이다" 278

4. 양대 신흥 세력

합스부르크 왕가의 현실_"당신이 황제가 아니었더라면 훨씬 멋있었을 텐데" 280

통일로 가는 이탈리아_"우리가 어디로 물러난다 해도 로마는 존속한다" 282

독일제국의 약진_"철과 피로써만 해결된다" 284

수에즈 운하 개통_"저당 물건은 영국 정부입니다" 286

비스마르크의 은퇴_"항로는 전과 같다. 전속력으로 전진하라" 288

5. 톱니바퀴 빠진 청 왕조

서태후의 동치중흥_"중체서용" 290

변법자강을 통한 근대화_"각국의 변법 가운데 피를 흘리지 않고 성공한 경우는 없다" 292

의화단 사건_"중국은 대대로 허약해져 이미 피폐해졌으니, 기댈 곳은 오직 인심뿐이다" 294

6장 미·소의 대립에서 미국의 세기로

1. 무너지는 제국

피의 일요일 사건_"폐하, 이제 힘이 다했습니다" 300

청나라의 멸망_"나는 무일푼이다. 가지고 돌아온 것은 혁명정신뿐" 302

제1차 세계대전_"큰 위기는 서서히 진행된다" 304

러시아 혁명_"혁명은 전 국민적 위기 없이 일어날 수 없다" 306

오스만 왕조의 해체_"주권은 무조건 국민의 것이다" 308

2. 세계대전으로 가는 길

이탈리아의 파시스트 체제_"폭력은 오히려 도덕적인 것이다" 310

세계 공황_"주가는 항구적으로 높은 고원 같은 곳에 이르렀다" 312

독립을 향해 가는 인도_"비폭력이란 폭력자의 의지에 대항하여 온 영혼을 내던지는 것이다" 314

나치스 지배하의 독일_"대중을 지배하는 자가 권력을 장악한다" 316

3. 3인의 싸움

신해혁명과 군벌_"혁명은 아직 이루어지지 않았다" 318

북벌의 개시_"공간을 내주고 시간을 번다" 320

중국공산당의 결성_"권력은 총구로부터 나온다" 322

4. 양대 진영의 충돌

제2차 세계대전_"파리는 불타고 있는가?" 324

미·일의 개전과 종전_"나는 돌아올 것이다" 326

미·소 냉전_"철의 장막이 드리워졌다" 328

한국전쟁_"노병은 죽지 않는다. 다만 사라질 뿐이다" 330

평화 10원칙_"아시아와 아프리카 국가들은 이제 다른 나라의 도구가 아니다" 332

미국의 공민권 운동_"나에게는 꿈이 있습니다" 334

5. 전혀 다른 새로운 전쟁

중동전쟁_"경우에 따라선 유전의 폭파도 불사한다" 336

베를린 장벽과 쿠바 위기_ "베를린을 결코 포기하지 않을 것이다" 338

베트남 전쟁_ "독립과 자유만큼 소중한 것은 없다" 340

백색혁명_ "독을 마신 것보다도 쓰라리다" 342

중국의 대외 개방 정책_ "검은 고양이든 흰 고양이든 쥐만 잘 잡으면 된다" 344

미·소 협조 시대로_ "사람들이 전쟁을 시작한 것이 아니다. 정부가 시작한 것이다" 346

테러와의 전쟁_ "악의 축" 348

◀피라미드

▲모세

역사의 시작

▲만리장성

◀시황제

◀트로이의 목마

▲트로이의 병사들

BC 4000경	BC 3200경	BC 3000경	BC 3000경	BC 2550경	BC 2500경	BC 2000경	BC 1800경	BC 1792	BC 1700경	BC 1670경	BC 1500경	BC 1567경	BC 1470경
ㅣ 메소포타미아에서 도시국가 형성	ㅣ 메소포타미아에서 설형문자 발명	ㅣ 상·하 이집트의 통일	ㅣ 에게 해 주변이 청동기 시대로 들어감	ㅣ 이집트의 대피라미드 시대	ㅣ 인더스 강 유역에서 도시 문명 탄생	ㅣ 티그리스 강 중간 유역에 아시리아 건국	ㅣ 아메리카 대륙에 정주농민 출현	ㅣ 인더스 문명이 쇠퇴하기 시작함	ㅣ 바빌론 제1왕조에 함무라비 왕 즉위	ㅣ 크레타 섬 미노아 문명이 전성기를 맞이함	ㅣ 이집트에 힉소스 왕조 성립	ㅣ 중국에 은 왕조 성립	ㅣ 아리아인이 서북 인도로 진출함	ㅣ 이집트에서 신왕국 시대 시작됨	ㅣ 고대 이집트가 사상 최대의 판도를 구축함

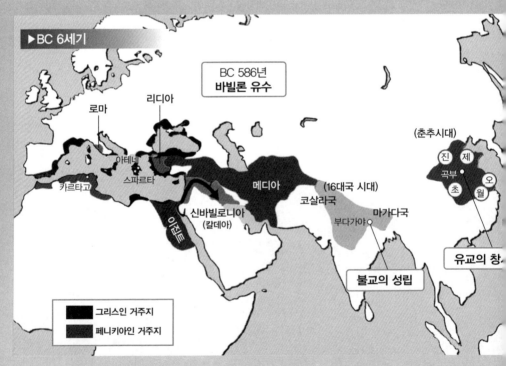

◎고대 문명은 세계 각지에서 동시다발적으로 탄생했다. 4대 문명은 저마다 고립되어 있었던 것이 아니라 서로 교류했던 것으로 여겨진다. 예를 들어, 고대의 전차는 서아시아에서 처음 만들어졌는데, 그곳에서 이집트·인도·중국으로 퍼졌다고 추정한다.

은	서주	춘추시대

BC 1400경	BC 1360경	BC 1338	BC 1275경	BC 1200경	BC 1000대	BC 1000경	BC 997	BC 928경	BC 814	BC 770경	BC 770	BC 753	BC 722경	BC 689경	BC 609경
미케네 문명이 번성함	아멘호테프 4세 즉위. 종교 개혁 실시	이집트 투탕카멘 왕 사망	람세스 2세와 히타이트가 싸움	이탈리아인이 이탈리아 반도에 유입됨	은이 멸망하고 주 나라(서주) 성립	아리아인이 갠지스 강 유역으로 진출함	이스라엘의 다윗이 즉위	이스라엘의 솔로몬 왕 사망	페니키아인이 카르타고 건설함	서주 멸망	동주 성립. 춘추시대 시작	전설상의 로마 시 건설	이스라엘이 아시리아에 멸망됨	아시리아가 바빌론을 파괴	아시리아가 신바빌로니아에 멸망됨

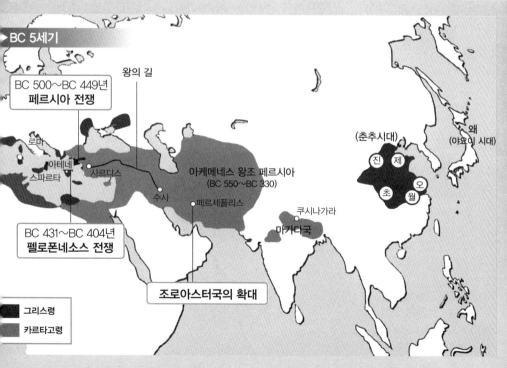

BC 5세기

왕의 길

BC 500~BC 449년
페르시아 전쟁

로마
아테네
스파르타
사르디스
수사

아케메네스 왕조 페르시아
(BC 550~BC 330)

페르세폴리스

쿠시나가라

마가다국

(춘추시대)
진 제
초 오
월

왜
(야요이 시대)

BC 431~BC 404년
펠로폰네소스 전쟁

조로아스터국의 확대

■ 그리스령
■ 카르타고령

◎BC 6세기부터 4세기에 걸쳐 기이하게도 동서양에서 공히 종교와 철학의 발전이 이루어졌다. 그리스에서는 소크라테스와 플라톤, 인도에서는 붓다, 중국에서는 제자백가가 사상계에 새 바람을 일으켰다.

BC 604	BC 600 경	BC 586	BC 550	BC 525	BC 509	BC 493	BC 492	BC 480	BC 479	BC 478	BC 477 경	BC 431	BC 403	BC 338
신바빌로니아의 네브카드네자르 2세 즉위	갠지스 강 중간 유역에 마가다국과 코살라국 성립	유대 왕국 멸망. 바빌론 유수	아케메네스 왕조 페르시아가 메디아를 멸망시킴	아케메네스 왕조가 이집트를 정복함(~BC 404년)	로마 공화제가 시작됨	라틴 동맹 결성	페르시아 전쟁 개시(~BC 449년)	살라미스 해전에서 그리스 군이 페르시아 군을 물리침	페르시아 군, 그리스 해군에게 패함	그리스에서 델로스 동맹이 결성됨	자이나교의 개조 발다마나 사망	그리스에서 펠로폰네소스 전쟁 발발(~BC 404년)	진에서 한·위·조가 독립	카이로네이아 전투. 마케도니아가 그리스를 격파함

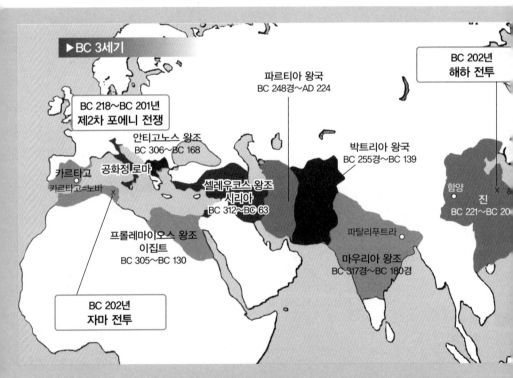

◎이탈리아 반도를 통일한 로마는 지중해로 진출하여 카르타고와 대결했다. 중국에서는 시황제가 전국시대를 마감하고 통일을 이루어 전국적으로 중앙 집권 국가를 형성했다.

전국시대							진				전한			
BC 334	BC 333	BC 331	BC 305	BC 317	BC 312	BC 264	BC 221	BC 218	BC 209	BC 206	BC 202	BC 202	BC 149	BC 146	BC 121

BC 334 ㅣ알렉산드로스 대왕, 페르시아 원정 개시

BC 333 ㅣ페르시아 군, 익소스 전투에서 패함

BC 331 ㅣ알렉산드로스 대왕, 알렉산드리아 건설

BC 305 ㅣ이집트 프톨레마이오스 왕조 성립

BC 317 ㅣ인도 마우리아 왕조 성립

BC 312 ㅣ셀레우코스 왕조 시리아 성립

BC 264 ㅣ제1차 포에니 전쟁(~BC 241년)

BC 221 ㅣ진시황제, 중국 통일

BC 218 ㅣ제2차 포에니 전쟁(~BC 201년)

BC 209 ㅣ진승과 오광의 난 발발

BC 206 ㅣ진의 멸망

BC 202 ㅣ유방이 중국을 통일하고 한 왕조 건국

BC 202 ㅣ한니발, 자마 전투에서 로마에 패함

BC 149 ㅣ제3차 포에니 전쟁(~BC 146년)

BC 146 ㅣ카르타고, 로마에 멸망됨

BC 121 ㅣ로마 그라쿠스 형제의 개혁 실패

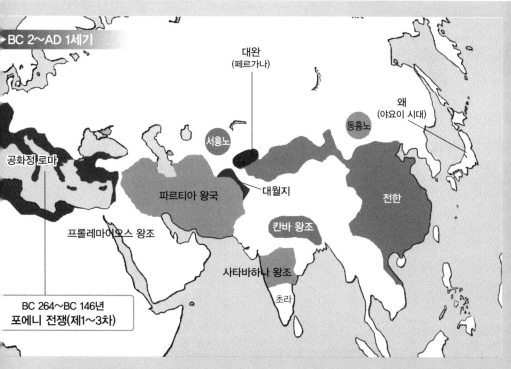

▶BC 2~AD 1세기

대완
(페르가나)

서흉노

동흉노

왜
(야요이 시대)

공화정 로마

파르티아 왕국

대월지

전한

프톨레마이오스 왕조

칸바 왕조

사타바하나 왕조

초라

BC 264~BC 146년
포에니 전쟁(제1~3차)

◎알렉산드로스 대왕의 원정을 계기로 그리스 문화가 서아시아와 인도에까지 전해졌다. 인도에서는 그 영향을 받아 우상을 만드는 풍조가 생겨났다. 로마는 동지중해의 시리아와 이집트 왕국으로 진출했다. 서아시아에서는 파르티아 왕국이 동서 무역으로 번영을 이뤘다.

이집트 문명

"이집트는
나일 강의 선물"
헤로도토스(그리스 역사가)
【역사】

메이둠 피라미드
경사면을 메워 사각뿔 형태로 완성했
으나 무너져 현재의 모습이 되었다.

표제의 말은 고대 이집트 문명이 나일 강에 힘입어 성립했다는 뜻을 담고 있다.

나일 강은 해마다 일정한 시기가 되면 범람한다. 그렇지만 갑자기 대홍수가 일어나 큰 재앙을 안기지는 않았다. 일정한 시기에 느릿느릿 물이 불어나기 시작해, 어느 시기가 되면 느릿느릿 빠져나간다. 그런 뒤에 남는 것이 하이집트에서 두께 약 0.3밀리미터, 상이집트에서 1밀리미터 정도로 칼륨, 인, 유기질이 풍부한 옥토가 쌓인다. 이 비옥한 땅이 나일 강 유역의 풍작을 약속해준다.

이러한 배경 아래 이집트에서는 BC 5000년경부터 농경과 목축이 이루어졌다. 부족국가의 단계를 거쳐 상이집트와 하이집트에 각각 통일 왕조가 성립되었다가, BC 3000년경에 상·하이집트를 통일한 왕국이 성립되었다고 여겨진다.

고대 이집트 시대를 구분하는 데는 두 가지 방법이 있다. 하나는 이집트 최초의 통일로부터 BC 30년에 멸망한 프톨레마이오스 왕조까지 32왕조를 헤아리는 방법이다. 또 하나는 초기 왕국, 고왕국, 중왕국, 신왕국으로 구분하는 방법이다.

그리고 고대 이집트 문명 하면 거대한 피라미드가 유명한데, 최초로 피라미드를 세운 것은 제3왕조의 조세르 왕이라고 한다. 사카라에 있는 일명 '계단 피라미드'가 바로 그것이다. 이어서 제4왕조의 초대 스네프루 왕 치세에는 다하슈르에 이른바 '굴절 피라미드'와 '붉은 피라미드'가 세워졌다. 이 왕은 메이둠에 아주 독특한 피라미드도 세웠다.

이 같은 역사를 거쳐 스네프루 왕을 이은 세 사람의 왕, 즉 쿠푸, 카프레, 멘카우레가 기자에 3대 피라미드를 건설했다. 이 중에서도 가장 큰 것이 쿠푸 왕의 대피라미드인데, 이 피라미드는 밑변이 230미터, 높이 146.5미터, 기울기 51도 50분이다.

이집트의 역대 왕들은 왜 이처럼 거대한 건축물을 세운 것일까? 오래전부터 이런 피라미드가 왕의 무덤이라는 주장이 있었지만, 지금까지 피라미드 안에서 왕의 미라가 발견된 예는 없다. 무언가를 기념하거나 상징하는 것이라는 주장도 있지만, 이유가 무엇이든 거대 피라미드의 건설이 후대에 이어지지 않은 이유를 설명할 길이 없다. 피라미드는 여전히 많은 수수께끼를 품은 채 이집트 곳곳에 묵묵히 서 있다.

나일 강의 델타 지대를 하이집트, 아스완에서 카이로까지의 하곡河谷 지대를 상이집트라고 한다.

메소포타미아 문명

함무라비 법전
쐐기문자로 쓰인 인류 최초의 성문법.
페르시아에서 발견되어 현재 루브르
박물관에 있다.

메소포타미아 문명이 번성한 땅은 지금의 이라크공화국에 해당한다. 메소포타미아란 말이 그리스어로 '강 사이에 있는 땅'을 의미하는 것처럼, 티그리스와 유프라테스라는 두 강 유역이 세계에서 가장 오랜 문명을 탄생시켰다. 이 땅은 '비옥한 초승달 지대'에도 포함되어 있었다. 이를 통해 알 수 있듯이 농경과 목축에 적당한 곳이었기 때문에 일찍부터 수많은 민족이 격렬하게 흥망을 거듭해온 무대였다.

역사적으로 뚜렷한 흔적을 남긴 최초의 민족은 수메르인과 아카드인이다. 그들은 BC 3000년대 메소포타미아의 주역으로 떠올랐다. 수메르의 경우는 일찌감치 역사의 무대에서 자취를 감추고 만다. 수메르인은 수수께끼투성이인 민족으로 원래의 거주지, 이주 경로와 시기, 언어 계통 등이 아직도 해명되지 않고 있다. 그러나 그들이 고대 오리엔트 시대에 불후의 업적을 남긴 것은 분명한 사실이다.

수메르인의 업적은 도시국가 건설, 제도 정비, 서기 관료의 창설, 문자 발명, 그밖에 태음력 위주의 역법, 60진법, 초보적 기하학과 대수학 등 정치·종교·학술·문화의 모든 분야에 걸쳐 있다. 그 중에서도 가장 두드러진 것은 설형문자의 발명이다. 설형문자는 쐐기문자라고도 하는데, 이것은 세계에서 가장 오래된 문자이다. 설형문자의 발명은 BC 3000년경의 일이다. 설형문자는 수메르인이 소멸된 후에도 아카드인이나 엘람인, 히타이트인 등 다양한 민족들이 차용했기 때문에 3000년이란 오랜 세월에 걸쳐 메소포타미아뿐만 아니라 서아시아 전역에서 사용되었다.

메소포타미아는 비옥한 땅이었던 만큼 불행도 따랐다. 수많은 도시국가의 통합과 분열, 외부 세력에 의한 유린과 통합을 수도 없이 경험했다. 그렇지만 강대한 중앙 집권 국가가 들어서서 주변 지역을 평정하고 서아시아의 패권을 잡은 시기도 있었다.

그 시기는 아카드 왕조의 나람신과 바빌론 제1왕조의 함무라비 왕 때였다. 나람신은 엘람, 에블라 등을 정복하여 '서방 세계의 왕'이라고 칭했다. 함무라비 왕은 설형문자로 기록된 법전을 편찬한 것으로 이름 높다. 그 주된 내용은 "눈에는 눈, 이에는 이"의 복수법으로 잘 알려져 있는데, 이것은 훗날 이슬람법에도 영향을 미쳤다.

한편, 법전의 정비는 함무라비가 처음은 아니고, 우르 제3왕조의 우르남무 법전이 최초이다.

우르 제3왕조는 BC 2100~BC 2000년경에
걸쳐 번성한 수메르인 최후의 통일 왕조.

투탕카멘의 시대

“나는 줄곧
무언가를 발견하리라는
예감이 들었다”
카나본(영국 귀족)

투탕카멘
18세 어린 나이에 죽은 왕으로 대단한
업적을 이루지는 못했으나 무덤이 발
굴되며 유명해졌다.

“나는 줄곧 무언가를 발견하리라는
예감이 들었다. 그러나 이 정도로 대단
한 무덤을 발견하리라곤 꿈에도 생각
지 못했다.”

하워드 카터의 후원자였던 카나본
경은 훗날 이런 말을 남겼다.

말할 나위도 없이 그가 발견한 것은
투탕카멘, 이집트 신왕국 제18왕조의
12대 왕이다. 투탕카멘은 역사적으로
이렇다 할 업적을 남기지는 못했지만,
그의 아버지 아크나톤, 즉 아멘호테프
4세는 급진적인 종교 개혁을 단행한
것으로 잘 알려져 있다.

아멘호테프 4세는 아멘 신을 섬기는
신관들이 너무 지나친 권력을 쥐고 있
다고 생각했다. 어떻게 하면 그들의 권
력을 무력화할 수 있을까? 이런 고민 끝에 그가 도달한 결론은 아멘 신을
부정하는 것이었다.

아멘호테프 4세는 태양신 라의 화신인 아톤 신에 착안했다. 아톤 신은 전전대의 투트모세 4세, 전대의 아멘호테프 3세 시대에 이미 어느 정도 영향력을 갖기 시작한 상태였다. 그리하여 파라오는 자신의 이름을 아멘호테프(아멘은 만족한다는 뜻)에서 아크나톤(아톤에게 공헌하는 자)으로 바꿨다. 그와 동시에 새로운 수도 아케타텐(아톤의 지평선)을 건설하기 시작했다. 또 왕비의 이름도 네페르토티(아름다운 사람이 왔다)에서 네페르티티(아름다운 사람이 오니 아톤은 그 빛으로 휘황하다)로 바꿨다.

투탕카멘은 이러한 배경에서 태어났다. 본래 이름은 투트 안크 아톤(아톤의 살아 있는 이미지)이었다. 그러나 아크나톤의 죽음과 동시에 종교 개혁이 중단되고, 수도는 테베로 다시 옮겨갔다. 아멘 신관들이 세력을 회복함과 동시에, 투탕카멘의 이름도 투트 안크 아멘(아멘의 살아 있는 이미지)으로 바뀌었다. 이 이름의 영어 발음이 바로 투탕카멘이다.

투탕카멘의 재위 기간은 약 9년이다. 그러나 대부분의 재위 기간 중에 왕의 친족인 아이, 장군인 호렘헤브 등이 실권을 장악했다. 이 두 인물은 훗날 모두 왕위에 올랐다.

아멘 신은 원래 테베 지방의 대기를 수호하는 신이자 풍요의 신이다. 중왕국 시대 제11왕조의 멘투호테프 2세가 테베를 수도로 삼은 이래 태양신 라와 일체화하여 신들 가운데 으뜸으로 추앙받았다.

이집트 대 히타이트

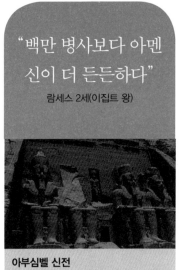

"백만 병사보다 아멘 신이 더 든든하다"

람세스 2세(이집트 왕)

아부심벨 신전
람세스 2세가 세운 것으로 네 개의 조각은 상·하이집트를 의미하는 의상을 입고 있다.

이집트 신왕국 제19대 왕조의 3대 파라오 람세스 2세는 아주 다양한 분야에서 이름을 남겼다. 당대 최고의 미녀들을 아내 혹은 애인으로 삼아 100명이 넘는 자식들을 남겼고, 자신의 딸들 가운데 4명을 아내로 맞아들였다. 그는 놀랄 만큼 오래 살았다. 물론 자신의 딸을 아내로 취하는 것은 당시 이집트에서 드문 일이 아니었다.

람세스 2세는 아멘 신에게 열렬히 기도를 올리고 용감하게 큰 소리로 외친 뒤 거의 단신으로 수많은 적의 한가운데로 짓쳐 들어갔다. 그는 경건하면서도 용맹스런 사령관이었다. "백만 병사보다 아멘 신이 더 든든하다"는 바로 그때 그가 외쳤던 말이다. 람세스 2세 당시의 이집트는 북으로 시리아, 남으로 수단에 이르는 광대한 제국을 이루고 있었다. 오늘날 국제적인 관광 명소가 된 아부심벨 신전을 비롯해 대규모 건축물을 많이 남겼다. 그는 많은 업적 중에서도 특히 용맹함을 뽐냈던 카데슈 전투(BC 1295년) 장면을 그려 넣는 것도 잊지 않았다.

히타이트는 소아시아에 본거지를 두고, 철기와 말을 잘 사용한 것으로 널리 알려진 대국이다. 즉 비옥한 토지이자 교역의 요충지이기도 한 시리아와 팔레스타인 지역을 둘러싸고 두 대국이 맞붙었던 것이다. 그러나 양국의 국내 사정 때문에 계속해서 전쟁을 치를 수 없는 상황에 몰렸다. 그리하여 BC 1259년경 람세스 2세와 히타이트 왕 하투실리스 3세 사이에 평화 조약이 체결되었다. 이것은 사상 최초의 국제 조약으로서 평화와 우호의 약속 외에 상호불가침과 상호원조의 협정, 양국 왕권의 보호, 도망자의 인도, 망명자의 사면 등을 명기해놓았다.

친선 방문이 지속되면서 동맹 관계가 안정되자 양국의 왕은 결혼을 통해 그 관계를 더욱 강화하고자 했다. 그리하여 하투실리스 3세의 두 딸이 람세스 2세의 비가 되었다. 그러나 이런 평화도 오래가지 못했다. 민족의 대이동에 휘말려 BC 1200년경 히타이트는 멸망하고 말았다.

▶고대 이집트

노모스의 분립
(도시국가)
BC 4000
3000
2700경

2500
고왕국
제3~6왕조
수도 멤피스
2200경

2133
2000
중왕국
제11~12왕조
수도 테베
1786

1670경
힉소스의
침입과 지배
1567

1500
신왕국
제18~20왕조

출애굽
1250경
1085

1000
제3중간기
제21~

750경
쿠슈인의 지배
664

아시리아 왕국
653경
제26왕조
525

500
아케메네스 왕조
페르시아
332

히타이트는 선주민인 하티인을 정복한 뒤 그들의
제철 기술을 계승했다. 그리고 그 기술을 독점해
이웃 국가들에게 선망의 대상이 되었다.

미노아 문명과 미케네 문명

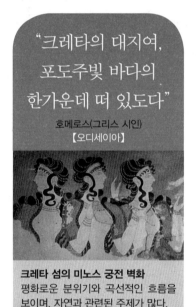

"크레타의 대지여,
포도주빛 바다의
한가운데 떠 있도다"
호메로스(그리스 시인)
【오디세이아】

크레타 섬의 미노스 궁전 벽화
평화로운 분위기와 곡선적인 흐름을
보이며, 자연과 관련된 주제가 많다.

크레타 섬은 면적이 약 8,300제곱킬로미터로 지중해에서 다섯 번째로 큰 섬이다. 에게 해 최남단에 떠 있는 이 섬은 남으로 아프리카 대륙에 가장 가까우며, 고대로부터 오리엔트와 접점을 이루는 그리스의 섬이다. 자연히 그리스 세계에서도 매우 이른 시기에 독자적인 문화를 형성했다.

크레타 섬에서는 BC 2000년경부터 궁전 건설이 시작되었다. 전설 속의 크레타 왕 미노스의 이름을 따 미노아 문명이라고 한다. 이 문명은 거대 규모의 궁전 건축이 큰 특징이다.

크레타의 궁전은 지배자의 거점이며 주민을 통합하는 제사 활동의 중심이었다. 그와 동시에 거대한 창고 기능도 갖추고 있었다. 각지의 지배 영역에서 운송돼온 농산물과 공예품을 일시적으로 보관하면서 필요에 따라 각지에 분배하는 기능을 담당한 건축물이었을 것이다. 이 같은 재분배 시스템을 지닌 미노아 문명은 BC 1700~BC 1500년경에 걸쳐 전성기를 맞았다.

같은 시기에 그리스 본토에서는 미케네 문명이 탄생했다. BC 1650년경에 아르고스 평야의 북변에 있는 미케네에서 호화로운 부장품을 지닌 무덤이 조성되었다. 이곳 묘역에서 발굴된 수혈묘의 바닥에는 방대한 양의 금제 장식품을 비롯해 호화찬란한 유물들이 함께 묻혀 있었다.

그 가운데에는 크레타 섬에서 온 공예품 외에 북쪽의 발트 해에서 온 호박과 남쪽의 아프리카에서 온 타조알 가공품 등도 포함되어 있었다. 이러한 부장품은 이들 무덤의 주인이 축적된 부와 폭넓은 교역망을 배경으로 세력을 널리 뻗쳤음을 말해준다.

미노아 문명은 BC 1450년경, 미케네 문명은 BC 1200년경에 붕괴되었다. 그 원인을 과거에는 도리스인이나 해양 민족의 침략에 의한 파괴라고 보았다. 그러나 오늘날에는 관점이 상당히 바뀌어 지진, 기후 변화 또는 난개발이 동반된 토양의 악화 같은 환경 요인을 중심으로 한 주장들이 더 설득력을 얻고 있다. 그러나 이런 주장도 아직까지 결정적인 지지를 받지 못하고 있다.

전설에 따르면 미노스 대왕은 해신 포세이돈을 분노하게 만들었다. 그로 인해 저주를 받아 태어난 아이들이 미노타우로스라는 반인반수의 괴물이었다. 이들을 가둬두기 위해 크노소스에 미로의 궁전을 만들었다고 전해진다.

트로이 전쟁

"신들께서 나를 죽음으로 초대하셨다"

헥토르(트로이 왕자)

트로이의 목마
이스탄불 박물관에서 전시하고 있는 트로이의 목마 모형

이야기는 올림포스 산에 사는 신들의 세계로 거슬러 올라간다. 거기에서 인간의 아들인 펠레우스와 티탄족인 테티스의 결혼식이 거행되고 있었는데, 싸움의 신 아레스만이 그 잔치에 초대받지 못했다. 화가 난 아레스는 가장 아름다운 여신에게 바친다고 외치며 사과 한 개를 던졌다.

어느 여신이 가장 아름다울까? 그 심판은 트로이의 왕자 파리스가 맡게 되었다. 파리스에게 헤라는 세계를 지배하는 힘을, 아테나는 모든 전쟁에서 승리할 수 있는 힘을, 아프로디테는 가장 아름다운 미녀를 주겠다고 했다. 마침내 파리스가 선택한 여신은 아프로디테였다.

문제는 인간 여성 가운데 가장 아름다운 미녀였다. 그녀는 바로 스파르타의 왕 메넬라오스의 왕비인 헬레네였다. 파리스는 아프로디테의 원조

아래 헬레네를 차지한 뒤, 그녀를 데리고 트로이로 돌아갔다.

그러니 메넬라오스 왕이 분노한 것은 당연한 일이었다. 그는 자신의 형인 미케네 왕 아가멤논에게 도움을 요청했다. 또 지난날 헬레네에게 구혼한 적이 있는 그리스의 모든 영웅들이 들고 일어났다.

결혼 전에 헬레네에게는 수많은 구혼자들이 있었다. 헬레네의 아버지 틴다레오스는 누구를 선택해도 원한을 살 우려가 있었기 때문에 어떤 사람을 사위로 택할지 고민했다. 그때 당대의 현인 오디세우스가 나서서, "누가 선택되든 결혼에 성공한 사나이가 곤란해지면 모두 힘을 합쳐 돕자"는 제안을 했다. 그의 말에 모든 구혼자들이 찬성했다. 그리하여 트로이 원정에 수많은 용사들이 참가하게 되었다.

이렇게 시작된 트로이 전쟁은 헥토르와 영웅 아킬레스의 죽음에 이어 트로이의 멸망으로 끝이 난다. 헥토르는 파리스의 형이다.

그런데 호메로스의 서사시는 과연 얼마만큼의 진실을 담고 있을까? 헤로도토스를 비롯해 수많은 저술가가 트로이 전쟁의 연대를 계산했지만, 저마다 다른 결론을 내놓았다. 이와 관련해 일반적으로 BC 1346~BC 1127년 사이로 추정하고 있다. 한편으로는 BC 1184년설과 BC 1250년설도 유력하게 떠오른다.

그런데 실제로 전쟁이 벌어졌다고 할 때, 그 진짜 원인은 무엇이었을까? 정말 한 사람의 미녀 때문에 벌어진 전쟁이었을까? 그것은 영원한 수수께끼이다.

헤라는 제우스의 아내로 질투심이 많은 여신이라고 한다. 아테나는 전쟁의 여신, 아프로디테는 미의 여신이다.

출애굽

"하나님은 율법을
낳아주신 아버지이다"

모세(이스라엘 지도자)

십계
하나님이 모세를 통해서 이스라엘 백
성에게 주었다는 계명

오늘날 유대인의 조상인 고대 이스
라엘인은 아브라함을 시조로 한다. 성
서에 따르면 아브라함은 메소포타미
아에서 살다가 하나님의 말씀을 듣고
'약속의 땅' 가나안(팔레스타인)으로 떠
났다. 이것이 어떤 형태로든 실재했다
면, 그와 관련된 사건은 BC 2000~BC
1700년 무렵이었을 것이다. 아브라함
의 4대손인 요셉은 이집트에 노예로
팔려 가는데, 이집트 왕의 꿈을 잘 해
몽하여 재상의 자리에 오르게 된다. 이
를 계기로 요셉은 가족을 이집트로 불
러들이고, 그곳에서 세를 불려나간다.

그런데 요셉의 자손들, 즉 이스라엘
인을 둘러싼 이집트의 정세가 급변한
다. 그들이 돌연 노예의 처지로 전락해버린 것이다. 이러한 사태는 이집트
제2중간기에서 신왕국 시대로 옮겨가는 과정에서 비롯되었다고 여겨진다.
이민족인 힉소스가 지배하던 제2중간기에 우대받았던 이스라엘인은 이집

트인 왕조의 부활과 함께 불우한 처
지에 내몰렸다.

노예 신세가 되어 가혹한 노동
에 시달려야 했던 이스라엘인들 앞
에 해방자로 등장한 인물이 모세였
다. 모세의 지도 아래 이스라엘인들
은 '출애굽'을 시도한다. 애굽 탈출은
BC 13세기 무렵이라고 한다. 모세 일
행이 지나간 경로와 관련하여 시나
이 반도의 북방설과 남방설 두 가지
가 있다. 그렇다면 당연히 모세가 십
계를 받은 시나이 산과 관련해서도

▶모세의 출애굽 경로

두 가지 설이 제기된다. 시나이 산으로 추정되는 곳은 북쪽의 제벨 히랄
과 남쪽의 제벨 무사인데, 현재 관광 명소로 각광받는 곳은 남쪽이다.

다시 십계로 돌아가 보자. 십계는 이스라엘인이 신의 백성으로서 살아
가기 위해 지켜야 할 최소한의 지침이다. 이 '시나이의 계약'을 지킴으로써
그들은 '젖과 꿀이 흐르는 땅'을 약속받았다고 「출애굽기」에 기록돼 있다.

모세는 40년간 광야를 떠돈 후 가나안을 눈앞에 두고 세상을 떠났다.
그는 이스라엘 백성들에게 "하나님은 율법을 낳아주신 아버지이며, 그것
을 손수 너희들에게 내려주셨다. 너희들은 그러한 하나님의 분노를 사 고
통 받지 않도록 부디 주의하기 바란다"라는 말을 남겼다.

힉소스는 수수께끼에 싸인 민족으로 아시아에서
건너왔다는 것 외에는 전혀 알려진 바가 없다.

여호수아의 여리고 정복

"그 기초를 쌓을 때
장자를 잃을 것이요,
문을 세울 때 막내를
잃으리라"
여호수아(이스라엘 지도자)【구약성경】

여리고 성 정복
성경에 나온 이스라엘의 여리고 정복
을 묘사한 그림

성경에 따르면, 모세가 죽은 후 하나님은 모세의 종자였던 여호수아를 다음 지도자로 지명했다. 여호수아는 가나안(팔레스타인) 정복이라는 큰일을 맡아, 이를 위해 먼저 요단 강 너머에 자리 잡은 여리고를 공략해야 했다.

여호수아는 여리고 성 안으로 두 사람의 정찰병을 잠입시켰다. 여리고 왕은 이를 곧바로 알아채지만, 두 사람은 라합이라는 유녀의 도움을 받아 위기를 벗어나 임무를 완수할 수 있었다.

사흘 후 이스라엘인의 대열이 여호수아의 호령 아래 요단 강변에 진을 쳤다. 우선 레위인 제사장들이 언약궤를 메고 강으로 들어갔다. 그런데 이 시기에는 언제나 풍부한 수량을 자랑하는 요단 강의 흐름이 딱 끊겨 바닥이 드러났기 때문에 모두 몸을 조금도 적시지 않고 건너편으로 갈 수 있었다.

이때 여호수아는 바로 앞으로 나아가지 않고 전원에게 할례(남근의 포피 일부를 잘라내는 것)를 받도록 명하였다. 이집트를 탈출하고 나서 태어난 남자들은 아무도 할례를 받지 않았기 때문이었다.

할례의 상처가 나은 후, 여호수아는 전군에게 진격을 명하여 여리고 성으로 쳐들어갔다. 여리고는 에모리인 왕이 지배하는 곳으로서, 성문은 굳게 닫혀 있고 방어 태세가 철저했다. 이때 다시 하나님이 여호수아에게 명령을 내렸다.

"너희 모든 군사는 성 주위를 매일 한 번씩 돌되 엿새 동안 그리하라. 제사장 일곱은 일곱 양각나팔을 잡고 언약궤 앞에서 행할 것이요, 제7일에는 성을 일곱 번 돌며 제사장들은 나팔을 불 것이며, 제사장들이 양각나팔을 길게 울려 불어서 그 나팔 소리가 너희에게 들릴 때에는 백성은 다 큰 소리로 외쳐 부를 것이라. 그리하면 그 성벽이 무너져 내리리니 백성은 각기 앞으로 올라갈지니라."

여호수아는 하나님의 명령을 모두에게 전하고 충실히 그 명령에 따랐다. 그러자 정말로 성벽이 무너져 내렸다. 여호수아는 정찰병들을 구해준 라합의 가족만 제외하고 남녀노소를 불문하고 모두 죽였다. 그러고는 앞에 적은 것처럼 저주의 말을 퍼부었다.

이것이 어디까지가 사실이고 어디까지가 허구인지는 알기 어렵다. 여리고를 발굴 조사한 결과, 확실히 파괴된 것으로 보이는 성벽의 흔적이 발견되긴 했다. 그러나 그것은 BC 2300년 무렵의 것으로, 여호수아의 시대와는 부합하지 않는다. 역사적 진실은 여전히 수수께끼일 따름이다.

언약궤는 '아크ark'라고도 불린다. 그 속에는 모세의 십계를 새긴 두 개의 석판이 들어 있다.

이스라엘인 대 팔레스타인인

"나는 하나님의 가호를
받고 있다"
삼손(이스라엘 용사)
【구약성경】

삼손과 데릴라
삼손이 가진 힘의 원천을 알게 된 데
릴라는 삼손이 잠자는 사이 그의 머리
카락을 자른다.

이스라엘 사람들이 블레셋 사람들
(지금의 팔레스타인인)에게 고통 받고 있
을 때 삼손이라는 장사가 나타났다. 그
는 맨손으로 사자를 때려잡을 정도로
강한 사람이었다.

삼손이 언젠가 블레셋 사람들에게
원한을 품고 수확물을 엉망으로 만들
어놓아 그들을 곤란하게 만들었다. 분
노한 블레셋 사람들이 항의하자, 이스
라엘인인 유다 부족이 삼손을 밧줄로
묶어 인계했다.

그러나 레히라는 곳에 도착했을 때,
삼손은 갑자기 자신을 묶은 밧줄을 끊어버렸다. 그리고 발밑에 있던 나귀
의 턱뼈를 주워들더니 무리 가운데로 돌진하여 1,000명이나 되는 적을 때
려죽였다. 살아남은 사람들은 대혼란 속에서 줄행랑을 놓았다.

삼손에게도 뭔가 약점이 있을 것이라고 생각한 블레셋 사람들은 삼손
과 동거하고 있던 유녀 데릴라를 매수하여 비밀을 캐내려고 했다. 그러나
삼손의 판단력은 그때까지는 건재했다. 그는 데릴라의 책략에 똑같이 책

략으로 맞섰다. 자신을 일곱 가닥의 부드러운 넝쿨로 묶으면 자유로이 운신할 수 없다고 거짓말을 했다.

그 거짓말이 들통나서 데릴라에게 책망을 듣자, 삼손은 다시금 거짓말로 둘러댔다. 이번에는 일곱 개의 그물로 묶으면 힘을 잃는다고 했다. 데릴라는 이것도 시험해보았지만, 보기 좋게 실패했다. 다음에는 자신의 머리카락을 땋아 올리라고 말했다. 그러나 이 역시 실패로 끝났다.

삼손은 이처럼 영리하게 적들의 계략을 벗어났지만, 블레셋 여인에게 빠져 있었던 것 자체가 잘못이었다. 결국 그에 상응하는 하나님의 벌을 받게 되었다. 데릴라의 거듭된 청에 못 이겨 마침내 자신의 소중한 비밀을 털어놓았던 것이다.

"나는 하나님의 가호를 받고 있다. 나는 하나님께서 보살피사 세상에 태어나 내 머리카락을 소중히 여겨왔다. 하나님께서 절대 깎지 말라고 명령하셨기 때문이다. 이 머리카락이 얼마나 촘촘히 자라나고 길이가 어느 정도냐에 따라 쓰는 힘이 달라진다."

데릴라는 삼손이 잠든 틈을 타서 그의 머리카락을 잘라버렸다. 그러자 삼손은 힘을 잃고 말았다.

이리하여 블레셋 사람들의 손에 넘겨진 삼손은 두 눈이 뽑히고 쇠사슬에 묶였다. 최후의 순간이 다가왔을 무렵, 그의 머리카락이 조금 자라기 시작했다. 그러자 그는 기둥을 쓰러뜨리며 3,000명의 블레셋 사람들을 죽이고 자신도 세상을 떠났다.

블레셋은 BC 1200년경 동지중해를 휩쓴 해양 민족의 일부라고 여겨진다. 팔레스타인은 '블레셋 사람들의 땅'이라는 뜻이다.

이스라엘의 고뇌

"나는 죽음으로써 벌을 받아 마땅하다"

다윗(이스라엘 왕)
【구약성경】

다윗
골리앗을 쓰러뜨린 목동으로 훗날 이스라엘 왕이 되었다.

여호수아가 죽은 뒤 이스라엘은 사사師士(여호수아 이후부터 왕정 수립 이전까지 활약했던 이스라엘의 지도자)들의 시대가 된다. 성경에 따르면, 하나님은 이스라엘 사람들이 하나님을 버리고 바알(고대 근동의 여러 부족이 섬기던 신)과 아세라(셈족의 여신) 등 이민족의 신들을 섬기리라 짐작하고 미리 대비책을 세워놓았다. 즉 이민족의 힘을 빌려 징벌을 가하고자 했던 것이다. 이민족을 완전히 멸망시키지 않고 남겨둔 것은 그 때문이었다.

그리하여 이민족에게 침탈당해 복종을 강요받고 고통에 시달리자, 이스라엘 사람들은 하나님의 가르침을 되새기며 구원해달라고 외치기 시작했다. 하나님은 그들을 구하기 위해 사사라고 불리는 지도자들을 보냈다.

그 덕분에 이민족에게서 해방되었지만, 이스라엘 사람들은 얼마 후 전처럼 타락에 빠졌다. 다시금 이민족의 지배 아래 놓여 참을 수 없는 지경이 되자 하나님에게 구원을 청했다. 하나님은 그에 응답하여 새로운 사사들을 파견했다. 그런 상황이 몇 번씩이나 반복되었다. 삼손도 그런 사사들 가운데 한 사람이었다.

마침내 사사들의 시대가 가고 왕의 시대가 찾아왔다. 그리하여 최초로 왕위에 오른 이가 사울이다. 사울은 예언자 사무엘로부터 기름부음을 입어 이스라엘의 왕이 되었다. 기름을 붓는다는 것은 그 사람을 성별聖別한 다는 의미이다. 즉 히브리어로 '기름부음을 당한 자'를 '메시아'라고 하며, 그리스어로는 '그리스도'라고 한다. 이것이 나중에는 '구세주'라는 의미로 널리 쓰이게 된다.

그런데 사울은 계율에 반하는 행위를 거듭해 하나님으로부터 버림받는 다. 그리고 아들들도 차례로 전사하게 된다.

사울의 뒤를 이은 왕이 사위인 다윗이다. 그러나 이 다윗도 만년에 잘 못을 저지른다. 부하의 아내인 밧세바를 욕심낸 나머지 그 부하를 사지에 빠뜨려 여인을 차지하려고 들었다.

하나님은 예언자 나단을 통해 다윗을 꾸짖었다. 나단은 다윗에게 비유 를 들어 이야기했다. 그러자 다윗은 "이런 바보스런 짓을 한 남자는 악인 입니다"라고 한 뒤 "나는 죽음으로써 벌을 받아 마땅합니다"라고 말했다.

하나님의 처벌은 가혹했다. 우선 다윗의 장남 암논이 누이인 다말을 범 했다. 그에 분노한 차남 압살롬이 암논을 죽였다. 압살롬이 마침내 모반을 일으키자 다윗은 왕좌를 내주고 쫓겨났다. 그 후 압살롬의 모반은 진압되 었지만, 다윗은 자식들의 죽음으로 말미암아 심신에 깊은 상처를 안게 되 었다.

「사사기」의 사사를 '판관'이라고도 한다. 자신의 대에
한정된 지도자로, 그 권력은 세습되지 않았다.

솔로몬의 치세

솔로몬의 재판
칼 데 카렌 성서에 그려진 그림으로 솔로몬의 지혜로운 재판을 묘사하고 있다.

다윗의 뒤를 이은 왕이 밧세바가 낳은 솔로몬이다. 솔로몬 시대는 고대 이스라엘 역사상 가장 번성한 때였다.

왕국의 영토는 유프라테스 강에서 가자에까지 미쳤고, 백성들은 단에서 브엘세바에 이르기까지 자신의 포도나무와 무화과나무 아래에서 안심하고 살아갈 수 있었다. 솔로몬의 풍부한 지식과 지혜는 동방과 이집트의 모든 사람들로부터 칭송받았다. 그의 명성은 주변 모든 나라에 드높아서 친교를 원하며 찾아오는 왕과 사자가 끊이지 않았다.

그 중에서도 친교가 가장 깊었던 왕이 두로의 왕 히람이다. 히람은 예루살렘에 신전을 건설하고 싶어 했다. 이를 위해 솔로몬 왕에게 숙련된 목수와 기능인, 목재를 보내달라고 청했다. 솔로몬 왕은 흔쾌히 이 요청을 받아들였다.

친교를 원하는 왕들 가운데에는 에티오피아의 여왕도 있었다. 그녀는 솔로몬의 지혜를 실제로 시험해보려 했다. 어떻게든 자신의 눈과 귀로 확인하고 싶어서 솔로몬을 찾아왔다.

솔로몬은 여왕이 내놓는 어려운 문제들을 쉽게 풀었다. 그 과정이 매우 신속해서 솔로몬의 지혜가 소문 이상임을 알게 되자 여왕은 경탄해 마지 않았다. 왕궁의 아름다움과 규모는 물론이고, 그에 뒤지지 않는 건물들의 배치도 놀라울 따름이었다. 거기에도 솔로몬 왕의 지혜가 담겨 있었다.

그러나 여왕이 무엇보다도 경탄한 것은 '레바논 숲'이라 불리는 넓은 홀과 식사, 왕이 성의를 다해 준비한 집기, 접대, 급사들의 복장과 흐트러짐 없는 예의범절 등이었다. 또 날마다 하나님께 희생 제물을 올리는 레위인 제사장들의 정성도 감탄할 만했다.

이러한 광경을 매일 접한 여왕의 반응이 심상할 수가 없었다. 여왕은 이런 말을 남겼다.

"히브리인은 행복합니다. 당신의 신하들이나 친구들도 마찬가지입니다. 매일같이 당신을 알현하며 당신의 지혜에 끊임없이 귀기울일 수 있기 때문입니다."

그러나 그렇게 융성했던 왕국도 솔로몬의 죽음과 함께 북쪽의 이스라엘 왕국과 남쪽의 유다 왕국으로 쪼개지게 된다.

에티오피아 정교에서는 에티오피아 건국의 조상을 솔로몬과 여왕 사이에 태어난 메넬리크 1세로 본다.

3
새로운
통치자

아시리아와 페르시아

"내가 하는 말을 듣고
자유의 몸이 될지어다"

키루스 2세(이란 왕)
【역사】

키루스 2세
메디아, 신바빌로니아, 리디아 등의
제국을 병합해 페르시아 제국의 기초
를 세웠다.

메소포타미아 북쪽 지역을 아시리
아라고 한다. 그곳에서 일어난 나라가
BC 8세기경부터 큰 세력을 얻어 한때
오리엔트 전역을 지배할 정도로까지
번성했다. 그러나 아시리아가 BC 7세
기 초반에 붕괴한 뒤로는 이집트, 리디
아, 메디아, 신바빌로니아 등 네 나라
로 나뉘었다. 그때 메디아의 지배를 받
는 수많은 민족이 있었는데, 페르시아
인도 그 가운데 하나였다.

메디아의 왕 아스티아게스에게는
만다네라는 딸이 있었다. 언젠가 그는
만다네가 오줌을 싸자 전 아시아가 홍
수에 휩쓸리는 꿈을 꾸었다. 걱정에 사
로잡힌 왕은 점쟁이를 불러 해몽을 한
뒤, 만다네를 속국 페르시아의 작은 영
주인 캄비세스 1세에게 시집보냈다.

그 뒤에 왕은 다시 만다네의 음부에서 한 줄기 포도나무가 자라나 순식간에 아시아 전역을 뒤덮는 꿈을 꾸었다. 왕은 공포심에 사로잡힌 나머지 충신 하르바고스에게 명해 만다네가 낳은 키루스 2세를 죽여 없애려고 했다. 그러나 하르바고스는 차마 갓난아기를 죽이지 못하고 그 일을 수하에 있던 소치기에게 맡겼다. 소치기의 아내는 마침 아기를 잃고 슬픔에 잠겨 있다가 키루스 2세를 자기 아들처럼 키우기로 했다. 의심을 사지 않으려고 왕에게는 자신의 죽은 아기를 갖다 바쳤다.

그런데 아이가 열 살쯤 되었을 때 키루스 2세라는 것이 밝혀졌다. 다행히 그 무렵에는 왕의 마음도 변해 있었다. 그리하여 키루스 2세는 친부모 밑에서 자랄 수 있게 되었다.

마침내 장성한 키루스 2세는 페르시아인의 집회를 개최하여, 하루는 종일토록 땅을 일구게 하고 하루는 진수성찬을 차려 먹게 했다. 그런 뒤에는 페르시아인들에게 어느 쪽이 더 좋으냐고 물었다.

페르시아인들은 당연히 "어제와 오늘은 하늘과 땅 차이입니다. 어제는 고통뿐이었지만 오늘은 기쁨뿐입니다"라고 대답했다. 이 대답을 듣고 키루스 2세는 자신이 세운 계획을 털어놓았다.

"페르시아인들이여, 그대들은 바로 이런 상황에 놓여 있다. 내 말을 따르면 노예처럼 일해야 하는 신세에서 벗어나 오늘처럼 기쁜 일만 생길 것이다. 그러니 내가 하는 말을 듣고 자유의 몸이 될지어다."

이리하여 페르시아인들은 키루스 2세의 지도 아래 떨쳐 일어나 순식간에 메디아를 타도했다. 그리고 리디아와 신바빌로니아도 정복했다. 이 나라가 바로 아케메네스 왕조 페르시아다.

진상을 알게 된 아스티아게스는 하르바고스에게 자기 자식을 잡아먹으려는 벌을 내렸다. 하르바고스는 이 조치에 원한을 품고 복수하기 위해 키루스 2세에게 반기를 들 것을 촉구했다.

페르시아 제국의 융성

"왕의 눈,
왕의 귀"

헤로도토스(그리스 역사가)
【역사】

다리우스 1세
비시툰 비문에 새겨진 다리우스의 모습

키루스 2세가 죽자 그의 아들 캄비세스 2세가 왕위를 이었다. 그는 이집트로 친정을 나가 페르시아의 지배 아래 두지만, 그곳에서 정신이상을 일으켜 죽고 말았다.

그러자 바르사 지방에서 캄비세스 2세의 친동생 바르디야의 이름을 사칭한 무리가 반란을 일으켰다. 이를 진압하여 가짜 바르디야를 죽이고 스스로 즉위한 사람이 대왕 다리우스 1세였다. 다리우스 1세는 키루스 2세와 같은 집안에서 태어났는데, 아버지는 히르카니아와 파르티아의 총독을 겸하고 있었

다. 왕족의 실력자 집안에서 태어난 것이다.

다리우스 1세가 즉위하자 제국 내의 모든 곳에서 스스로 왕이라 칭하며 반란을 일으키는 자들이 속출했다. 다리우스 1세는 9명이나 되는 자칭 왕들을 19회에 걸친 전투를 통해 모두 꺾어버리고, 그 전장의 기념비로 비시툰의 암벽에 페르시아어, 아카드어, 아람어 등 세 가지 언어를 병기한

비문을 새겨 넣었다. 이것은 현재도 그 자리에 남아 있다.

다리우스 1세는 키루스 2세가 건설한 페르시아 제국을 정비하여 안정된 토대 위에 올려놓았다. 그런 뒤 자신의 수중에 모든 권력과 정보를 집중시켰다는 점에서 그가 확립한 체제는 중앙집권적이었다.

그러나 각 지방은 아시리아의 군관구제에 따라 임명된 총독들이 지배하고, 상당한 자율성을 가진 20~29개의 구역으로 나뉘어 있었다. 각 지역의 총독은 매년 정해진 세금을 납부하고, 대왕이 전쟁을 벌일 시에는 군대를 이끌고 참여해야 하는 의무가 부과되었다. 그럼에도 총독이 관할하는 지역에서는 독자적인 전통과 문화를 바탕으로 자유로이 통치할 수 있었다. 물론 이렇게 자유는 있었지만, 이들은 '왕의 눈' 혹은 '왕의 귀'라고 일컬어지는 대왕의 직속 관료들로부터 항상 감시당했다.

광대한 제국에서 중앙집권제가 제대로 작동하기 위해서는 제국의 끝에서 끝까지 신속하게 정보를 전달하는 제도가 필수적이었다. 다리우스 1세 치하에 완성된 도로망은 '왕의 길'이라고 불렸다. 소아시아의 사르디스를 출발하여 왕도인 수사에 이르는 도로는 길이가 거의 2,400킬로미터나 되었다. 그 도로의 주요 지역마다 111개의 역참을 정비하고 도로 감독관을 배치했다. 그 도로를 주파하는 데에는 보통 여행객이 90일가량 걸리지만, 이 역참 시스템을 이용하면 7일 만에 주파할 수 있었다고 한다.

다리우스 1세는 중앙집권제의 필요성 때문에 도량형의 통일을 도모했다. 은화와 동화는 대왕뿐만 아니라 총독이나 장군들도 만들었는데, 매우 질이 좋았으며 제국 각지에서 유통되었다.

비시툰 비문에는 바르디야가 가짜라고 되어 있지만, 이것은 아무래도 의심스럽다. 바르디야가 정당한 왕위 계승자였고, 다리우스 1세는 찬탈자였을 가능성이 높다.

바빌론 유수

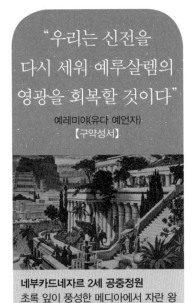

"우리는 신전을 다시 세워 예루살렘의 영광을 회복할 것이다"
예레미야(유다 예언자)
【구약성서】

네부카드네자르 2세 공중정원
초록 잎이 풍성한 메디아에서 자란 왕비 아미티스를 위로하려고 만든 정원

솔로몬 왕 사후에 왕국은 북쪽의 이스라엘 왕국과 남쪽의 유다 왕국으로 분열했다가, BC 722년 이스라엘 왕국이 아시리아에 멸망한다. 유다 왕국은 아시리아에 순종하기로 하고 겨우 명맥을 보존했지만, 그 후계 국가인 신바빌로니아의 위협이 날이 갈수록 심각해졌다. 이 때문에 국내에서는 친바빌로니아파와 친이집트파의 대립이 격렬해졌다.

그런 가운데 예레미야는 신바빌로니아와 평화를 유지하기 위해 항복도 마다하지 않는다는 입장을 취하지만, 사람들은 그를 이해하려 들지 않았다. 그 때문에 예레미야의 말투는 점점 거칠게 변해갔다.

"너희들은 터무니없는 짓들을 벌여 왕을 속이고 있다. 이집트와 동맹을 맺는다고 해서 우리에게는 어떤 이익도 돌아오지 않는다. 저 바빌로니아인 왕이 이집트인을 쳐부수면 군대를 끌고 예루살렘으로 물밀듯이 들어와 사람들을 굶주려 죽게 만들 것이다. 그리고 살아남은 자들을 포로로

삼아 바빌론으로 끌고 가 재산을 빼앗고, 신전의 보물들을 끄집어내 불을 지르고, 마침내 도시를 송두리째 파괴하고 말 것이다. 우리는 70년간 왕과 그 자손의 노예가 된다. 70년 후에 페르시아인과 메디아인이 바빌로니아인을 멸망시키고, 우리는 그들의 노예 상태에서 해방될 것이다. 그리고 이 땅으로 되돌아왔을 때 우리는 신전을 다시 세워 예루살렘의 영광을 회복할 것이다."

예레미야의 경고는 사람들의 반발을 샀고, 그는 결국 투옥되기에 이른다. 그러나 현실은 그가 말하는 대로 흘러가고 있었다.

BC 586년, 신바빌로니아의 네부카드네자르 2세가 유다 왕국을 멸망시키고, 왕족과 부자들과 기술자들을 바빌론으로 강제 이주시켰다. 역사에서는 이를 일러 바빌론 유수라고 적었다.

세월이 흘러 포로들의 귀국이 허락된 것은 예레미야의 예언대로 아케메네스 왕조 시대에 들어서고 나서였다. 그때가 키루스 2세 치세 때인 BC 538년이었다. 신전(제2신전)이 재건된 것은 BC 515년이라고 한다.

한편 네부카드네자르 2세는 '세계 7대 불가사의'로 꼽히는 공중정원과 바빌론의 성벽을 구축한 인물로, 사람들은 그를 일러 '건축왕'이라고 한다.

공중정원은 메디아 출신으로서 사막으로 시집오기를 싫어했던 왕비 아미티스를 위로하기 위해 만들어졌다. 높은 지대에 만들어진 정원으로 여겨진다.

불교의 시작

"천상천하
유아독존"

붓다(불교의 창시자)
【니다 나카다】

붓다
불교의 창시자로 어머니의 옆구리로
탄생했다는 설화가 있다.

고대 남아시아의 역사 시대는 인더스 강 유역에서 시작되었다. BC 2500~BC 1700년까지 번영을 누린 이른바 인더스 문명을 말한다.

1921년과 22년에 인더스 강 중류 지역에서 하라파, 모헨조다로의 하류 지역에서 청동기 시대 도시 문명의 유적이 잇따라 발견되었다. 그 뒤에 조사를 통해 이 문명이 동서 1,500킬로미터, 남북 1,100킬로미터에 분포했던 것이 밝혀졌다. 도시는 모두 뛰어난 계획에 근거하여 건설되어, 기본적으로는 성채와 시가지로 구성되었다. 시가지에는 직각으로 교차하는 크고 작은 유적들이 포진해 있고, 도로 양편으로는 구운 벽돌로 만든 건물들이 늘어서 있었다.

인더스 문명에 나타난 여러 도시의 특징은 구운 벽돌을 대량으로 사용했다는 점이다. 벽돌은 세로 4, 가로 2, 높이 1의 비율로 만들어졌다. 도량형도 전체적으로 통일되어 있었다. 인더스의 도시 문명은 BC 2000년경부터 쇠퇴하기 시작해 BC 1700년경에는 거의 소멸했다.

그로부터 200여 년 후에 인도-유럽 어족의 방언을 쓰는 민족이 중앙아시아로부터 남하하기 시작해, 힌두쿠시와 슬라이만 양 산맥을 넘어 서북 인도로 들어갔다. 그들은 자신들을 가리켜 '아리아(고귀한 사람)'라고 불렀다.

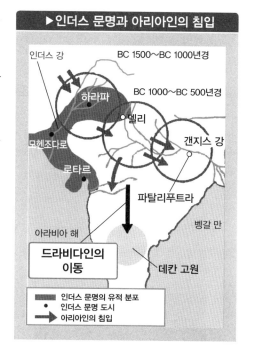

▶인더스 문명과 아리아인의 침입

인더스 강
BC 1500~BC 1000년경
하라파
BC 1000~BC 500년경
델리
갠지스 강
모헨조다로
로타르
파탈리푸트라
아라비아 해
드라비다인의 이동
벵갈 만
데칸 고원

■ 인더스 문명의 유적 분포
● 인더스 문명 도시
➡ 아리아인의 침입

그들은 브라만을 정점으로 하는 계층 사회(카스트 제도)를 구축했지만, BC 6세기경 브라만교의 사회 질서에 이의를 제기하는 새로운 사상이 발생했다. 그 가운데 대표적인 것이 자이나교와 불교이다.

붓다는 히말라야 산기슭의 카필라 성을 본거지로 삼는 샤카족(석가족)의 왕자로 태어났다. 불교의 전승에 따르면 붓다는 어머니 마야 부인의 옆구리에서 나왔는데, 태어나자마자 일곱 걸음을 걸어 오른손으로 하늘을 가리키고 왼손으로 땅을 가리키며 '천상천하 유아독존'이라 말했다고 한다.

이 말의 의미는 다양하게 해석된다. 문자 그대로 '나는 세계의 제1인자'라고 선언한 것이라는 설도 있지만, '전 세계에서 나는 하나. 한 사람 한 사람의 인간이 가장 존귀하다'라는 뜻으로 보기도 한다.

카스트 제도는 브라만을 정점으로 하고 그 밑에 크샤트리아(왕후·무사), 바이샤(농공상민), 수드라(예속민)로 이어진다. 카스트에 들지 못하는 최하층에는 불가촉천민이 있다.

아테네와 스파르타

"우리나라 정치 체제를 다른 나라의 모범으로 삼게 한다"
페리클레스(아테네 정치가)
【전사】

페리클레스
아테네의 민주정을 육성한 위대한 정치가. 웅변에 능했으며 예술과 문학을 장려했다.

BC 1200년경, 도리스인의 남하와 함께 그리스는 '암흑시대'로 들어간다. 문자 사료가 없는 시대라는 뜻이다. 그것은 동시에 철기가 전래된 시기이기도 했다.

BC 8세기, '암흑시대'가 지나가자 그곳에는 폴리스라 불리는 도시국가를 핵으로 삼는 새로운 사회가 전개되었다. 폴리스의 커다란 특징은 공동체 국가라는 것이다. 미케네 왕국과 같은 중앙집권적인 전제 지배가 없는 국가였다.

폴리스에는 어김없이 신전이 들어섰다. 신들에게 바치는 제의가 공동체의 연대와 유지에 필수적이라고 여겼기 때문이다. 또 아고라라 불리는 광장도 중요한 장소였다. 신전과 아고라에서 성聖과 속俗의 역할을 분담했다고 할 수 있다. 이 시기 오리엔트와의 접촉은 그리스에 많은 변화를 초래했다. 가장 두드러진 것은 공예 분야이다. 오리엔트의 공예품, 특히 금속 세공품과 직물 등이 그리스로 들어왔다.

오리엔트 문화의 수용도 왕성했는데, 그 중 가장 두드러진 것은 알파벳의 도입이었다. 미케네 시대에 사용된 선문자 B는 '암흑시대'에 사라졌고, 대신에 페니키아인이 만든 알파벳이 쓰이게 되었다.

BC 8세기 중반부터 그리스인들은 신천지를 찾아 지중해 각지로 나가 거주했다. 그로 인해 BC 8세기 중반부터 BC 6세기 중반까지 약 200년 동안은 그리스의 대식민지 시대라고 불린다.

그리스인은 서쪽으로는 현재의 아드리아 해, 남이탈리아, 시칠리아 섬, 프랑스 남안, 스페인 동안까지, 북쪽으로는 에게 해 북부와 북동쪽의 흑해 연안, 남쪽으로는 북아프리카의 리비아에도 식민지를 건설했다. 소아시아 서안의 이오니아라 불리는 지역에도 식민지를 구축하여, 그것이 페르시아 전쟁의 원인으로 작용한다.

그런데 수많은 폴리스 가운데 지도적인 역할을 수행한 것은 아테네와 스파르타였다. 아테네는 원래 왕정을 취했지만, 그 뒤 귀족정과 참주정을 거쳐 차츰 평민의 힘이 커지자 BC 508년 클레이스테네스의 개혁으로 민주정의 기초가 놓였다.

그러다가 BC 5세기 중엽, 귀족 출신의 페리클레스를 지도자로 삼은 시기에 가장 융성한 시대를 맞이한다. 한편 스파르타는 무예를 숭상한 폴리스로, 소수가 다수를 지배해야 하는 현실적 필요성에 따라 리쿠르고스 체제라고 불리는 독특한 군단 체제를 취했다.

페니키아인은 오늘날 레바논을 본거지로 삼았던 해양 민족이다. 설형문자를 기반으로 알파벳을 발명한 것으로 알려져 있다.

페르시아 전쟁

"당신들의 명령에 따라 우리는 여기에서 쓰러졌다"

헤로도토스(그리스 역사가)
【역사】

페르시아 전쟁
3차에 걸쳐 진행되었으며, 2차 전쟁 때 영화 〈300〉으로 유명한 테르모필라이 전투가 벌어졌다.

역사적으로 매우 유명한 페르시아 전쟁은 왜 일어나게 됐을까? 당시 이오니아의 여러 폴리스들은 오래도록 아케메네스 왕조 페르시아의 지배를 받고 있었다. 그런데 다리우스 1세가 스키타이 원정에 실패한 틈을 타 반란을 일으킨 폴리스들을 아테네와 에레트리아가 원조한 것이 원인이 되어 전쟁이 발발했다.

BC 492년, 다리우스 1세의 사위 마르도니우스를 지휘관으로 삼은 제1차 원정군이 바닷길을 통해 그리스로 향했다. 그러나 이 함대가 아토스 곶 부근에서 거센 풍랑에 휩싸여 난파되는 바람에 제1차 원정은 싸움 한 번 해보지 못하고 실패로 끝났다.

제2차 원정은 BC 490년, 메디아인 장군의 지휘 아래 진행되었다. 아티카의 동쪽 해안 마라톤에 상륙했지만, 그곳에선 아테네와 플라타이아이의 연합군 1만 1,000명이 기다리고 있었다. 연합군의 지휘관은 아테네의 명장 밀티아데스였다. 장시간에 걸친 전투 결과 페르시아 군은 패배했다. 전사자는 페르시아 군이 6,400명인 데 비해 연합군은 겨우 192명으로 페르시아 군의 참패였다.

두 번째 원정도 실패로 끝났지만, 다리우스 1세는 포기하지 않았다. 곧바로 다음 원정 준비에 돌입하였으나, 유감스럽게도 BC 486년에 뜻을 이루지 못하고 세상을 떴다. 크세르크세스 1세가 다리우스 1세의 유지를 이어받아 BC 480년에 제3차 원정군이 바닷길을 따라 출전했다. 총지휘를 맡은 사람은 크세르크세스 1세 본인이었다. 육군은 우선 북쪽을 통해 중부 그리스로 들어가는 관문인 테르모필라이의 험로에서 스파르타 병사 300명을 주력으로 한 그리스 연합군과 마주쳤다. 그러나 수적으로 앞선 페르시아 군은 그리스 군을 압도했다. 최후까지 진격로를 막아선 스파르타 군을 전멸시키고, 남쪽으로 진군을 독려해 마침내 아테네를 유린했다.

크세르크세스 1세는 육군의 신속한 진격에 고무되었지만, 해군이 살라미스 해전에서 패배하자 적지에서 고립될 것을 염려해 철군을 개시했다. 마르도니우스 1군을 남겨둔 채 자신은 귀국길에 올랐다.

다음해, 마르도니우스는 플라타이아이의 들판에서 그리스 연합군과 일전을 겨뤘지만 패배의 쓴잔을 들었다. 비슷한 시기 이오니아 해에서 벌어진 미칼레 해전에서도 페르시아 군이 패배했다. 이 패전 뒤 페르시아는 그리스 침공을 다시는 꿈꾸지 않았다. 테르모필라이에 세워진 위령비에는 이렇게 적혀 있다.

"이곳을 찾는 방문객들이여, 스파르타인에게 전해주기 바라나니, 당신들의 명령에 따라 여기에서 쓰러졌다고."

스키타이인은 이란 북쪽, 남우크라이나를 중심으로 활동했던 유목 민족이다.

알렉산드로스 대왕의 원정

"마케도니아에는 네가 있을 자리가 없다"
필립포스 2세(마케도니아 왕)
【플루타르코스 영웅전】

알렉산드로스 대왕
그의 정복 활동으로 그리스 문화가 동양에 유입되어 헬레니즘 문화가 꽃피었다.

페르시아 전쟁 뒤 그리스는 펠로폰네소스 전쟁이라는 내전을 겪는다. 이로써 아테네도 스파르타도 몰락하고 말았다. 대신 테베·코린트 등이 올라섰지만, 과거 아테네나 스파르타만큼의 위세는 지니지 못했다. 그 틈을 노리고 쳐들어온 세력이 북방 마케도니아의 필립포스 2세였다.

필립포스 2세는 카이로네아에서 테베, 아테네 등의 연합군을 격파하고 그리스에서 패권을 확립했다. 필립포스 2세가 암살되자, 그의 아들 알렉산드로스 3세가 왕위에 올랐다.

알렉산드로스 3세는 일찍부터 뛰어난 모습을 보였다. 누구도 제어하지 못하는 난폭한 말에 올라타는 데 성공했을 때, 그의 아버지 필립포스 2세는 눈물을 흘리며 아들의 머리에 입 맞추고 말했다. "아아, 너는 적당한 왕국을 찾는 것이 옳겠구나. 마케도니아에는 네가 있을 자리가 없다."

알렉산드로스 3세는 필립포스 2세의 죽음을 계기로 발생한 마케도니아 북부와 테베 등의 반란을 진압한 뒤, 아버지의 유지에 따라 페르시아 원정에 나선다. 이때 내건 대의명분은 페르시아에 보복하고 페르시아의 지배 아래 놓여 있는 이오니아의 폴리스들을 해방시키는 것이었다.

BC 334년, 원정군은 소아시아의 그라니코스 강변에서 첫 번째 전투를 치렀다. 그 뒤에도 파죽지세로 진격을 계속해 시리아·팔레스타인·이집트를 석권하고, BC 331년에는 가우가멜라 전투를 맞이했다. 아케메네스 왕조 측에서는 다리우스 3세가 전지에 직접 나가 독려했지만, 결과는 마케도니아 군의 대승으로 끝났다.

알렉산드로스 3세는 아케메네스 왕조의 옛 영토를 정복하는 것만으로는 만족할 수 없었다. 그곳에서 전진을 거듭해 아무다리야 강을 건너 소그디아나로, 인더스 강을 건너 인도로까지 전선을 확대했다. 이대로 가다간 끝이 없겠다는 병사들의 불평이 최고조에 달할 즈음, 알렉산드로스 3세는 그 이상의 전진을 멈추고 바빌론으로 돌아왔다.

그렇다고 정복의 야망까지 접은 것은 아니었다. 다음 목표로 아라비아 반도를 겨냥했던 알렉산드로스 3세는 실행에 옮기기 직전 열병으로 쓰러져 33년의 짧은 생애를 마쳤다. 알렉산드로스 3세라는 구심점을 잃어버림과 동시에 대제국은 무너지기 시작했다. 그 뒤 40년 가까이 후계자 다툼이 이어진 끝에 최종적으로 셀레우코스 왕조의 시리아, 프톨레마이오스 왕조의 이집트, 안티고노스 왕조의 마케도니아가 살아남아 3국으로 분열되었다.

아테네가 주도한 델로스 동맹과 스파르타가 주도한 펠로폰네소스 동맹은 BC 431년에 개전했다. 페르시아가 스파르타를 후원한 영향도 있어 전쟁은 펠로폰네소스 동맹의 승리로 끝났다.

로마 건국

**"나는 노래한다, 전쟁과
한 사람의 영웅을"**

베르길리우스(로마 시인)
【아이네이스】

건국 신화
로마를 건국한 로물루스와 레무스는
인간과 신 사이에서 태어났으며, 늑대
젖을 먹고 자랐다고 전해진다.

표제의 말은 로마 건국을 노래한 서 사시 『아이네이스』의 맨 앞에 나오는 문장이다. 전하는 말에 따르면, 로마 역사는 트로이의 영웅 아이네이아스의 자손인 로물루스에게서 비롯된다. 아이네이아스의 피를 이은 어머니와 군신 마르스 사이에 태어난 로물루스가 바티칸 언덕에 로마 시를 건설한 것이 BC 753년 4월 21일이라고 한다.

그러나 발굴 조사에 따르면, BC 8세기에 바티칸 언덕에는 빈약한 촌락 밖에 없었다고 한다. 로마에 도시국가가 형성된 것은 BC 6세기 전반의 일이다. 따라서 BC 753년이라는 주장은 BC 1세기 때의 어느 학자가 점성술을 토대로 뽑아낸 숫자로 어떤 근거도 없다.

로마를 건설한 라틴계 이탈리아인이 이탈리아 반도로 들어온 것은 BC 1200년경의 일이다. 그들은 라틴, 사비니, 오스키, 움브리 등의 집단으로 이뤄져 반도 각지에 각기 정주하기 시작했다. 그로부터 그들이 반도의 주인이 되기까지는 오랜 시간이 걸렸다. 문화적으로 앞선 에트루리아인이나 그리스인의 뒤를 좇아가는 데 많은 시간이 걸린 것이다.

다시 전설로 돌아가 보면, 로물루스 뒤로 7대에 걸쳐 왕이 이어졌고, 최후의 3대 왕은 에트루리아인이었다. 7대째 왕으로 '수페르부스(거만한 사람)'라는 별명을 가진 타르퀴니우스 등이 민중 봉기로 추방당함으로써 왕정은 종말을 고하고 공화정이 시작된다. 그때가 BC 509년이라고 한다.

도시국가로 출발한 로마는 같은 라틴계 도시국가들을 차례로 합병해나가 영역국가로 발전을 이룬다. 나아가 카르타고와 세 차례에 걸친 포에니 전쟁을 거쳐 서지중해의 패권을 장악한다. 이어서 마케도니아, 페르가몬으로 촉수를 뻗쳐 동지중해로도 진출한다. 이 과정에서 "로마는 하루아침에 이루어지지 않았다"라는 말도 생겨났다.

이처럼 대외적으로는 순조로이 발전했지만, 대내적으로는 커다란 문제를 안고 있었다. 빈부 격차의 확대, 평민의 빈민화가 진행되었던 것이다. 평민들은 로마 군대의 주력을 이루는 중무장 보병의 구성원이어서, 이런 상태를 방치하게 되면 군사 체제가 붕괴될 수 있었다. 이 문제에 위기감을 느껴 근본적인 개혁을 도모하려는 사람이 나타난 것은 당연했다.

그러나 어느 개혁에나 저항이 따르게 마련이다. BC 2세기 말, 그라쿠스 형제의 개혁이 실패함으로써 로마는 내란으로 날이 새는 1세기를 맞이한다. 대화나 다수결이 아니라 폭력을 동원하여 흑백을 가리는 시대로 접어든 것이다.

그라쿠스 형제는 부유층의 사유지를 몰수하여 무산 시민들에게 분배하려 했다. 그러나 반대파의 강력한 저항에 직면해 두 사람 모두 비참한 최후를 맞았다.

하·은 왕조

"은나라가 거울삼을
나라가 멀리 있지 않다"
【시경】

시경
주나라 시대 민요를 중심으로 엮은,
중국에서 가장 오래된 시집

표제의 말 바로 다음은 "하후의 세상이 그것이다"(殷鑑不遠 在夏侯之世)로 이어진다. 하나라는 은 왕조에 앞서 존재했다고 일컬어지는 왕조이다. 즉 은나라 주왕이 거울삼아야 마땅한 과거의 사례는, 머지도 않은 하나라 걸왕의 시대라는 것이다. 그러므로 가까운 시대의 왕조가 실패한 경험에서 겸허히 교훈을 얻어야 한다는 의미를 담고 있다.

전한시대 사마천이 지은 『사기』에 따르면, 하나라 걸왕은 "덕을 닦지 않고 백관을 해치므로 백관이 참지 못했다", "학정을 저지르고 황음이 지독했다"라고 하며, 그 결과 제후들이 반란을 일으켜 마침내 은나라의 탕왕에게 멸망당했다.

그런데 세월이 흘러 은나라의 주왕도 걸왕의 전철을 밟아 주나라 무왕에게 멸망하고 말았다. 이를 통해 생각해보면 모름지기 은의 주왕은 하의 걸왕을 반면교사로 삼아 덕을 닦고 선정을 베풀었어야 했다. 그러나 현실은 그렇지 않았다. 은나라 주왕 역시 신세를 망치게 되었음을 역사는 준

엄하게 증언하고 있다.

하나라 걸왕과 은나라 주왕은 둘 다 학정의 대표자로 알려져 있다. 그러나 최근 들어 여기에 의문을 제기하는 새로운 주장이 나타났다.

은 왕조는 BC 1500년 무렵에 성립하여 BC 11세기에 멸망했다. 그 최후의 군주가 주왕인데 동시대 사료, 즉 갑골문이나 금석문(청동기에 새긴 글)에는 주왕이 폭군이라는 기록이 하나도 없다. 그렇다면 주왕이 악행을 저질렀다는 것은 승자인 주나라가 창작한 것일 가능성이 높다. 정권 강탈을 정당화하기 위해 주나라가 그를 악인으로 조작했다는 것이 역사적 진실이 아닐까?

한편, 하나라에 대해서는 일본이나 구미의 학계에서 실재하지 않았다고 보는 견해가 우세하다. 동시대의 사료가 전혀 없기 때문이다. 다만 서주시대나 춘추시대의 금석에 하 왕조의 시조로 일컬어지는 우의 이름과 하의 이름이 발견된 것으로 미루어볼 때, 우를 시조로 삼는 정권이 있었다고 서주시대에 믿었던 것만큼은 분명한 듯하다. 문제는 그것이 왕조 혹은 국가라고 불릴 정도였느냐는 것이다.

통칭 『죽서기년』에는 "탕이 하나라를 멸망시키고 29대 왕을 거쳐 496년 동안 지속됐다"는 기술과 "(하나라의 시조) 우로부터 걸에 이르는 17대가 471년"이라는 기록이 있다. 백 번 양보해 이것이 사실이라면, 하 왕조는 BC 2000년 무렵부터 BC 1500년 무렵까지 지속되었다는 계산이 나온다. 중국 학계에서는 그 시대로 추정되는 이리두 유적이 하나라 도성의 유적이라는 주장이 강하게 제기되고 있다.

『죽서기년』은 3세기에 전국戰國 가운데 하나인 위나라 왕의 무덤에서 출토된 역사서의 통칭이다. 『사기』와 모순되는 내용을 많이 담고 있다.

춘추시대

"정의 대소와
경중을 묻다"
좌구명(중국 노나라 사상가)
【춘추좌씨전(좌전)】

세발솥 정鼎
중국 상주시대 이래 사용된 예기의 하나
로 사용자의 권위와 신분을 나타냈다.

고대 중국 왕조는 은, 주(서주), 춘추
(동주), 전국, 진의 순서로 이어진다.

서주는 BC 770년 무렵에 망하고 그
때부터 춘추시대로 들어가는데, 여기서
'춘추'는 공자가 지었다는 역사서의 이
름에서 유래한다. 서주에서 춘추시대로
넘어간 것은 단순히 수도가 바뀌는 정
도의 의미가 아니다. 동쪽으로 천도함
과 동시에 주나라 왕실의 권력이 쇠퇴
하여 그저 이름뿐인 존재로 변했다.

그리하여 서주는 대소 200여 명에
이르는 각지의 제후들이 할거하는 상
태가 되었다. 하지만 아직은 일정한 질
서가 유지되어 이민족이나 공동의 적을 상대할 때는 가장 세력이 큰 제후
를 중심으로 동맹을 맺곤 했다. 훗날의 사상가들은 그 같은 맹주를 일컬
어 패자霸者라고 불렀다. 이와 관련해 일반적으로 춘추오패라는 말이 널리
쓰이지만, 이들 가운데 제나라 환공과 진나라 문공 외에 누구를 포함할지
논란이 분분하다. 대개는 초나라 장왕, 오나라 합려, 월나라 구천, 진나라

목공, 송나라 양공 등이 거명된다.

맹주 자리를 노리는 제후들 중에 제나라나 진나라 등 북방의 제후들은 주나라의 왕을 내치면서 왕의 칭호를 내세우려 하지는 않았다. 그러나 남방의 제후들, 즉 양쯔 강 중하류 유역에서 번성한 오·월·초 등의 제후는 그와 달랐다. 그들은 공공연하게 왕을 자칭하며 주나라 왕을 무시했다.

예를 들면 이런 이야기가 있다. BC 606년, 초나라 장왕은 허난의 남부와 이하(황허 강의 지류)의 상류에 있던 이민족인 육혼을 무찌르고, 곧바로 주나라 국경 지대인 뤄허洛河 부근에서 성대한 열병식을 거행했다.

이때 장왕은 주나라 사자 왕손만에게, 주나라 왕실에 전해 내려오는 세발솥 정鼎 9개의 대소와 경중을 물었다. 왕손만은 "정의 경중을 아직 물어서는 아니 되오"라고 대답했다. 이 고사에서 상대의 실력을 물어보며 그를 경시한다는 비유로 "정의 대소와 경중을 묻다"라는 말이 나왔다.

초나라는 오와 월 두 나라와 함께 벼농사 문화권에서 일어난 나라이다. 그래서 잡곡을 주식으로 하는 북방의 제후들과는 근본적으로 사고방식이 달랐다. 한자를 받아들이기 이전에 독자적인 문자가 없었으므로 벼농사가 시작된 BC 6000년경부터 초나라가 매우 융성했던 춘추전국시대까지의 역사는 거의 알려지지 않아 공백이나 다름없다. 그러나 그동안에도 중원 지대보다 낫지도 뒤지지도 않은 독자적인 문화를 발전시켜 왔음은 분명해 보인다.

한편, 오나라는 주나라 태왕(태공 단보)의 장자인 태백과 둘째인 중옹이, 월나라는 하 왕조의 시조인 우의 후예가 건국했다고도 한다. 그러나 그것은 자기 족보에 덧칠을 하기 위해 지어낸 이야기일 가능성이 높다.

제후들 사이에서 동맹을 맺기 위해 거행된 의례를 '회맹'이라고 한다. 소를 잡아 귀를 자르고 그 피를 마시며 맹세를 했기 때문에 '우이牛耳를 잡는다'라는 말이 생겼다.

전국시대

"닭의 머리가 될지언정
소의 꼬리는 되지 말라"
소진(중국 전국시대 외교가)
【사기】

전국시대 종횡가의 기린아 소진
전국시대 막강한 진나라에 대항해 여
러 나라가 힘을 합치자는 합종설을 주
장, 연합국의 재상이 되었다.

춘추시대와 전국시대의 분기점에 대해서는 몇 가지 설이 대립한다. 『춘추』에서 다루는 최후의 해인 BC 481년 또는 그 다음해로 보는 설, 한·위·조가 실질적으로 진晉나라를 분할한 BC 451년, 마찬가지로 한·위·조가 주나라 왕실로부터 제후로 인정받은 BC 403년, 『사기』의 「육국연표」가 시작된 BC 476년으로 보는 설 등이 있다. 어느 설을 취한다 해도 BC 5세기가 분기점이라는 것만은 변함이 없다.

전국시대로 들어서자 BC 351년에 위나라의 혜성왕이 하왕이라고 칭한 것을 계기로 북방의 제후들이 너 나 할 것 없이 왕이라 칭하게 되었다. 그런 가운데 허약한 제후들부터 도태되기 시작해 BC 4세기에 접어들어 천하는 한·위·조·제·연·진·초의 7대국(전국 7웅)으로 압축되었다. 이 가운데 다른 제후들보다 한 걸음 앞서간 것이 위나라였다. 뒤이어 제나라가 강대해져 한때 '제帝'를 칭할 정도였다. 그러다가 전국시대 말기 들어 두

드러진 나라가 서쪽 변경에서 일어나 그때까지 후진국으로 취급받던 진나라였다.

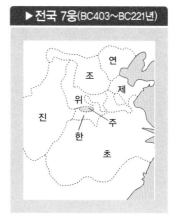

▶ 전국 7웅(BC403~BC221년)

이러한 배경 아래 거의 중국 전역에서 제자백가라 불린 사람들이 맹활약했다. 제자백가 중에서 가장 존경받은 사람들이 법가였다. 법가는 부국강병을 중시했는데, 이것이야말로 각국 군주들의 최대 관심사였다. 그렇지만 개혁에는 언제나 저항이 따르게 마련이다. 법가의 주도 아래 일어난 개혁을 변법이라고 하는데, 진나라에 종사했던 상앙 등은 국가에 커다란 공헌을 했음에도 그를 단단히 지지해주던 왕의 죽음과 함께 비참한 최후를 피할 수 없었다.

법가 외에 병법을 중시하는 병가와 외교술을 중시하는 종횡가도 우대받았다. 종횡가에서는 합종책을 주장한 소진과 연횡책을 주장한 장의가 유명하다. 표제의 명언은 소진이 주장한 것이다. 커다란 나라의 꼬리에 붙기보다는 작은 나라들의 우두머리가 되어라. 적어도 어느 경우에나 우두머리가 되는 것이 좋다. 비록 보기에는 커 보여도 남의 수하는 되지 말라는 의미이다. 이 말은 소진이 제후들을 설득할 때 언제나 동원하던 대사였다. 합종책이란 나날이 강대해져가는 진나라에 맞서 여섯 나라가 공동으로 대항해야 한다는 외교 정책을 말한다.

이와 달리 장의가 주장한 연횡책은 여섯 나라가 개별적으로 진나라와 맹약을 맺어야 한다는 것이다. 최종적으로 연횡책이 승리를 거두어 진나라가 천하를 통일하게 된다.

법가는 신상필벌로써 질서를 안정시키는 것을 중시하는 사상가들이다. 군주에 의한 인치를 부정하고 법치주의를 주창했으며, 법은 국가와 군주의 의도를 실현하는 좋은 수단이라고 설명했다.

진나라의 중국 통일

"왕후장상의 씨가 따로 있다더냐"

진승(중국 진나라의 반란 지도자)
【사기】

진시황
춘추전국시대를 끝내고 진나라를 세웠다. 군현제 도입, 도량형 통일 등으로 나라의 기틀을 다졌다.

진나라는 전국 7웅 가운데 가장 늦게 국가 체계를 갖췄지만, 효공대에 강력하게 시행한 변법에 힘입어 일약 강대국으로 떠올랐다. 이어 3대에 걸쳐 촉(지금의 쓰촨 성)을 비롯한 광대한 영역을 진나라 판도로 확장해, 7웅 가운데 크게 두각을 드러냈다. BC 256년에는 동주를 멸망시켰다.

진왕 정(훗날의 진시황)이 즉위한 것은 BC 247년, 그의 나이 열세 살 때였다. 성인이 되어 친정을 시작한 뒤, 여섯 나라를 차례로 병탄하여 BC 221년에는 드디어 천하통일을 달성했다.

위업을 달성한 정은 전 중국의 지배자에 걸맞은 호칭이 필요하다고 생각하여 새로이 '황제'라는 칭호를 만들어 스스로를 시황제(사후의 호칭. 살아 있는 동안에는 단순히 '황제')라 하고, 이후로는 2세·3세로 이어지도록 했다.

시황제는 승상 이사의 보좌 아래 법가 사상을 바탕으로 한 엄격한 중앙 집권 정책을 실시했다. 봉건제의 부활을 저지하기 위해 전국을 36개 군으로 나누고 중앙에서 파견한 태수(장관), 승(부관), 위(군의 지휘관), 감(감찰관)이 행정을 맡도록 했다. 36개 군 아래에는 현을 두고 여기에도 중앙에서 영과 승을 파견했다. 이를 역사에서는 군현제라 한다.

한편 중앙에서는 3공 9경으로 이루어진 관제가 시행되었다. 3공이란 승상·태위·어사대부로 이루어졌으며, 승상은 문관의 장, 태위는 무관의 장, 어사대부는 감찰을 맡도록 했다.

중앙 집권 정책은 서민의 생활에 직접 관계되는 분야에까지 영향을 미쳐 민간에 있던 무기를 모두 몰수한 것을 비롯해 도량형, 화폐, 서체의 통일 등이 이루어졌다.

시황제는 대외 원정과 대규모 토목 사업에도 힘을 기울여, 북으로는 흉노를 격파하고 남으로는 새로이 4개 현을 설치했다. 만리장성과 아방궁을 비롯해 궁전, 능묘, 병마용을 조성하는 데 각각 수십만 명을 동원하여 사회 전반을 피폐하게 만들었다.

BC 210년 7월, 시황제가 죽자 이를 계기로 제국의 촘촘한 지배력이 느슨해졌다. BC 209년 7월에는 진승·오광의 난이 발발했다. 표제의 말은 진승이 반란을 일으키며 한 말로, 왕후건 장군이나 재상이건 결코 특별한 사람이 아니라는 뜻이다. 누구라도 왕후장상이 될 수 있다는 의미이다.

병마용은 시황제릉의 부장물 가운데 하나. 살아 있는 사람과 말을 모델로 한 테라코타로 모두가 실제 크기와 같다. 들고 있는 무기도 진짜이다. 모두 전국시대 옛 여섯 나라를 향하고 있다.

한 왕조의 성립

초패왕 항우의 애첩 우희
'사면초가'의 상황에서 주연을 베풀고
스스로 목숨을 끊었다고 전해진다.

진승·오광의 난을 계기로 중국 각지에서 반란이 줄을 이었다. 이에 진나라는 시황제릉을 조성하기 위해 동원한 사람들로 토벌군을 조직했다. 장군 장한의 뛰어난 지휘 아래 진승과 오광을 거꾸러뜨리는 데에는 성공했다.

그러나 급기야 전국으로 번진 반란의 불길은 끝내 잡을 수 없었다. 옛 6국의 후예들을 비롯해 수많은 군웅이 격돌하는 가운데, 진나라가 멸망한 BC 206년 이후 천하통일의 주역은 두 사람으로 압축되었다. 옛 초나라 장군의 후예인 항우와 일개 농민 출신인 유방이었다. 무용에서는 항우가 압도적으로 빼어났지만, 인망에서는 유방이 앞섰다.

두 사람의 성격 차이는 진나라 수도인 셴양咸陽에 입성했을 때의 태도에서 잘 드러난다. 유방이 살육과 약탈을 금지하는 등 관용적인 태도를 보인 데 비해, 항우는 진왕(자영)을 죽이고 끝없는 파괴를 일삼았다. 이로 말미암아 관중의 인심은 항우에게서 멀어지고 대신 유방에게로 향했다.

유방은 한중왕에 봉해졌지만 항우가 제와 조의 반란에 대처하느라 애가 단 상황을 틈타 군사를 북진시켜 순식간에 관중을 평정했다. 나아가 그 이상의 야심은 없다고 변명하며 항우를 방심하게 만들고 군사를 동쪽으로 이동시켰다. 그리고 현재의 허난 성을 무대로 항우와 격투를 벌였다.

두 영웅 모두 결코 양보할 수 없는 상황에서 유방이 다각도로 계략을 구사했다. 반간계를 써서 항우 군(초군)의 군사인 범증을 쫓아내는 묘수를 부렸고, 한 지역의 왕으로 봉해줌으로써 한신과 팽월을 자기편으로 끌어들이는 데도 성공했다. 그 결과 대세는 판가름났다.

항우는 해하垓下에 방어벽을 구축했지만, 군사가 적은 데다 양식도 거의 떨어져갔다. 유방의 군사(한군)는 항우의 군사를 몇 겹으로 포위했다. 그러고는 밤중에 한의 군사들을 시켜 사방에서 초나라의 노래를 불러대게 했다. 이를 들은 항우는 "한이 마침내 우리 초나라 땅을 다 차지한 것인가. 초나라 사람이 어찌 이리 많단 말인가"라며 놀랐다 한다. 이것이 '사면초가四面楚歌'란 말의 유래이다. 본래는 고립무원의 상태를 의미하는 말이었는데, 현재는 주위의 모든 사람들로부터 비난받아 고립된 상태를 뜻한다.

한편, 두 영웅의 전쟁은 BC 202년 12월 항우의 죽음을 계기로 마침표를 찍게 된다. 그에 앞서 같은 해 2월, 유방은 황제(고조) 자리에 올라 한 왕조(전한)를 연다.

고조는 진나라가 도입한 군현제를 이어나가는 한편, 유씨 일족과 공신들에게 봉지를 내려 일정한 지배권을 나눠주었다. 즉 군현제와 봉건제를 병행하는 형태를 취한 것이다. 그러나 봉건을 받은 유씨 이외의 공신들, 거의 대부분의 이성異姓 제후들은 고조와 여후의 집권기에 숙청당하고 말았다.

관중은 현재의 산시 성 중부. 동서남북 네 개의 관문으로
둘러싸인 안쪽을 말한다. 한중은 산시 성 남부.

무제의 서역 개척

"천마가 왔구나, 마침내
서역 땅에서"
무제(중국 한나라 황제)
【사기】

한혈마
피의 대가로 얻어낸 서역의 말. 하루
에 천리를 달린다고 하여 붙여진 이름
이다.

BC 3세기 말, 북아시아의 초원 지대에 일대 제국이 출현했다. 모돌이라는 이름을 가진 탁월한 선우(유목민의 왕)의 지도 아래, 투르크계의 흉노가 등장한 것이다.

전한의 고조는 모돌과의 전쟁에서 패배하여 흉노를 형님, 한나라를 아우로 하는 굴욕적인 화의를 맺었다. 그리고 이후 눈물을 머금고 흉노에 막대한 공물을 바치지 않을 수 없었다.

여후, 문제, 경제 때가 되어서도 상황은 변하지 않았다. 그러나 무제의 시대가 되자 드디어 역전의 계기가 찾아왔다. 강력해진 국력 덕분에 마침내 공세로 전환할 수 있게 된 것이다.

이광, 위청, 곽거병 등 명장들의 활약에 힘입어 한나라 군사는 연전연승을 거두었다. 이와 동시에 무제는 서역에 밀사를 파견했다. 흉노에게 옛 땅을 빼앗겨 그들을 증오하리라고 생각되는 월지와 손을 잡기 위해서였다. 밀사로 파견된 사람은 시중의 자리에 있던 장건이었다.

그러나 서역으로 가는 길은 아직도 흉노의 지배 아래 있었다. 도중에 그들에게 사로잡힐 가능성이 컸다. 아니나다를까, 서역으로 출발한 장건은 그대로 포로로 잡히고 말았다. 그럼에도 장건은 절개를 지켜가며 10여 년에 걸친 포로 생활을 견디고 감시가 소홀한 틈을 타 탈주하는 데 성공했다. 그는 자신에게 부여된 사명을 완수하기 위해 서쪽으로 향했다.

장건은 대완, 강거를 거쳐 월지국(대월지)에 도착했다. 그러나 월지는 이미 새로이 정착한 지역에 만족해서 새삼스럽게 전쟁을 바라지 않았다. 귀국길에 오른 장건은 다시 흉노에게 붙잡혔지만, 2년 뒤 흉노에 내란이 일어난 틈을 타 탈출에 성공했다. 그리하여 한나라로 무사히 귀국할 수 있었다.

월지와의 동맹은 성사되지 않았지만 무제는 장건이 가져온 서역 소식에 눈이 휘둥그레졌다. 그 중에서도 특히 관심을 끈 것은 피땀을 흘린다는 명마의 존재였다. 무제는 흉노와 싸우기 위해 어떻게든 그 말을 갖고 싶었다.

그 뒤 장건은 원정 사업에 실패하여 평민 신분으로 강등당하고 만다. 보통 사람이라면 이쯤에서 자포자기하게 마련이지만, 장건은 틀림없이 재기의 기회가 올 것이라 굳게 믿고 기다렸다.

과연 그리 오래지 않아 기회가 찾아왔다. 무제는 적극적으로 서역과 교역하고자 했는데, 그러려면 역시 그곳으로 가는 길을 잘 아는 사람이 필요했다. 장건으로서는 다시금 날아오를 수 있는 날개를 얻은 셈이었다. 그는 무제의 기대에 부응하여 서역에서 훌륭한 말 수십 필을 몰고 왔다. 표제의 말은 그것을 보고 무제가 기쁨을 시적으로 표현한 것이다.

강거는 오늘날 우즈베키스탄 중동부의 사마르칸트 주변으로 추정된다.

▼콜로세움

▲카이사르

▼검투

로마의 전차▶

지중해·오리엔트 세계의 진전

▶제갈공명

◀적벽대전

유비▶

관우▶　장비▶

▲로마의 수도교

BC 107	BC 63	BC 60	BC 53	BC 51	BC 49	BC 48	BC 44	BC 31	BC 30	BC 27	BC 4 경	8	25	30 경
ㅣ 로마 마리우스가 병제를 개혁함	ㅣ 로마 폼페이우스가 팔레스타인을 정복함	ㅣ 로마에서 제1회 삼두 정치가 시작됨	ㅣ 파르티아가 로마의 크라쿠스를 죽음으로 몰아넣음	ㅣ 프톨레마이오스 왕조 클레오파트라 7세 즉위	ㅣ 카이사르가 로마를 단독 지배함	ㅣ 알렉산드리아의 대도서관이 화재로 소실됨	ㅣ 카이사르 암살	ㅣ 악티움 해전. 내란의 1세기가 종결됨	ㅣ 프톨레마이오스 왕조가 로마에 멸망함	ㅣ 옥타비아누스가 아우구스투스의 칭호를 받음	ㅣ 팔레스타인 베들레헴에서 예수 탄생	ㅣ 전한 멸망. 신나라 흥기	ㅣ 후한 성립	ㅣ 예수, 골고다의 언덕에서 십자가에 못 박힘

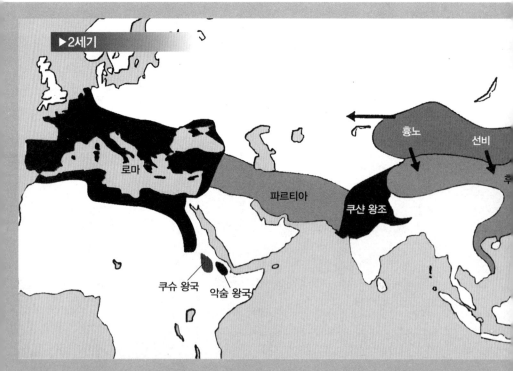

▶2세기

로마
파르티아
흉노
선비
쿠산 왕조
쿠슈 왕국
악숨 왕국

◎서로 멀리 떨어진 것같이 보이지만 동서의 역사는 오랜 옛날부터 서로 긴밀한 관계였다. 중국의 한나라와 로마도 그랬다. 바다의 실크로드로 연결되어 있었던 것이다. 한나라의 사자는 로마 도착 직전에 돌아가고 말았지만, 로마의 사자는 기어코 한나라에 도착했다. 로마 사자의 눈에 동양 문화는 과연 어떻게 비쳤을까?

60	91	96	100 경	184	220	224	235	239	250	260	263	265	280	284	291

- 네로 황제, 기독교도 박해 (60)
- 반초, 서역 도호가 됨 (91)
- 네르바 황제 즉위. 5현제 시대 시작(~180년) (96)
- 페루 북부 해안지대에 모체 문화가 일어남 (100경)
- 중국에서 황건의 난 발발 (184)
- 후한 멸망. 위의 조비가 제위에 오름 (220)
- 사산 왕조 건국(~651년) (224)
- 로마가 군인황제 시대로 들어섬(~284년) (235)
- 왜의 야마타이국, 위나라에 사절을 보냄 (239)
- 로마가 대대적인 기독교도 박해에 나섬 (250)
- 이사 전투. 사산 왕조가 로마에 대승을 거둠 (260)
- 위가 촉한을 멸망시킴 (263)
- 위가 멸망하고 진(서진)이 일어남 (265)
- 오가 멸망하고 서진이 중국을 통일함 (280)
- 디오클레티아누스 황제 즉위 (284)
- 중국에서 8왕의 난 일어남(~306년) (291)

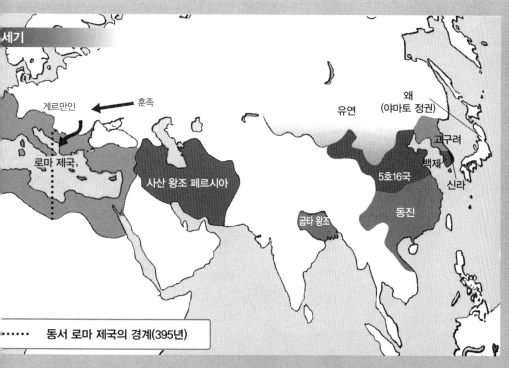

세기

- 게르만인
- 훈족
- 로마 제국
- 사산 왕조 페르시아
- 굽타 왕조
- 유연
- 왜 (야마토 정권)
- 고구려
- 백제
- 신라
- 5호16국
- 동진

•••••• **동서 로마 제국의 경계(395년)**

◎로마 제국에서는 거듭된 박해에도 불구하고 기독교 신앙이 점점 퍼져나가, 로마의 토속신앙은 위축되어갔다. 중국에서는 불교의 영향을 받아 도교가 교의를 정립하고 교단을 조직하기 시작했다.

304	313	316	320 경	330	375	393	395	418	420	439	451	476	493	496
5호16국 시대(~439년)	밀라노 칙령. 로마에서 기독교 공인	서진 멸망	인도에 굽타 왕조 성립	로마 제국 수도를 콘스탄티노플로 옮김	게르만 민족의 대이동 시작	로마에서 기독교를 국교화함	로마 제국이 동서로 분열됨	서고트 왕국 성립	강남에 송 성립(남조)	북위가 화북을 통일함(북조)	서로마와 동로마 연합군이 훈족을 깨뜨림	서로마 제국 멸망	동고트 왕국 성립	프랑크 왕국의 클로비스가 가톨릭으로 개종함

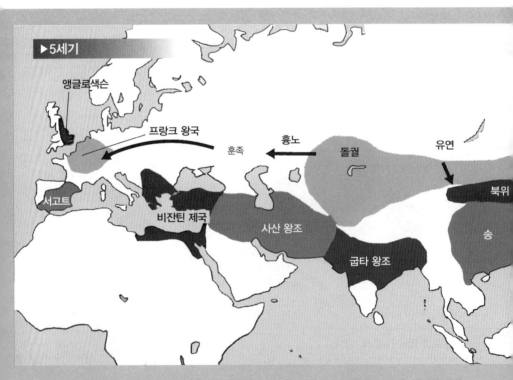

◎AD 1세기를 끝으로 북흉노는 중국 역사에서 자취를 감추었다. 그들은 필시 수 세기에 걸쳐 서쪽으로 이동했을 것이다. 유럽 역사에 훈족이라는 이름으로 나타난 민족이 그들의 후예일 것으로 짐작된다. 유럽이 훈족의 침공으로 흔들릴 무렵, 중국도 민족대이동의 파란에 휩싸였다.

507	513	537	552	570경	589	593경	607	610경	618	622	626	630	632	642
클로비스가 갈리아 전역을 제압함	백제가 일본에 5경 박사를 보냄	콘스탄티노플에 성 소피아 대성당 재건	돌궐이 일어남(~744년)	아라비아 반도 메카에서 무함마드 탄생	수나라가 중국을 통일함	쇼토쿠 태자가 섭정이 됨(~622년)	오노노 이모코를 수나라에 파견함	무함마드가 신으로부터 최초의 계시를 받음	수나라가 멸망하고 당이 일어남	무함마드와 신자들, 메디나로 이주(성천)	당 태종 즉위. 정관지치가 시작됨	무함마드가 메카를 정복함 / 일본에서 견당사가 처음 파견됨	무함마드 사망. 정통 칼리프 시대가 시작됨	나하반드 전투(사산 왕조 대 이슬람)

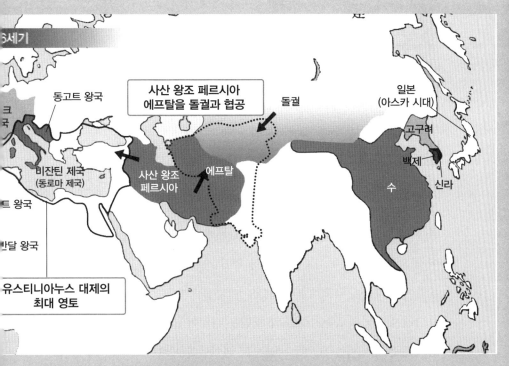

6세기

동고트 왕국

사산 왕조 페르시아 에프탈을 돌궐과 협공

돌궐

일본 (아스카 시대)

고구려

백제

신라

비잔틴 제국 (동로마 제국)

사산 왕조 페르시아

에프탈

수

유스티니아누스 대제의 최대 영토

◎일본이 중국 대륙과 밀접하게 교류할 무렵 서아시아에서는 동로마 제국(비잔틴 제국)과 사산 왕조 페르시아가 전성기를 맞이하고 있었다. 중국에서는 수나라가 남조의 진을 멸망시키고 통일을 이뤘다.

고뇌에 찬 유대의 역사

"하나님의 예배를
지키는 데 열심인 사람
은 내 뒤를 따르라"
마카베오(유대의 반란 지도자)
【유대 고대지】

마카베오
신앙심이 대단한 유대인들의 지도자
로 이스라엘 독립에 구심점 역할을 하
였다.

알렉산드로스 제국 붕괴 후 팔레스타인은 셀레우코스 왕조 시리아와 프톨레마이오스 왕조 이집트의 쟁탈전에 휘말린다. 오래도록 격렬한 전투가 반복된 끝에 최종적으로 셀레우코스 왕조의 지배 아래 들어가게 되었다.

그러나 서방으로부터 슬금슬금 신흥 세력이 접근해오고 있었다. 공화정 로마였다. 셀레우코스 왕조가 로마와의 전쟁에서 패한 뒤 배상금을 마련하기 위해 징발을 강화하자, 당장 그 지배 아래 있던 여러 민족과 관계가 악화되었다. 특히 유대인의 반발이 강했다. 유대인들은 안식일, 할례 등의 율법을 엄격히 준수했다. 그런데 BC 167년, 셀레우코스 왕조는 이와 관련하여 최고 사형에까지 처하는 가혹한 탄압 정책을 취했다. 이를 계기로 긴장감이 순식간에 극도로 높아졌다.

그러자 마카베오는 이교도의 제단을 뒤엎어버리며 부르짖었다. "조국의 전통을 지킨다는 뜨거운 마음으로 하나님의 예배를 지키는 데 열심인 사람은 내 뒤를 따르라." 마카베오는 곧바로 자식들과 함께 황야로 도피했다. 많은 유대인들이 이에 호응하여 큰 무리를 이루어 반란을 일으켰다. 이 반란은 마카베오의 뜻을 이어받은 아들의 이름을 따서 마카베오 전쟁이라고 불린다.

BC 164년, 유대인은 예루살렘을 탈환했다. BC 142년에는 참된 구세주가 오실 때까지 제사장인 하스몬 가의 사람을 임시 군주로 삼는 사실상의 독립을 달성했다. 하스몬 왕조는 지배 아래 있던 이민족을 강제로 개종시키는, 유대 역사상 예외적인 정책을 시행했다. 그러나 그 영화도 오래가지는 못해, BC 63년에 로마 장군 폼페이우스에게 정복당해 로마의 속국이 되었다.

카이사르의 암살을 계기로 로마가 혼란에 빠지자 그 틈을 타 BC 40년에 하스몬 왕조가 다시 일어났다. 그러나 겨우 3년 만에 로마의 안토니우스와 결탁한 에돔의 헤롯에게 멸망당하고, 팔레스타인 땅은 헤롯의 왕국으로 뒤바뀌었다.

하지만 헤롯 왕국도 1대 만에 끝나게 된다. BC 4년에 헤롯이 죽자 왕국의 영토는 세 아들 아켈라오, 빌립, 안디바에게로 분할되어 그 누구도 왕의 칭호를 부여받지 못한다. 이 가운데 유대, 에돔, 사마리아를 상속받은 아켈라오는 AD 6년에 악정 때문에 로마로부터 추방 처분을 받는다. 그 뒤이 땅은 로마 제국의 속주 시리아에 속하는 준주로 격하되어, 로마에서 파견한 총독의 지배 아래 놓이게 되었다.

헤롯은 그리스 로마적인 도시 조성을 추진했다. 아울러 거리와 건물에 로마 황제의 이름을 갖다 붙이는 등 로마에 뼛속까지 영합하는 자세를 취했다.

예수의 죽음과 부활

"네 이웃을
사랑하라"

예수(기독교의 교조)
【신약성경】

최후의 만찬
예수는 십자가에 못 박히기 전 제자들
과 마지막 만찬을 나누었다.

BC 4년 혹은 그 전해에 팔레스타인의 베들레헴에서 한 사내아이가 태어났다. 아버지는 나사렛에서 목수 일을 하는 요셉, 어머니는 마리아였다. 그들은 아이의 이름을 예수라고 지었다. 그로부터 30년 뒤, 예수는 갈릴리에서 포교 활동을 시작했다.

당시 로마 제국의 지배 아래서 오랫동안 고통받아온 유대인들 사이에서는 메시아의 출현을 고대하는 열망이 높았다. 메시아의 출현을 앞당기기 위해서는 율법을 더욱더 엄격하게 지켜야만 한다. 이런 사고방식이 유대인 종교 지도자의 머릿속에 깊이 박혀 율법제일주의가 강화되었다. 그 결과 규율이 복잡해져 생활 구석구석까지 속박하게 되었다. 하루에 지켜야 할 규율이 613개나 되는 종파도 있어서 보통 유대인들은 율법에 숨이 막힐 지경이었다. 예수가 나타난 시점이 바로 그런 상황이었다.

유대인 최대의 제례 가운데 유월절이 있다. 예수는 그 제례 직전 예루살렘에 모습을 나타냈다. 예수의 가르침을 둘러싸고 유대 사회는 분열되었다. 그를 메시아로 받아들이는 사람이 있는가 하면, 거짓 예언자로 보고 강한 적대감을 품는 사람도 있었다. 제사장이나 바리사이파의 많은 사람들은 대개 후자에 속했다.

한편, 예수는 율법학자와 바리사이파를 거침없이 비난했다. 예수는 율법의 형식주의를 배격하고, 안식일에 사람을 구하는 것을 조금도 꺼려하지 않았다. 또 멸시받던 세리稅吏들과 사마리아인도 따뜻하게 대했으며, 로마인 중에도 병든 자가 있으면 치료해주었다.

이러한 행위는 율법학자와 바리사이파를 자극했고, 그들은 예수를 잡아 없애야만 한다는 데 의견의 일치를 보았다. 그러나 여기에는 문제가 있었다. 로마 제국의 지배 아래 있는 유대인 의회는 사형 판결을 내리고 집행할 권리가 없었다. 그러자 총독인 빌라도에게 압력을 가했다.

빌라도는 예수의 무죄를 확신했지만, 만일 방면했다간 유대인 폭동이 일어날지도 몰랐다. 그렇게 되면 자신의 감독 책임이 문제가 될 것이었다. 그것을 피하기 위해서는 타협하는 수밖에 없었다. 이리하여 의회의 요구에 따라 예수를 사형에 처하기로 했다.

『신약성경』에는 예수가 처형되고 나서 사흘 만에 부활했다고 되어 있다. 그리고 그것을 믿는 사람들이 점점 많아짐으로써 기독교 역사가 시작된다.

예수가 활동할 무렵 유대교에는 사두개파, 바리사이파, 열심당, 에세네파 등 여러 당파가 있었다. 바리사이파는 그리스 로마 문화에 대한 반감이 강한 서민들로 이루어져 율법의 엄격한 준수를 강조했다.

로마의 내란

**"주사위는
던져졌다"**

카이사르(고대 로마 정치가)
【플루타르코스 영웅전】

카이사르
카이사르 시대의 주화. 그는 동전에 처음으로 자신의 얼굴을 새겼다고 한다.

로마에서는 1세기에 걸쳐 내란이 이어지는 동안 두각을 나타낸 사람이 마리우스와 술라이다. 양 진영은 피 튀기게 싸웠지만, 두 사람이 잇따라 세상을 떠나자 내란은 소강상태에 접어들었다.

마치 이런 상황을 기다리기라도 했던 것처럼 BC 73년에 이탈리아 중남부의 도시 카푸아에서 노예의 반란이 일어났다. 이것이 바로 스파르타쿠스의 난이다. 반란은 BC 71년에 진압되지만, 당시 공을 세운 폼페이우스와 크라수스가 이를 계기로 세력을 강화하고 BC 60년 카이사르까지 합세하여 세 사람이 제1차 과두정치를 시작했다.

세 사람 중에서 우선 폼페이우스가 로마의 오랜 골칫거리였던 해적 토벌에 큰 공을 세우고, 동방 원정에서도 눈부신 활약상을 보였다. 카이사르도 갈리아 원정에서 공을 세웠다. 그러자 크라수스가 초조함을 느끼는 것도 무리가 아니었는데, 이것이 마침내 그의 명을 재촉했다. 무훈을 탐내 파르티아에 원정 나간 크라수스는 BC 53년 무참하게 전사하고 만다. 이로써 삼두정치의 한 축이 무너져 내란이 필연적으로 재개될 상황이었다.

BC 49년, 원로원의 소환을 받고 갈리아에서 귀국길에 오른 카이사르는 이탈리아와의 경계인 루비콘 강에 도달했다. 규정에 따르면, 이 강을 건너면 군대를 해산해야만 했다. 그러지 않으면 곧 반란으로 간주되었다. 그러나 원로원이 폼페이우스를 지지하고 있는 상황에서 혼자 몸으로 귀국하면 정치 생명이 끝장나고 목숨마저 위험할 수 있었다.

"이 강을 건너면 비참한 인간 세상, 건너지 않으면 나의 파멸. 나아가자, 신들께서 기다리시는 곳으로, 우리를 모욕한 적들이 기다리는 곳으로. 주사위는 던져졌다."

카이사르는 이렇게 말한 뒤 군단을 이끌고 로마로 진군했다.

이 소식을 전해 듣고 원로원과 폼페이우스는 당황했다. 전쟁 준비를 채 마치지 못했기 때문이었다. 폼페이우스는 일단 동방으로 달아나 군을 소집하는 한편 결전을 준비했다.

그러나 다음해에 벌어진 파르살루스 전투는 카이사르의 대승으로 끝났다. 폼페이우스는 이집트로 달아나 프톨레마이오스 왕조의 지지를 얻어 재기를 도모하려 했지만, 이집트 고관들에게 속아 야망이 꺾이고 말았다.

카이사르는 폼페이우스를 압박해 이집트까지 진군했다. 그리고 거기서 클레오파트라와 운명적인 만남을 갖게 된다. 이 과정에서 "왔노라, 보았노라, 이겼노라"라는 말을 남겼다. 로마로 귀환한 후 카이사르는 종신토록 독재정을 행했다. 그러나 BC 44년, 카이사르가 황제가 되려는 것이 아닌가 하고 의심한 원로원 보수파에게 암살당하고 만다.

카이사르가 정벌한 갈리아는 로마인이 갈리아인이라고 부르던 사람들(켈트족)이 살던 곳으로, 대략 오늘날의 프랑스에 해당한다.

로마 황제의 탄생

"무모한 장군보다
신중한 장군이 낫다"

아우구스투스(로마 황제)
【로마 황제전】

아우구스투스
카이사르의 양자로 독재권을 얻었으
나 거부하고 존엄자(아우구스투스)라
는 칭호를 받았다.

이 말은 아우구스투스 옥타비아누
스의 좌우명이라 할 만한 말이다.

카이사르가 암살당했을 때, 그는 유
언으로 조카인 약관 20세의 옥타비아
누스에게 자리를 잇도록 했다. 현실적
으로는 카이사르의 동료이자 콘술(집정
관)로 수완이 뛰어나고 믿음직스러운
안토니우스가 인망이 높았지만, 원로
원은 안토니우스가 카이사르의 판박이
가 되지 않을까 염려했다. 그리하여 카
이사르의 부장이었던 레피두스까지 합
세해 그들 세 사람이 제2차 삼두정치

를 개시하게 된다. 옥타비아누스는 서방의 속주, 안토니우스는 동방의 속
주, 그리고 레피두스는 리비아에서 권한을 행사하게 되었다.

그러나 안토니우스가 동방의 속주를 맡은 것이 재앙이 되고 말았다. 이
집트 여왕 클레오파트라의 포로가 되고 말았기 때문이다.

그 사이에 옥타비아누스는 해적이 된 폼페이우스의 아들 섹스투스를
토벌하는 등 전공을 거듭 세우는 한편, 레피두스를 실각시켜 서지중해의

제해권을 손에 넣었다. 이로써 삼두정치는 막을 내리고 이탈리아와 서방 속주가 모두 옥타비아누스의 손아귀에 들어가게 되었다.

드디어 광대한 지중해 세계에서 옥타비아누스에게 대항할 수 있는 자는 안토니우스 단 한 사람뿐이었다. 그러나 그 안토니우스가 얄궂게도 동방 속주의 요지를 클레오파트라에게 기증한다는 소문이 로마 전역에 파다하게 퍼졌다. 게다가 안토니우스가 정숙하다고 소문난 옥타비아(옥타비아누스의 여동생)와 이혼한다는 통지서가 날아들었다. 더하여 안토니우스의 유언장이라는 것이 공개되었는데, 거기에는 클레오파트라의 아들을 상속인으로 지명한다고 적혀 있었다. 이를 알게 된 로마 사람들은 극도로 분노했다.

시대의 흐름은 완전히 옥타비아누스를 향하고 있었다. 이렇게 맞이한 BC 31년의 악티움 해전은 옥타비아누스의 완승으로 끝났다. 안토니우스와 클레오파트라는 자살로 삶을 마쳤다.

원로원은 옥타비아누스가 카이사르처럼 독재자가 되는 것은 아닌가 하고 두려워했다. 그렇지만 그것은 기우에 지나지 않았다. 옥타비아누스에게는 겸허함이라는 미덕이 있었다. 그는 아우구스투스(존엄한 자), 프린켑스(시민 가운데 1인자)라는 존칭과 여러 가지 큰 권한을 위임받는 것으로 만족했다. 명분보다 실리를 취했던 것이다.

옥타비아누스는 정식으로 황제 자리에 오르지 않았다. 하지만 그가 사실상 황제였다는 점을 고려하여, 역사적으로는 그를 로마 제국의 초대 황제로 올려놓고 있다.

나바테아의 번영

> "그 부유함으로 다른 유목 민족의 부러움을 사다"
>
> 디오도로스(로마 역사가)

페트라
중개 무역을 했던 나바테아인들이 안전한 거처를 확보하기 위해 암벽을 깎아 만든 것으로 보인다.

오늘날 요르단 하심 왕국의 남부에 페트라라는 관광 명소가 있다. 시크라고 불리는 암벽 사이의 통로를 따라가 보면 외부에서는 상상도 할 수 없는 장대한 유적이 위용을 뽐낸다. 이곳 페트라는 나바테아인이라는 아랍계 민족이 세운 왕국의 도성이 있던 자리다. 나바테아 왕국은 기원 전후 무렵 전성기를 자랑했다.

나바테아인이 사료에 처음 등장한 것은 BC 312년의 일이다. 그에 따르면 그들의 생업 가운데 하나는 이웃의 아랍계 민족들과 마찬가지로 사막을 방목지로 하여 낙타와 양을 키우는 것이었다. 그 무렵의 인구는 1만 명 정도로, 사막 가운데 비밀 저수지를 파고 외적에 대비했다. 또 왕을 옹립하지 않고 장로들이 국정을 이끌어갔다.

이 나바테아인이 "그 부유함으로 다른 유목 민족의 부러움을 사다"라는 평판을 얻게 된 것은 향료와 몰약의 중개 무역에 손을 뻗치고 나서였다. 나바테아인은 이를 통해 부를 축적하고 BC 2세기에는 페트라를 수도로 하는 왕국을 건설하기에 이르렀다.

최초의 왕 아레타스 1세는 마카베오 전쟁이 발발하기 직전에 등장한다. BC 100년 전후로 그의 후계자들은 셀레우코스 왕조의 힘이 약해진 틈을 타 시리아 남부의 하우란 지방과 페트라, 지중해 연안의 네게브 사막으로 세력을 뻗쳤다. 또 하스몬 왕조와 대결하여 승리한 5대 왕 우바이다 1세는 나바테아인 사이에서 무훈을 인정받아 거의 신처럼 떠받들어졌다.

나바테아인은 다시 프톨레마이오스 왕조와 홍해의 무역권을 둘러싸고 아카바 만과 그 연안 지역에서 전쟁을 벌였다. 그들은 가벼운 배를 이용해 프톨레마이오스 왕조의 무거운 배를 습격하고 그 남쪽 아라비아와의 무역을 방해했다. 무역을 통해 얻는 이익을 독점하려 했던 것이다.

BC 86년부터 다음해에 걸쳐 셀레우코스 왕조의 안티오코스 12세가 나바테아 왕국의 풍요를 욕심내 남방으로 군사를 진격시키지만 우바이다 3세에게 패하고 만다. 마침내 우바이다 3세는 북방으로 군사를 돌려 다마스쿠스의 상인들을 통해 시리아 내륙의 지배자가 되었다. 이리하여 트랜스요르단(지금의 요르단)과 네게브 지방뿐만 아니라 하우란 지방에서 다마스쿠스에 이르는 영토가 성립되었다.

로마의 폼페이우스가 예루살렘에 입성한 BC 63년에는 나바테아인의 인구가 수십만 명에 이른 것으로 추정된다. 그 번영은 로마의 지배 아래 들어가고 나서도 일정 기간 계속되었다.

역사가들은 독특한 지형을 감안해 페트라가 당초 부녀자와 노인들의 비상 시 은신처로 이용됐을 것으로 추정한다.

아우구스투스 이후의 로마

"이 세상에서 실로
뛰어난 예술가가
사라지고 마누나"

네로(로마 황제)
【로마 황제전】

콜로세움
검투사들의 싸움 등 오락을 제공하고
기독교인들을 박해한 장소로 유명하다.

아우구스투스에게는 아들이 없고 율리아라는 딸만 하나 있었다. 그런데 이 딸이 굉장한 문제아였다. 특히 남자를 너무 밝혔다. 아우구스투스는 방탕한 딸을 유형에 처할 수밖에 없었다. 그 결과 황제의 자리는 아우구스투스의 처 리비아가 데리고 온 아들, 그리고 딸 율리아의 세 번째 남편인 티베리우스에게 돌아갔다.

티베리우스는 즉위했을 때 이미 57세로 고령이었다. 외모로나 성격으로나 변변찮게 보였던지, 생전의 아우구스투스는 "저렇게 둔한 턱으로 씹힐 로마인들이 가엽다"는 말을 했다고 한다. 당사자도 정치에는 그다지 관심이 없어 즉위 후 대부분의 시간을 카프리 섬에서 보냈다.

티베리우스의 뒤를 이은 황제가 아우구스투스의 조카 게르마니쿠스의 아들 칼리굴라이다. 즉위 초에는 인기가 있었지만, 큰 병을 앓고 나더니 상식을 벗어난 언동으로 치달았다. 그러다가 그에게 모욕당한 것에 원한을 품은 친위대장의 손에 살해당하고 만다. 그때 그의 나이 30세였다.

칼리굴라 사후에 원로원은 공화정으로 복귀하려고 했지만 친위대가 제동을 걸었다. 자신들의 손에 들어온 기득권을 놓치고 싶지 않았기 때문이었다. 그리하여 친위대가 옹립한 사람은 칼리굴라의 숙부이자 게르마니쿠스의 동생인 52세의 클라우디우스였다.

클라우디우스는 상당한 명군으로 해방된 노예를 국정에 중용한 것으로도 잘 알려져 있다. 그러나 사생활에 문제가 있어 후처인 아그리피나에게 독살당했다고 한다.

클라우디우스가 죽고 나서 아그리피나가 데려온 아들인 네로가 18세에 즉위했다. 즉위 당시의 네로는 사람들에게 상냥한 소년이었다. 관용을 베푸는 인자한 성품으로 사람들의 호감을 샀다. 죄인들의 사형 집행 선고에 서명을 요청받고는, "차라리 글을 쓸 줄 몰랐더라면"이라고 탄식했다고도 한다.

그러던 사람이 나이를 먹자 서서히 폭군으로 변해갔다. 그러다가 반란에 직면해 결국 자살로 생을 마감한다. 표제의 말은 자살 직전에 네로가 내뱉은 말이다.

한편, 네로 시대에 기독교도에 대한 박해가 이루어졌지만, 이것은 로마 시에 국한된 것으로서 전국적인 규모는 아니었다. 훗날에 이루어진 조직적인 박해와 달리, 대화재의 책임을 기독교도들에게 덮어씌워 일종의 희생양으로 삼았다.

네로는 충분한 교육을 받았기 때문에 상당한 수준의 교양을 쌓았다고 한다. 수에토니우스도 그의 저서 『로마 황제전』에 "네로는 시를 사랑했고, 별로 힘들이지 않고 운율시를 창작했다"라고 적었다.

기독교의 발전

"육체적 할례는 진정한 할례가 아니다"
바울(기독교 사도)
【신약성경】

바울
열렬한 유대교 신자로 기독교를 핍박하다가 개종하여 기독교 전도에 힘썼다.

예수가 십자가에 못 박히고 얼마 뒤 스데반이라는 기독교 지도자가 유대인 군중으로부터 돌 세례를 받고 죽었다. 그 목격자 가운데 로마 시민권을 가진 바울이란 유대인이 있었다. 바울은 경건한 유대교 신자로서 기독교도를 박해하는 데 앞장섰다.

바울은 예루살렘만으로는 성에 차지 않아 다른 곳에서도 기독교도들에게 쓴맛을 보여주겠노라 작정하고 유대교 대사제의 처소를 찾아갔다. 그곳에서 그는 다마스쿠스의 시나고그(유대교 교회) 앞으로 편지를 써달라고 부탁했다. 그리고 바울은 몇 사람의 일행과 함께 다마스쿠스로 향했다.

그런데 다마스쿠스에 얼마 못 미쳤을 때 갑자기 하늘에서 빛이 내려와 바울의 전신을 감싸 안았다. 바울은 놀라서 땅바닥에 쓰러지고 말았다. 그의 귀에 "바울아, 너는 왜 나를 박해하느냐"라는 소리가 들렸다. 목소리의 주인은 자신이 예수라고 하며, 그대로 마을로 들어가라고 명했다.

그 소리는 바울에게만 들려 일행들은 영문을 모른 채 쭈뼛거리며 서 있었다. 바울은 땅에서 일어날 수는 있었지만 앞이 보이지 않았다. 그 때문에 일행들에게 업혀 다마스쿠스로 들어갔다.

그로부터 사흘 뒤 바울은 아나니아라는 기독교도의 방문을 받았다. 아나니아는 꿈에서 계시를 받고 바울을 치료하러 온 것이었다. 아나니아가 바울에게 손을 얹고 축복의 말을 했다. 그러자 바울은 눈에서 마치 비늘이 떨어져 나가는 듯한 느낌과 함께 앞을 볼 수 있게 되었다. 이를 계기로 바울은 세례를 받고 다른 다마스쿠스의 기독교도들과 함께 선교 활동을 시작했다.

이전부터 바울을 알던 사람들은 깜짝 놀람과 동시에 그에게 살의를 품었다. 기독교도들은 바울의 몸에 위험이 미칠 것을 알고 밤중에 바울을 가마에 태워 성 밖으로 피신시키고 다마스쿠스를 떠나게 했다.

바울은 예수살렘으로 도망쳤다. 예루살렘의 기독교도들은 처음에 그를 신뢰하지 않았다. 그러나 지도적인 입장에 있던 바나바가 바울이 회심하기에 이른 경위와 다마스쿠스에서의 선교 활동을 이야기해주자, 드디어 의심을 거두고 정식 기독교도로 받아들이게 되었다.

바울은 세 차례에 걸쳐 오랜 시일이 걸리는 전도 여행을 나섰다. 주로 유대인 공동체가 있는 지역을 돌았지만 유대인들은 그를 상대조차 하려 들지 않았다. 도리어 그는 그리스인들이나 다른 이방인들의 마음을 사로잡았다. 결과적으로 바울은 이방인들에 대한 전도 개척자로 역사에 이름을 남기게 되었다.

할례는 유대교의 관습. 사내아이의 남근 포피를 절개하는 것을 말한다. 경우에 따라 포피를 잘라 내는 외과 수술 자체를 가리키기도 한다.

로마 대 유대

"자결로 그들을 놀라게 하고, 그 대담함으로 그들을 경악시키자"
엘레아자르(유대인 반란 지도자)
【유대 전기】

통곡의 벽
고대 이스라엘 성전 서쪽 벽의 일부.
유대인들이 고대 성전의 상실을 슬퍼
하며 찾는 곳이다.

로마 제국과 유대의 관계는 처음에는 무난했다. 로마 총독이 자제심을 발휘했고, 유대인들도 온건파가 민중들을 잘 다독거렸기 때문이다. 그러나 64년에 플로루스가 총독으로 부임하면서 상황이 급변했다. 66년에 플로루스가 예루살렘 신전의 보물창고에서 금을 훔친 것을 계기로 큰 소란이 벌어졌다. 온건파는 끝내 유대 강경파를 제지할 수 없었다.

열심당의 지도 아래 들고 일어난 예루살렘 시민들은 플로루스를 쫓아버렸다. 그와 함께 예루살렘의 군 수비대를 전멸시키자고 했다. 그리하여 그때까지 신전에서 집전하던 로마 황제의 건강을 바라는 기원식도 중지됐다. 반란을 일으키겠다는 뜻을 분명하게 선언한 것이다.

봉기군을 진압하러 온 시리아 총독의 군대는 베틀혼의 험지에서 패배했다. 이 전투의 승리를 보고 그때까지 반란군 참여를 망설이던 사람들도 많이 동참하게 되었다. 이리하여 반란은 유대인 사회 전체로 확산되었다.

반란을 진압하기 위해 로마는 6만 대군을 파견했다. 유대인은 완강하게 저항했지만 67년에 갈릴리, 68년 중반쯤에 트랜스요르단이 각각 적의 수중에 떨어졌다. 그리고 70년 8월에는 예루살렘이 함락되었다. 이때 로마 군대는 신전을 마음껏 약탈하고 파괴했다. 그 결과 반란군 세력은 서쪽 외벽의 한구석만 지키는 신세로 전락했다.

예루살렘 함락 후에도 다른 몇몇 요새는 계속 저항했다. 로마 군대는 그들을 하나씩 무너뜨렸다. 마지막으로 남은 것이 마사다였다.

72년 5월 2일, 마사다에 최후의 순간이 다가오고 있었다. 함락은 그저 시간문제일 뿐이었다. 반란군 지도자 엘레아자르의 외침에 응해 우선 남자들이 자신들의 처자를 죽였다. 이어서 제비뽑기로 뽑힌 10명이 다른 남자들을 죽였다. 그로부터 다시 제비를 뽑아 선택된 한 사람이 나머지 9명을 죽였다. 마지막으로 남은 한 사람은 자결했다. 이때의 희생자 수는 부녀자를 포함해 60명이었다고 한다. 이 비극적인 최후의 모습은 물 저장고가 만들어진 동굴에 몸을 숨기고 있던 두 여자와 다섯 아이들의 입을 통해 세상에 퍼졌다.

한편, 로마에 대한 대반란은 132년에도 일어난다. 그러나 이 역시 3년 뒤에 진압되었다. 이 과정에서 58만 명의 유대인이 죽임을 당했고, 살아남은 유대인은 노예로 해외에 팔려나갔다. 세상에서 말하는 디아스포라(유대인 이산)가 시작된 것이다. 그때부터 유대인이 예루살렘에 출입하면 사형에 처한다는 엄격한 명령하에 유대인의 예루살렘 출입이 일절 금지되었다.

마사다는 유대인에게는 특별한 의미를 가진다. 현재 이스라엘에서는 국방군의 입대 선언식이 이곳 마사다에서 이루어진다.

로마의 5현제 시대

"인류가 가장
행복했던 시대"

기번(영국 역사가)
【로마 제국 쇠망사】

카라칼라 욕장
사교를 목적으로 만들어져 목욕을 하
며 여러 가지 문화 활동을 즐길 수 있
게 설계되었다.

네로가 죽은 후 네 황제가 난립하는 시대를 거쳐 베스파시아누스, 그 아들 티투스, 그의 동생 도미티아누스까지 3대에 걸친 플라비우스 왕조 시대가 이어진다. 베스파시아누스는 콜로세움을 짓기 시작한 황제로 유명하다.

도미티아누스가 죽고 플라비우스 왕조의 대가 끊기자, 원로원은 66세의 원로의원인 네르바를 제위에 앉혔다. 네르바는 이례적인 조치로 양자 상속을 택했는데, 이것이 하나의 선례가 되었다. 그를 이은 세 황제는 모두 이렇게 제위에 올랐다. 그들은 마치 서로 짜기라도 한 것처럼 아들이 없거나 아니면 먼저 죽거나 했다. 이 방식은 나름대로 성공을 거둬 네르바에서 시작해 트라야누스, 하드리아누스, 안토니누스 피우스를 거쳐 마르쿠스 아우렐리우스에 이르는 다섯 군주가 저마다 훌륭한 업적을 남겼다. 그리하여 역사는 이들을 '5현제'라고 부르게 되었다. 18세기 영국의 저명한 역사가 에드워드 기번은 그의 저서에서 이 시대를 가리켜 "인류가 가장 행복했던 시대"라고 극찬했다.

이것은 과장이 아니다. 사실 네르바는 원로원과 협조해 무난한 정치를 펼쳤다. 트라야누스는 군대의 기강이 해이해지지 않도록 잘 통제함과 동시에, 로마의 전통을 중시하는 전제적인 경향에 빠지지 않으면서 원로원과 훌륭한 협조 관계를 유지했다. 원로원은 그에게 "최상의 지도자"라는 칭호를 부여해 감사와 경의를 표했다.

하드리아누스는 치세의 대부분을 속주를 시찰하는 데 보내고, 속주의 도시들을 육성하고 공공시설을 충실하게 정비했다. 안토니누스 피우스는 신과 인간에게 성의를 다했기 때문에 "경건한 사람"이라는 칭호를 받았다. 마르쿠스 아우렐리우스는 철학자 황제라는 별명을 얻었고, 『명상록』이라는 저서를 남겼다.

그러나 "인류가 가장 행복했던 시대"라는 말이 과장은 아니었다 해도 약간은 평가절하를 해야 할지도 모른다. 마르쿠스 아우렐리우스 시대에 이미 쇠퇴의 조짐이 보였기 때문이다.

하나의 원인은 오리엔트 세계로부터 온 천연두의 유행이다. 천연두로 말미암아 이탈리아의 인구 가운데 3분의 1이 희생당했다. 또 오리엔트에서 파르티아와 싸우는 사이에 그 오리엔트의 한쪽에서 게르만인이 물밀듯 밀려 들어왔다. 로마 제국은 황제의 창고를 털어 전비에 보태야 했다. 이와 동시에 노예, 검투사, 제국 내에 거주하는 게르만인이나 스키타이인 등의 용병에 의존하기에 이르렀다.

콜로세움의 정식 명칭은 플라비우스 원형극장이다. 이곳에서 검투사들 간의 결투, 검투사와 맹수의 싸움, 모의 해전 등이 벌어졌다고 한다.

혼돈에 빠지는 로마

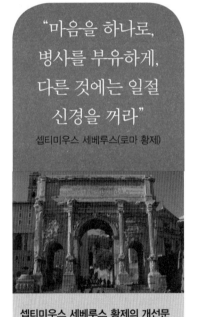

"마음을 하나로,
병사를 부유하게,
다른 것에는 일절
신경을 꺼라"
셉티미우스 세베루스(로마 황제)

셉티미우스 세베루스 황제의 개선문
그를 칭송하기 위해 로마 시민과 원로
원이 세운 기념물이다.

마르쿠스 아우렐리우스는 자신의 아들 콤모두스에게 황제 자리를 넘겼다. 그러나 콤모두스는 네로의 판박이 같은 사나이였다. 그 때문에 친위대의 손에 암살당했다.

그의 뒤를 이어 원로원 의원이자 수도의 장관인 페르티낙스가 제위에 올랐다. 하지만 군기를 너무 엄하게 단속하다가 겨우 3개월 만에 친위대에게 살해당했다. 그 뒤 네 황제가 난립하는 상황이 벌어지고, 최종적으로 상판노니아 지사인 셉티미우스 세베루스가 승리를 거두었다.

세베루스는 제위에 오르자 지나치게 권한이 강한 기존의 친위대를 해체하고, 새로이 이탈리아 이외의 출신자들로 이루어진 친위대를 구성했다. 원로원의 권위는 격하되어 대부분 황제의 부속기관처럼 되었다. 게다가 의원의 3분의 2 이상을 이탈리아 이외의 출신자가 차지해, 새로운 의원 중에는 오리엔트와 아프리카의 속주 출신자가 많았다. 세베루스 자신도 아프리카 출신으로 페니키아인의 피를 이어받았고, 황비인 율리아 돔나는 시리아 에메사의 태양신 신관의 딸이었다.

세베루스는 군대를 엄격하게 통제하는 한편, 그 대우에도 크게 신경을 썼다. 그리하여 병사들의 급여를 올리고 결혼도 허락했다. 그는 두 아들을 데리고 원정에 나섰다가 브리타니아에서 죽었다. 자식들에게 "마음을 하나로, 병사를 부유하게, 다른 것에는 일절 신경을 꺼라"라는 유언을 남겼다고 전한다.

그러나 "마음을 하나로"라는 유언은 지켜지지 않았다. 두 아들 사이가 원래부터 좋지 않았기 때문이다. 1년 남짓한 공동 통치 후에 형인 카라칼라가 동생 게타를 죽이고 단독 통치를 시작했다.

카라칼라로 말하자면 항복한 자를 제외하고 로마 제국 내의 모든 자유민에게 로마 시민권을 부여한 것으로 유명하다. "병사를 부유하게"라는 유언은 충실하게 지켜졌다. 병사들의 월급을 1.5배 인상했고, 공공복지를 위해 도서관·경기장·상가 등을 정비했으며, 일시에 1,600명을 수용할 수 있는 커다란 목욕탕을 건설하기도 했다.

카라칼라를 암살한 후 그 주범인 친위대장 마크리누스가 제위에 올랐다. 그러나 마크리누스는 파르티아에 패배해 굴욕적인 강화를 맺었기 때문에 군대의 신망을 잃었다. 그리하여 마크리누스 대신에 율리아 돔나의 여동생의 아들, 엘라가발루스가 제위에 올랐다.

이 엘라가발루스가 암살되자 종형제 세베루스 알렉산더가 뒤를 이었지만 그도 암살당하고 만다. 이로써 로마 제국은 군인 황제 시대로 들어선다.

세베루스 알렉산더 사후에 제국의 각지에 주둔하던 군대가 군사령관을 제멋대로 황제로 삼았기 때문에 약 50년 동안 26명이나 되는 황제가 생겨났다. 그 중 25명이 치세 중에 살해당하거나 전사했다.

로마 대 팔미라

“태양신은 자신의 백성
들을 버렸다”

아우렐리아누스(로마 황제)

팔미라 원형극장
원형 그대로 보존되어 당시의 석조 기
술을 알 수 있다.

셀레우코스 왕조의 쇠퇴와 함께 이
란에는 파르티아(아르사크 왕조)가 들어
섰다. 파르티아는 때때로 로마의 오리
엔트 국경을 위협했다.

3세기에 들어서자 파르티아 왕조가
무너지고 사산 왕조 페르시아가 성립
했다. 사산 왕조는 대외적으로 적극적
인 정책을 취해, 260년에 에데사 전투
에서 로마 군대를 꺾고 황제 발레리아
누스를 포로로 잡았다.

의기양양하게 개선길에 오른 페르시아 군대. 그러나 그 후방을 쳐서 페
르시아 군대에게 고배를 안긴 사람이 있었다. 팔미라의 지배자 오다이나
투스가 그 주인공이다.

팔미라는 시리아 사막의 거의 중앙에 자리한 대상들의 도시이다. 그 시
민들은 아랍계를 모체로 하지만 그리스인, 파르티아인, 로마인도 거주하
며 혈통이 서로 뒤섞여 숱한 민족의 도가니나 마찬가지였다. 팔미라의 재
원은 이 지역을 통과하는 대상들의 물자에 부과하는 관세에 의존하고 있
었다.

오다이나투스가 왜 로마에 가담할 생각을 했는지는 분명치 않다. 어찌 됐든 그는 그 후로도 로마 군대의 선봉에 서서 싸워 로마로부터 "전 오리엔트의 회복자"라는 칭호를 부여받았다.

그러나 마침내 내란이 일어나 오다이나투스는 후계자인 장남과 함께 암살당한다. 그 후 암살자마저 쓰러지자 팔미라의 실권은 재색을 겸비한 과부 제노비아에게 귀속된다. 그녀는 로마가 쇠퇴하는 것을 보고 부지런히 계산했다. 그리고 270년, 로마로부터 독립을 선언했다. 팔미라에 인접한 여러 도시의 병사들을 모아 약 7만 명으로 이루어진 군대를 편성하여 소아시아 동부와 이집트를 공략했다. 그리하여 광대한 영역을 지배하게 되었다.

이에 대해 로마에서는 271년 말, 아우렐리아누스 황제가 직접 정벌에 나섰다. 제노비아는 태양신을 숭배하는 성지인 에메사를 결전의 장소로 택했다.

그러나 전투는 로마의 승리로 끝났다. 아우렐리아누스는 팔미라에 대해 관대한 태도를 취하며 귀로에 올랐고, 곧 발칸 반도에서 펼칠 새로운 작전에 매우 분주했다. 그 틈을 타 팔미라가 다시금 모반을 꾀했다. 로마 군대는 곧바로 태세를 정비하여 반격에 나서, 이번에는 팔미라를 철저하게 파괴했다. 포로로 잡힌 제노비아는 개선 행진에 볼모로 나서는 치욕을 맛본다. 팔미라는 그 후 다시는 번영을 회복하지 못했다. 동서의 통상로도 다른 곳으로 옮겨가 그곳은 쓸쓸한 폐허로 남게 되었다.

파르티아는 이란 고원의 동북부에서 일어났다. 이 시대에 그리스 문화가 계승되는 한편, 이란 문화의 부흥도 이루어졌다.

아르메니아의 기독교 국교화

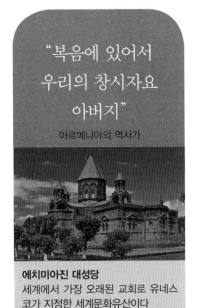

에치미아진 대성당
세계에서 가장 오래된 교회로 유네스코가 지정한 세계문화유산이다

표제의 말은 아르메니아의 어느 역사가가 아르메니아 교회의 창시자인 성 그레고리우스를 평가하며 했던 말이다.

고대 아르메니아는 소아시아의 동북부에서 번성했다. 파르티아와 로마라는 두 강대국 사이에 자리했기 때문에 때때로 양 세력의 전쟁터가 되는 운명에 내몰렸다. 파르티아인 왕이 세워진 287년 무렵, 티리다테스 3세가 로마 제국의 보호 아래 아르사크 왕조를 부활시켰다. 티리다테스 왕 재위 시절, 훗날 아르메니아 역사에 결정적인 역할을 하는 사건이 일어났다. 그것은 왕이 기독교로 개종한 것이다. 이로 말미암아 아르메니아는 세계 최초로 기독교를 국교로 삼은 나라가 되었다.

티리다테스 3세를 개종시켜 아르메니아를 최초의 기독교 국가로 만든 인물은 성 그레고리우스이다. 그레고리우스는 아르사크 왕조 출신이다. 그런데 그의 아버지가 아르메니아 왕 호슬로 1세를 암살했기 때문에 일가가 몰살되는 보복을 당했다. 어린 그레고리우스는 살아남아 카파도키아로 도망쳐 거기에서 기독교도로 성장했다.

그런데 디오클레티아누스는 로마 제국 최후의 기독교 대박해를 한 황제로 잘 알려져 있다. 바로 그의 지시에 따라 티리다테스 3세도 기독교도를 박해했다. 아르메니아로 돌아와 전도 활동을 하던 그레고리우스도 감옥에 갇혀 15년 동안이나 고초를 겪었다.

전승에 따르면, 티리다테스 3세는 37명의 기독교도 처녀를 살해한 것 때문에 하나님의 벌을 받아 이성을 상실하고 말았다. 그리하여 야수처럼 네 발로 땅바닥을 기어 다니는 병을 앓게 되었다. 그때 왕의 누이들 꿈속에 빛나는 사람이 나타나 "기독교도에 대한 박해를 멈추라"고 했다. 누이들은 곧바로 꿈에서 들은 내용을 왕에게 알려주었다.

"왕께서 만약 그레고리우스를 감옥에서 풀어준다면, 그가 왕의 비참한 병을 낫게 해줄 것입니다."

왕이 누이들의 말을 받아들여 그레고리우스를 풀어주자마자 병이 순식간에 나았다. 그 후로 왕과 그의 가족들은 모두 기독교로 개종했다고 한다.

3세기 초, 파르티아가 멸망하고 사산 왕조가 일어났다. 사산 왕조도 아르메니아를 보호국으로 삼으려고 로마와 다퉜다.

후한의 서역 경영

"호랑이굴에 들어가지
않고 어찌 호랑이
새끼를 얻으리오"
반초(중국 한나라 무장)
【후한서】

반초
장건에 이어 다시 서역을 개척했다.

무제 때부터 흉노와 서역의 여러 나라는 모두 전한의 봉신이 되었다. 그러나 신나라의 왕망이 각국의 군주 자리를 일률적으로 격하시키자, 모두들 전한으로부터 떨어져 나가고 만다. 서역의 여러 나라들은 다시금 흉노의 영향권 아래 들어갔다.

후한이 서역으로 적극 진출하게 된 것은 명제 때부터다. 즉 북흉노를 공격하기 위해 73년에 서북방으로 출격한 장군 두고가 그 부하인 반초를 서역으로 파견한 것이 그 시초이다. 그에 앞서 흉노는 남북으로 분열하여 남흉노는 후한에 복속하고 있었다.

그런데 반초는 『한서』의 저자 반고의 동생이다. 반초는 우선 선선이라는 지역으로 나아가 때때로 그곳에 넘나들던 북흉노의 사자들을 겨우 36명의 병사들을 동원해 야습하여 모두 죽였다. 그렇게 위세를 떨쳐 선선을 한나라에 복속시켰다. "호랑이굴에 들어가지 않고 어찌 호랑이 새끼를 얻으리오"라는 말은 이때의 상황을 표현한 것이다.

이어서 반초는 우전이란 나라로 찾아가 왕을 협박하여 그곳에 있던 북흉노의 사자들을 다 죽이게 하고, 그곳 역시 한나라에 복속시켰다. 이로써 선선과 우전을 비롯한 천산남로의 여러 나라가 모두 한나라에 복속되었고, 천산남로를 통한 서역과의 교통로가 다시 열렸다. 이어서 반초는 천산 북로로 나아가 구자라는 나라를 시작으로 94년까지 이곳의 여러 나라를 한나라에 복속시키는 데 성공했다. 조정은 전한시대의 서역도호와 무기교위라는 직책을 부활시켜 서역 경영을 그에게 맡겼다.

서역의 여러 나라들이 한나라에 복속되자 북흉노는 세력이 약화되었다. 특히 남쪽으로는 남흉노, 북쪽으로는 철륵, 동쪽으로는 선비의 압박을 받아 날이 갈수록 세력이 꺾여갔다. 거기에 두헌(후한 장제 황후의 오빠)의 공격을 받게 되자 견뎌낼 재간이 없었다. 이 싸움에서 선우가 행방불명이 되는 등 북흉노의 쇠퇴가 명백해지면서 서역 방면은 북흉노의 영향권에서 완전히 벗어나게 되었다.

북흉노가 쇠퇴함에 따라 반초의 서역 경영과 관련한 북방의 위협은 사라졌지만, 새로운 위기가 서쪽에서 발생했다. 쿠샨 왕조가 공격해온 것이다.

반초는 소륵이라는 지역에서 공격을 받지만, 먼 거리에서 진격해온 쿠샨 왕조가 보급에 약점이 있음을 간파하고 성을 중심으로 틀어박힌 채 수성에만 힘썼다. 마침내 식량이 떨어진 쿠샨 왕조는 서쪽으로 되돌아가 이후로 후한에 조공을 바치게 되었다.

AD 8년, 전한이 외척인 왕망에게 멸망당하고 신이라는 왕조가 들어섰다. 23년에 이 신나라가 무너지고 25년에 한 왕조가 재건된다. 이를 역사에서는 '동한東漢'이라고 한다.

조조의 대두

"치세의 능신, 난세의
간웅이리니"

허소(중국 후한의 평론가)
【이동잡어】

삼국지연의
조조는 이 소설에서 악인으로 묘사되지만, 오늘날에는 시대를 선도한 영웅으로 평가되기도 한다.

이 말은 허소라는 유명한 인물 비평가가 조조의 용모를 살피고 나서 내놓은 평가이다. 태평한 시대를 만나면 유능한 신하로서 일할 테지만, 난세를 만나면 간사한 지혜로써 폭주하는 영웅의 기질이 있다는 뜻이다.

이 평가와 다르지 않게 조조는 후한이 난세에 돌입하자 그럴듯한 간웅의 풍모를 과시했다. 후한 말에 동탁이 죽음을 당하고 군웅이 할거하는 상황이 되자, 조조는 우선 옌저우兗州에 거점을 정하고 장안을 탈출한 헌제를 허(지금의 허난 성 쉬창)로 맞아들였다. 후한은 드디어 유명무실한 존재가 되었지만, 조조는 이로써 대의명분을 손아귀에 넣고, 앞으로의 전쟁은 칙명을 받들어 행하는 정의로운 전쟁이라고 주장할 수 있었다.

조조는 그것을 무기 삼아 원술과 여포를 차례로 토벌했다. 이리하여 허베이河北의 4개 주를 지배 아래 둔 원소와 격돌하게 되었다. 병력이나 물자 모두 원소가 한 수 위인 싸움이었지만, 몇 달에 걸친 격전 끝에 조조는 적의 곡식을 모두 불태우는 기습책을 성공시키며 대승을 거두었다. 이 승리로 허베이의 거의 모든 지역이 조조의 손아귀에 들어갔다.

그 뒤 조조는 남쪽으로 눈길을 돌렸다. 우선은 형주였다. 그때 형주자사 유표가 병으로 세상을 떠나고, 뒤를 이은 유종은 깨끗하게 조조에게 항복했다. 이로써 피 한 방울 흘리지 않고 형주 북부를 손에 넣을 수 있었다.

그 다음 표적은 손권이 차지한 강동이었다. 손권은 유비와 손을 잡고 철저한 항전 태세를 취했다. 그 결과 적벽대전이 벌어지게 되는데, 조조는 역사적으로 유명한 이 전투에서 패배해 천하통일의 꿈에서 멀어졌다.

북으로 돌아온 조조는 이번에는 서쪽으로 군사를 돌렸다. 관중을 평정하기 위해서였다. 마초와 한수는 역전의 용사였지만, 조조는 고전 끝에 이들을 무너뜨리고 화베이華北의 통일을 달성했다. 관중을 손에 넣음으로써 한중으로 통하는 길이 열렸다. 조조는 한중으로 친정을 나서 장로를 항복시키지만, 유비의 공격을 받아 이제 막 정복한 한중을 놓쳐버리고 말았다.

정복을 위한 조조의 원정은 이로써 거의 종말을 맞이하게 되지만, 중앙에서의 입지 구축은 그 후로도 계속되었다. 승상에서 위공으로, 그리고 216년에는 위왕魏王에 봉해졌다. 다음해에는 천자의 깃발을 올리고, 출입시에 천자만이 할 수 있는 벽제 소리를 외쳤다. 또 열두 줄의 장식이 달린 관을 쓰고, 호화로운 가마를 타고, 여섯 마리 말이 끄는 수레를 몰고, 다섯 가지 계절 색을 칠한 부거의 사용을 허락받았다. 끝없이 황제의 대우에 가까워졌던 것이다.

장로는 오두미도라는 교단의 교주였다. 이것이 뒷날 불교의 영향을 받아 도교로 발전한다.

유비의 궐기

**"넓적다리에
살이 붙었구나"**

유비(중국 촉한 황제)
【구주춘추】

도원결의
촉한의 중심축인 유비와 관우, 장비는
복숭아나무 아래에서 의형제의 연을
맺었다.

유비는 전한 경제의 아들인 중산정 왕 유승의 후예이다. 그러나 유승의 후예들은 대를 거듭할수록 몰락하여, 마침내 유비는 짚신과 돗자리를 짜서 생계를 이어갔다. 그런 유비의 집 동남쪽 구석에 뽕나무가 있었는데, 멀리서 보면 마치 수레의 덮개 같았다. 오가는 사람들마다 보통 나무가 아니라며 감탄하곤 했다. 그 중 어떤 사람이 "이 집에서 분명 귀인이 나올 것이야"라고 예언했다는 말이 전한다.

그 말을 믿었는지는 알 수 없으나, 일족 가운데 돈을 대주는 사람이 있어 유비는 같은 고향 출신인 노식이라는 명사에게 가서 글을 배울 수 있었다. 하지만 유비는 독서를 그다지 즐기지 않았다. 대신에 개, 말, 음악을 좋아하고 의복을 아름답게 갖춰 입었다. 팔이 길고 귀가 커서 팔을 내리면 무릎까지 다다르고, 목을 돌려 바라보면 자기 귀를 볼 수 있었다. 말수가 적고 사람들에게 자기를 낮추며 희로애락의 감정을 얼굴에 잘 드러내지 않았다. 천하의 호걸들과 즐겨 사귀었기 때문에 젊은 사람들이 다투어 그와 가까이 지내려 했다.

중산의 대상인 장세평과 소쌍 등은 큰 자본을 들여 말을 사러 탁군을 오갔는데, 유비를 보고 비범한 인물이라 생각하고는 많은 돈을 내놓았다. 유비는 그 덕분에 넉넉한 자금으로 사람들을 두루 사귈 수 있었다.

황건적의 난이 일어나자 유비도 의용군을 모집했다. 그 후 동탁이 죽음을 당하고 군웅할거 시대가 도래하자 유비도 군웅들 가운데 자기 이름을 올려놓게 되었다.

유비에게는 관우와 장비라는 믿음직한 부하가 있었다. 그러나 유감스럽게도 이렇다 할 기반이 없었다. 그래서 그들은 마치 용병 집단처럼 여기저기를 떠돌아다녔다. 그런 끝에 흘러 들어가게 된 곳이 같은 성씨인 유표가 통치하던 형주였다.

유표는 실력자였지만 야심가는 아니었다. 그래서 유비도 좀처럼 활약할 기회를 얻을 수 없었다. 형주에 거주한 지 몇 년이 지났을 때였다. 유표가 베푸는 주연 자리에서 유비가 뒷간에 갔다가 넓적다리에 살이 붙은 것을 보고는 비탄의 눈물을 흘렸다. 자리에 돌아오자 유표가 의아하게 여기며 왜 울었느냐고 물었다. 그때 유비는 다음과 같이 대답했다고 한다.

"저는 항상 말안장에서 떨어져 지낸 적이 없었던지라 넓적다리에 살이 붙을 새가 없었습니다. 그런데 이제 말에 오를 일이 없어지니 넓적다리에 살이 붙어버리고 말았습니다."

여기서 유래해 넓적다리에 살이 붙은 것을 한탄한다는 '비육지탄髀肉之嘆'이라는 말이 생겼다.

184년, 장각을 교조로 삼는 교단이 반란을 일으켰다.
노란 두건을 써서 황건이라는 이름이 붙었다.

3
고난을
떨쳐낸
영웅들

삼국시대의 성립

"내가 공명을
만난 것은 물고기가
물을 만난 것과 같다"

유비(중국 촉한 황제)
【삼국지】

제갈공명
『삼국지연의』에서 신격화된 인물로
유비의 삼고초려 끝에 촉한의 재상이
되었다.

유비의 막하에는 장수들이 많았다. 그러나 앞을 내다보는 전략가가 없어서 이리저리 떠도는 신세가 되었다. 유비가 형주의 신야에 있을 때, 마침 서서라는 인재를 얻었다. 그 서서가 유비에게 물었다.

"제갈공명이라는 자는 누워 있는 용, 바로 와룡입니다. 장군은 그를 만나볼 생각이 있으십니까?"

서서는 자기보다 훨씬 뛰어난, 와룡이란 별명을 가진 제갈공명을 추천했다. 유비가 기뻐하며 "자네가 그 사람을 데려와주겠는가" 하고 물었다. 서서가 답하길, "찾아가면 만나볼 수는 있겠지만, 누가 오란다고 올 사람이 아닙니다. 장군께서 스스로 찾아가심이 좋을 것입니다"라고 했다. 유비는 제갈공명을 만나러 나섰다. 그리고 무릇 세 번을 찾아간 끝에 그를 만나볼 수 있었다. 여기에서 비롯된 고사가 '삼고초려三顧草廬'이다.

유비는 제갈공명에게 자신이 나아갈 길을 물었다. 제갈공명은 도도하게

110

천하의 형세를 논하고, 앞으로 지향해야
할 바를 '천하삼분지계'로 압축했다. 즉
천하를 조조, 손권, 유비가 나누어 가진
뒤 통일을 위해 각축을 벌여야 한다는 것
이었다. 조조와는 맞서 싸울 힘이 없으므
로 우선 강동의 손권과 동맹을 맺어 형주
와 익주를 빼앗은 뒤, 그곳을 거점 삼아
중원을 도모하자는 계책이었다.

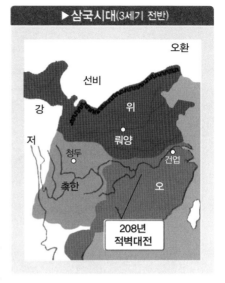

▶삼국시대(3세기 전반)

208년
적벽대전

이후로 유비는 제갈공명과의 사이가
날이 갈수록 돈독해졌다. 이에 관우와
장비 등이 못마땅해 하자 유비가 그들을 타일렀다. "내가 공명을 만난 것
은 마치 물고기가 물을 만난 것과 같다. 그러니 너희들은 두 번 다시 불평
하지 말라." 그 뒤 두 사람은 다시는 불평을 토로하지 않았다. 이 고사에서
군신 간의 친밀한 관계를 '수어지교水魚之交'라고 하게 되었다.

제갈공명의 도움으로 마침내 제위에까지 오른 유비는 임종 시 제갈공
명에게 유언을 남겼다. "그대의 재능은 조비의 열 배는 되니 틀림없이 나
라를 안정시켜 대업을 이룰 것이네. 만약 나의 후계자가 보좌할 만한 인
물이 못 된다면, 그대가 나라를 차지해도 좋네." 이에 제갈공명은 "저는
충심으로 수족처럼 온 힘을 다해 충절을 지킬 것입니다. 최후에는 제 목
숨까지도 내던질 따름입니다"라고 대답했다. 과연 그는 목숨이 다할 때까
지 유비의 아들 유선을 도왔다.

서서는 조조가 형주를 공격했을 때 모친을 포로로
삼자 유비에게 작별을 고하고 조조 휘하에 들어갔다.

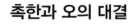

촉한과 오의 대결

"선비는 사흘만
못 보면 눈을 씻고
다시 봐야 한다"
여몽(중국 후한의 무장)
【강표전】

여몽 ⓒ 金暎洙
무용만이 아니라 글을 익히는 데도 힘
썼다.

오나라의 손권 휘하에 여몽이라는 장수가 있었다. 그는 용맹스러웠지만 공부를 하려 들지 않았다. 그러다 언젠가 손권으로부터 책을 읽으라는 권유를 받았다. 그것을 계기로 여몽은 열심히 공부를 시작해 그가 읽은 책의 양이 유학자들도 쉬이 보지 못할 정도가 되었다.

한편, 적벽대전 당시 손권의 오른팔 노릇을 한 사람이 주유였는데, 그가 병사하자 그 자리를 노숙이 이어받게 되었다. 노숙은 육구로 향하던 도중 여몽의 군영을 지나가게 되었다. 노숙은 마음속으로는 여몽을 깔보고 있었다. 그러던 차에 누군가가 이런 말을 했다. "여 장군의 공명이 날이 갈수록 높아가니 이전처럼 대하시면 안 될 것입니다. 그를 한번 방문해보심이 어떨는지요?" 그래서 여몽은 그를 만나보기로 했다.

노숙은 여몽과 대화를 나눠보고는 곧바로 깨달았다. 여몽은 변했다. 몰라볼 만큼 훌륭해졌다. 그래서 여몽의 등을 토닥이며 말했다. "나는 자네가 무략 일변도라고 생각했는데, 이제 보니 학식 또한 넓고 깊어서 이전의 모습과는 전혀 다르구먼." 그러자 여몽이 대답했다. "선비 된 자, 사흘을 만나지 않으면 그 사이에 얼마나 성장을 했는지 알지 못하는 법입니다. 그러므로 모름지기 새로운 눈으로 살펴보지 않으면 안 될 것입니다." 그리고 여몽은 육구에서 취해야 할 전략에 대해 자신의 의견을 내놓았다.

노숙이 죽자 여몽이 그 뒤를 이었다. 주둔지는 유비가 다스리는 촉한과 가까운 육구였다. 촉한의 대장은 관우로서, 당초 여몽은 표면적으로는 이전보다 훨씬 성의 있게 우호 관계를 다져나갔다.

당시 오나라는 전략상 대전환을 모색하고 있었다. 그때까지 촉한과 동맹을 맺음으로써 위나라에 대항하고 있었지만, 그 후 위나라에 신하의 자세를 취하고 촉한에게서 형주를 빼앗겠다는 방향으로 전환한 것이다. 여몽은 그 전략에 따라 손권에게 작전을 짜 올렸다. 그 제안이 받아들여지자 순식간에 실행에 옮겨 대성공을 거두었다. 관우 부자를 생포할 수 있었던 것이다.

이때 여몽은 병마에 시달리고 있었는데, 관우가 처형되고 얼마 후 마치 원혼의 저주라도 받은 것처럼 죽고 말았다.

그로부터 몇 년 뒤, 유비는 관우의 원수를 갚겠다며 동정군東征軍을 일으켰다. 손권은 육손을 대도독으로 임명하여 이를 막아내고 대승을 거두었다. 유비가 죽자 오와 촉한은 다시 동맹을 맺었다.

여몽은 요양을 핑계로 한때 육구를 떠나 수도인 건업으로 돌아와 지냄으로써 관우를 방심하게 만들었다.

진의 중국 통일

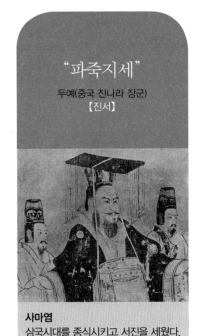

"파죽지세"

두예(중국 진나라 장군)
【진서】

사마염
삼국시대를 종식시키고 서진을 세웠다.

220년, 후한에서 위로 선양이 이루어졌다. 유비는 그것을 인정하지 않고 한 왕조의 부활을 선언한 뒤 다음해 스스로 제위에 올랐다(촉한). 오의 손권도 222년부터 독자적인 연호를 사용하기 시작했고, 229년에 정식으로 제위에 올랐다. 이로써 명실 공히 삼국이 정립하는 상황이 펼쳐진다.

그러나 삼국의 힘은 균형을 이룬 것이 아니라, 모든 면에서 위나라가 앞서 있었다. 촉한과 오나라가 동맹을 맺어 간신히 저항하는 형세였을 따름이다. 하지만 이러한 균형도 263년에 무너지고 만다. 촉한이 위나라에 멸망한 것이다. 이로써 위나라의 천하통일은 시간문제라고 여겨졌지만, 역사는 그렇게 단순하게 흘러가지 않았다. 위나라 내부에서 권력 투쟁이 격렬해지고 중신인 사마씨가 두각을 나타냈다. 265년에는 위에서 사마씨의 진쪽으로 선양이 이루어졌다.

한편 오나라의 손호는 보기 드문 폭군으로 인심을 잃고 있었다. 이를 알고 진남장군 두예가 신속히 오나라를 토벌하겠다고 상주문을 올렸다. 그 상주문이 황제인 사마염에게 도달했을 때, 그는 마침 중신 장화를 상대로 바둑을 두고 있었다. 장화는 갑작스럽게 바둑판을 밀어놓고 황제의 결단을 촉구했다. 황제는 토벌을 허락했다.

진나라는 대군을 발진시켜 오나라로 향했다. 두예는 강릉에서, 왕준은 파촉에서 장강(양쯔 강)을 내려가며 공격했다. 오나라 군사는 장강의 요소요소에 쇠사슬을 늘여놓아 배가 다닐 수 없도록 방해했다. 그러나 진은 쇠사슬에 걸리자 여기에 불을 놓았다. 불길에 휩싸여 얼마간 시간이 지나자 쇠사슬이 녹아서 끊어졌다. 두예는 어둠을 틈타 군사를 진격시켜 순식간에 무창을 점령했다.

두예는 향후의 작전과 관련하여 여러 장수들과 회의를 열었다. 장수들은 이번에는 이 정도로 해두고 내년 겨울에 장강의 물이 얼어붙을 때 다시 오나라를 정벌하면 좋겠다는 의견을 내놓았다. 이에 대해 두예는 다음과 같이 강하게 주장했다.

"지금 병사들의 사기가 하늘을 찌르고 있다. 비유해서 말하자면 칼날로 대나무를 쪼개는 것과 같아서, 처음 칼을 대서 두세 마디만 쪼개면 나머지는 대나무 자체가 칼날을 받아들여 쫙 하고 갈라지고 만다. 그때는 어떤 조작도 필요 없다. 우리 병사들은 지금 파죽지세破竹之勢다."

결국 두예의 의견대로 되어, 진나라 군대는 동쪽으로 나아갔다. 오나라의 수도 건업은 마침내 함락되었고, 이로써 오는 멸망했다. 드디어 진나라가 천하통일을 달성한 것이다.

선양이란 덕이 높은 사람에게 군주의 자리를 넘겨주는 것을 말한다. 전설 시대 요·순 임금의 고사를 모범으로 삼는다.

5호16국 시대

> "문턱에 걸려
> 나막신 뒤축이
> 부서져도 알지 못했다"
> 사안(중국 동진의 정치가)
> 【십팔사략】

사안
남북조시대에 비수전투를 승리로 이끌었다.

진(서진)의 천하통일도 잠깐, 8왕의 난이라는 내란을 계기로 중국은 5호 16국에 이은 남북조의 동란 시대로 접어든다.

5호16국 시대에도 천하통일의 목전에까지 이른 적이 있었다. 바로 전진의 부견 때이다. 그는 화베이 통일에 성공한 뒤, 87만이나 되는 대군을 거느리고 남쪽 정벌에 나섰다. 그때 화난은 동진의 지배 아래 있었는데, 동진의 정치는 재상인 사안이 맡고 있었다. 사안은 동생인 사석을 정토장군, 형의 아들 사현을 선봉장군으로 임명해 8만 군사로 적에 대항하게 했다.

전진의 병사는 페이수이淝水 강변까지 진군해서 강을 가로질러 동진의 군사들과 대치했다. 이때 사현은 사자를 보내서, "이대로라면 양쪽이 승부를 내기가 매우 어려우니 귀군이 군사를 이동시켜서 조금 퇴각하고 우리 군을 건너가게 해주어 승패를 결정하는 것이 어떻겠습니까"라는 뜻을 전달했다.

부견은 동진의 군사들이 강을 한창 건너는 중에 급습해 섬멸하겠다는 생각으로 자신의 군사들에게 후방으로 물러날 것을 명했다. 곧 전진의 군사들이 서서히 퇴각하기 시작했다. 그런데 적당한 곳에서 멈추려 했지만 퇴각을 멈출 수가 없었다. 그것을 보고 후방에 있던 주서(동진의 관리였는데 전진에 포로로 잡혀 있었다)가 큰 소리로 "부견의 군이 패배했다"고 외쳤다. 그러자 전진의 군사는 순식간에 대열이 흐트러져 총체적으로 무너지고 말았다. 사현 등은 이때를 틈타 공격에 나서 대승을 거두었다.

그때 사안은 자기 집에서 손님과 바둑을 두면서 평상시와 조금도 다름 없이 침착한 태도를 보였다. 그런 참에 전진을 꺾었다는 승전 보고가 왔지만, 그때도 태평스러운 모습으로 보고서를 다 읽고는 그대로 옆으로 치워놓고 별달리 기뻐하는 모습을 보이지 않았다.

이윽고 바둑이 끝났다. 손님이 궁금함을 참다못해 그 내용을 물으니 사안은 조용히 별것 아니라는 듯 이야기했다. "글쎄, 우리 아이들이 벌써 적을 깨뜨렸다는구먼." 손님이 돌아간 뒤 사안은 억눌렸던 감정을 폭발시켰다. 그리하여 너무도 기쁜 나머지 서둘러 자기 방으로 돌아가는데, 문턱에 걸려 나막신 뒤축이 부서지는 것조차 알지 못했을 정도였다.

한편 부견은 간신히 장안으로 귀국했지만, 이윽고 부하들이 일으킨 모반에 무참히 살해되었다. 이리하여 화북은 다시금 군웅할거 상태로 되돌아갔다. 화북이 재통일된 것은 선비족인 북위가 등장하고 나서였다.

5호란 한족이 흉노족, 선비족, 저족, 갈족, 강족 등 북방과 서방의 이민족을 가리키는 말. 삼국시대에 위·촉·오 3국이 그들을 용병으로 끌어들여 만리장성 이남으로 이주해왔다.

수 왕조와 야마토 조정

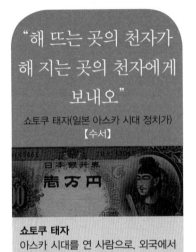

“해 뜨는 곳의 천자가
해 지는 곳의 천자에게
보내오”
쇼토쿠 태자(일본 아스카 시대 정치가)
【수서】

쇼토쿠 태자
아스카 시대를 연 사람으로, 외국에서
여러 사상을 받아들였으며 특히 불교
를 중요시했다.

북위가 망한 후로 서위와 북주가 성
립했다. 이들 나라를 세운 사람들은 모
두 북변 방위 주둔군인 6진 출신이었는
데, 그 중에서도 무천진의 군인들이 중
심이 되었다. 민족적으로는 한족과 혼
혈이거나 지속적으로 한족화한 선비계
였다. 그들은 상호간에 인척 관계를 맺
어 군벌 세력을 이뤘다. 수나라를 창건
한 양견(문제)도 그 세력 가운데 하나로
서 북주의 선제와 경제의 외척이었다.

북주에서는 무제 뒤로 어리석은 자들이 계속 정권을 잡아 세상의 인심
이 양견에게로 모아져 갔다. 그런 까닭에 581년에 선양이 이루어졌을 때
에도 큰 혼란은 발생하지 않았다. 양견이 수국공이라는 칭호를 써왔기 때
문에, 새로운 왕조의 이름은 자연스럽게 ‘수’로 정해졌다. 수나라는 589년
에 남조의 진을 멸망시키고 중국 통일을 달성했다.

수의 문제는 오랜 전란으로 피폐해진 백성들의 살림살이 회복을 우선시
하는 정책을 취했다. 하지만 2대째인 양광(양제)은 이런 태도를 완전히 뒤
바꾸었다. 대외 정벌과 대규모 토목 공사를 잇달아 벌여 국위를 선양하는

데 골몰했다. 만리장성을 수리하고, 제2 수도로서 뤄양을 비롯한 곳곳에 궁궐을 신축했다. 그 중에서도 가장 중요한 사업이 남북을 관통하는 대운하의 건설이었다. 총길이 1,500킬로미터나 되는 대운하는 남북 교통의 대동맥으로서 물자 수송의 획기적 개선을 가져왔다. 이 운하는 수나라 멸망 이후에도 오랫동안 중국 경제를 떠받치는 버팀목 역할을 했다.

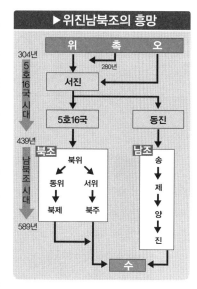

▶위진남북조의 흥망

대외 정책에서도 몽골 고원의 동돌궐, 베트남 남부의 임읍을 복속시키고, 서쪽으로는 칭하이 지방으로 친정을 나가 선비계의 토욕혼을 대파하는 등 대체로 큰 성공을 거두었다. 그러나 고구려 원정만큼은 순순히 진행되지 않아, 세 차례에 걸친 원정이 마침내 대실패로 끝나고 말았다.

이때를 전후하여 일본에서 오노노 이모코가 이끄는 사절단이 수나라를 찾았다. 이모코는 쇼토쿠 태자에게서 받은 국서를 헌상했는데, 그 첫 줄은 이러했다. "해 뜨는 곳의 천자가 해 지는 곳의 천자에게 보내오. 무탈하시라." 수나라 양제는 이를 보고 매우 화가 나 "앞으로 오랑캐가 올리는 글 가운데 이처럼 무례한 자들의 글은 내게 올리지 말라"고 명했다고 한다.

그러나 양제는 대국 군주로서 도량을 보이고자 했는지, 오노노 이모코의 귀국에 맞춰 답례의 뜻으로 사자를 딸려 보냈다. 고구려 정벌의 야망을 품었던 만큼 그 동방에 있는 나라의 마음을 사려는 계책이었을 것이다.

오노노 이모코는 양제의 답서를 들고 귀국길에 올랐는데, 도중에 백제에서 답서를 빼앗겼다고 보고했다. 필시 답서에 난처한 내용이 있어서 둘러댔을 것이다.

당나라의 창건

"창업과 수성 중
어느 것이
더 어려운가?"

이세민(중국 당나라 황제)
【십팔사략】

이세민
두 번에 걸쳐 고구려 원정에 나섰으나
실패하고 전쟁에서 얻은 병으로 사망
했다.

수나라 양제의 치세는 악정의 표본
과도 같았다. 잇따른 대외 원정과 토
목 공사에 동원된 백성들은 죽을 지경
이었다. 이들의 분노는 언제라도 폭발
할 것만 같은 상황이었다. 마침내 613
년, 양현감의 난을 계기로 전국적으로
반란의 불길이 타올랐다. 양제는 강도
로 도망갔지만, 그곳에서 친위대장에
게 죽임을 당했다.

수나라 말기에 봉기한 반란군은 대
소 200여 차례에 이른다. 그러나 곧 왕
세충, 이연, 두건덕 등 20여 명의 군웅
에게 밀리게 된다. 타이위안에서 군사를 일으킨 이연(당나라 고조)도 그 중
한 사람으로 그 역시 양견, 양광과 마찬가지로 무천진 군벌 출신이었다.
다른 군벌보다 한발 앞서 수나라의 수도 대흥성을 점령한 이연은 양제의
손자(공제)를 옹립하고, 양제를 태상황으로 추대했다. 618년에 양제가 살
해당하자, 이연은 공제에게서 선양받아 당나라를 창건했다.

당시 최전선에서 당나라 군사를 지휘한 사람은 이연의 차남 이세민(태

종)이었다. 뛰어난 전략가와 장수들을 거느린 이세민은 여러 군웅들을 제압해나갔다. 그가 치른 최대의 결전은 두건덕을 상대로 한 621년의 호뢰성 전투였다. 이세민은 이 싸움에서 승리를 거둬 중국의 거의 전역을 통일시켰다.

626년에 현무문의 변이라 불리는 정변이 일어났다. 이세민이 형이자 황태자인 이건성과 동생 원길을 살해한 것이다. 이로써 이세민이 황태자가 되고, 얼마 후 이연에게서 제위를 양도받아 즉위한다.

태종 치세에는 내정과 외교의 균형이 잘 이루어져 평화로운 시대가 도래한다. 당시 쓰던 연호를 빌려 이때를 '정관지치貞觀之治'라 부른다. 문관으로는 방현령·두여회·위징 등이 두드러졌고, 무관으로는 이정·이적·위지경덕·진숙보 등 우수한 인재들이 포진했다. 태종은 그들의 보좌에 힘입어 선정을 베풀었다. 다분히 윤색되긴 했겠지만, 신하들의 간언을 중시하여 군신 일치의 정치를 추구했던 그때를 역사가들은 이상적인 정치 체제라고 평가했다.

표제의 말은 나라를 세우는 일과 지키는 일 가운데 어느 쪽이 더 어렵냐는 뜻으로서, 태종이 신하들에게 물었던 말이라 한다. 이에 대해 당나라 건국 후 수성의 임무를 맡은 위징은 지키기가 더 어렵다고 답했고, 창업의 고난을 함께한 방현령은 창업이 더 어렵다고 답했다. 그러자 태종은 당은 이미 수성의 시기에 도달했다고 하며, 굳은 결의를 내비쳤다고 한다.

위지경덕과 진숙보는 명대 이후 문신門神으로 각광받았다. 오늘날에도 구정이 되면 문짝에 두 사람의 그림을 붙여놓는 집이 많다.

로마 제국의 사두정치

"신들의 은혜를
저버리는 행동을
해서는 안 된다"
디오클레티아누스(로마 황제)

판테온
로마의 모든 신에게 봉헌하기 위해 건립한 신전. 디오클레티아누스 시대까지 기독교도에 대한 박해가 이루어졌다.

빈사 상태의 로마 제국을 다시 일으켜 세운 인물은 아우렐리아누스였다. 그리고 디오클레티아누스가 등장하면서 본격적인 회복 궤도에 오른다.

디오클레티아누스도 3세기의 많은 황제들과 마찬가지로 사병에서부터 시작한 입지전적 인물이다. 제위에 오르자 그는 제국을 넷으로 나눠, 두 사람의 정제正帝(Augustus)와 두 사람의 부제副帝(Caesar)가 분담 통치하는 사두정치를 도입했다. 한 사람의 황제가 광대한 제국을 모두 다스릴 수 없다는 판단에서였다. 그렇지만 자신은 네 황제 가운데 가장 높은 자리를 차지하여 로마 제국의 전 영토를 총괄했다.

네 황제 체제로 힘을 합쳐 제국의 통일과 방위에 전념한 결과, 갈리아에서는 이전 시대부터 계속된 바가우다이의 반란을 평정하고, 라인·도나우 지방에서는 게르만인을 격퇴했다. 갈리아 북부와 브리타니아에 독립국을 세운 카라우시우스의 후계 세력도 붕괴시켰다. 동방에서는 사산 왕조와 싸워 승리를 거두고 아르메니아를 회복했다. 그리고 로마 국경을 티그리스 강 상류까지 확대했다.

이런 일들을 수행하기 위해 군제의 개혁과 관료제의 정비, 최고 공정 가격의 설정 등이 이루어졌다. 실로 어떤 일에나 의욕적으로 임했던 황제들이었다. 그러나 디오클레티아누스는 또 하나의 중요한 정책을 펼쳤다. 그것은 기독교도 박해였다.

즉위한 지 10년 가까이 기독교에 대해 관용적인 정책을 펼쳐온 디오클레티아누스가 295년에 다음과 같은 칙령을 공포했다.

"로마의 백성들은 전통적으로 신들을 경배해왔기 때문에 번영을 이루었다. 그러므로 신들의 은혜를 저버리는 행동을 해서는 안 된다. 제국의 주민 된 자들이 무지해서인지, 아니면 야만인의 저속한 가르침에 혹해서인지, 불법적인 조직을 만들기 때문에 우리의 전통적인 규율에 따라 개입할 수밖에 없는 상황이다. 로마의 주권은 신들의 은혜에 힘입어 위대해진 것이다. 우리의 법이 신성하게 지켜지지 않으면 그 어떤 것도 지킬 수 없다."

이 칙령에 기초하여 303년부터 로마 제국 전역에서 기독교도에 대한 대규모 박해가 이루어졌다. 네 황제 중 한 사람인 갈레리우스가 중지하라는 칙령을 내린 311년까지 박해는 계속되었다.

디오클레티아누스가 왜 기독교도를 박해했는지는 뚜렷하지 않다. 그의 아내와 딸 모두 기독교도였다는 설이 있다.

로마 제국의 천도

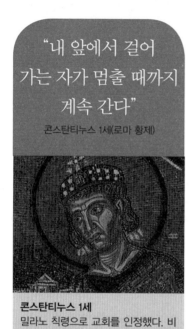

"내 앞에서 걸어
가는 자가 멈출 때까지
계속 간다"
콘스탄티누스 1세(로마 황제)

콘스탄티누스 1세
밀라노 칙령으로 교회를 인정했다. 비
잔티움으로 수도를 옮기고 콘스탄티
노플로 개명했다.

디오클레티아누스가 은퇴(305년)한
후, 로마 제국은 다시 혼돈의 늪으로
빠져 들어간다. 로마를 다시 세운 사람
은 콘스탄티누스 1세였다. 그는 막센
티우스와 리키니우스라는 라이벌을 꺾
고 단독으로 황제가 되었다.

콘스탄티누스 1세라고 하면 313년
의 밀라노 칙령과 330년의 콘스탄티
노플(지금의 이스탄불) 천도가 유명하다.
밀라노 칙령은 다음과 같은 문장으로
이루어져 있다.

"황제인 콘스탄티누스와 리키니우
스가 밀라노에서 회담하여, 제국의 안
녕과 질서에 대해 이야기를 나눈 결과, 믿음의 자유가 제약을 받아서는
안 되며, 개인이 행하는 종교적 의례는 개인의 생각과 희망에 맡겨야 한
다고 생각했다. 그리하여 기독교도에 대해서도, 그 밖의 다른 모든 종교의
신봉자에 대해서도, 각자가 선택하는 종교를 신봉하는 완전한 자유를 허
락하기로 동의했다."

즉 기독교를 공인한 것이다. 콘스탄티누스 1세 자신도 죽기 직전 세례를 받았다.

그런데 콘스탄티노플은 원래 그리스인의 식민지로 비잔티움이라 불렸다. 콘스탄티누스 1세는 황제로 추대되고 나서 315년까지는 줄곧 서방에 있었지만, 그 후로는 끊임없이 발칸 반도를 오갔다. 그 사이에 새로운 수도의 후보지를 물색한 것으로 여겨진다.

새로운 수도로 선택된 비잔티움은 도나우 강 유역과 소아시아 양쪽 모두에 영향력을 발휘할 만한 절호의 위치에 있었다. 천혜의 항구가 있어서 방어하기에도 안성맞춤이었으며, 인적 자원을 동원하기 좋은 속주 일리리아가 가까이 있었다. 로마 제국의 중심은 이제 동방으로 옮겨갔다. 콘스탄티누스 황제는 자신의 이름을 따 새로운 도시를 콘스탄티노플이라고 명명했다.

콘스탄티누스 1세는 과거의 도시 경계를 대대적으로 넓혔다. 그때 황제 스스로 손에 창을 들고 수도의 범위를 가리키고 있었는데, 그 범위가 매우 넓어서 명령을 기다리던 사람들이 어디까지 가야 하느냐고 물었다. 그러자 황제는 "내 앞에서 걸어가는 자가 멈출 때까지 계속 간다"라고 대답했다. 이 말은 5세기의 교회사가 필로스토르기우가 전한 말이다.

콘스탄티누스 1세가 막센티우스와 싸우기 위해 로마로 진군하던 중 태양이 서쪽으로 약간 기울 무렵, 하늘에 십자가 모양과 "이로써 승리하라"는 문구가 나타났다고 한다.

비잔틴 제국의 전성기

"솔로몬이여,
내가 그대를 앞섰노라"
유스티니아누스 1세(비잔틴 황제)

유스티니아누스 1세
과거 로마 제국의 영토를 되찾아 비잔
티움의 황금기를 이끌었다.

375년에 게르만 민족의 대이동이 시작되면서 로마 제국은 삐걱거리기 시작했다. 395년에는 로마 제국이 동서로 분열했다. 서로마 제국은 476년에 멸망했다. 동로마 제국은 그 뒤 1,000여 년 동안 명맥을 유지하지만, 6세기에는 공용어가 라틴어에서 그리스어로 바뀌는 등 제국의 성격이 달라지기 시작했다. 그런 까닭에 동로마 제국은 편의상 그 수도의 옛 이름을 따 비잔틴 제국이라고 불린다.

비잔틴 제국은 6세기 유스티니아누스 1세 때에 전성기를 맞이한다. 영토 면에서 보자면 이때에 시칠리아 섬, 이탈리아 반도, 북아프리카, 이베리아 반도 동해안을 탈환하여 옛 로마 시절을 방불케 할 정도의 판도를 자랑한다. 지중해가 다시 "로마의 바다"로 돌아온 것이다.

유스티니아누스 1세는 법률 정비에 힘을 기울였다. 법학을 배운 적이 있는 그는 즉위하고 6개월 후에 새로운 법전을 편찬할 10인 위원회를 설치했다. 이리하여 『칙령집』, 『학설휘찬』, 『법학제요』, 『신칙령집』 등이 편찬되었는데, 이들을 총칭하는 이름이 『로마법 대전』이다.

유스티니아누스 1세는 토목 사업에도 힘을 쏟았다. 그러나 정복 사업이든 토목 사업이든 돈이 많이 들어가는데, 그 부담은 결국 시민이 지게 되어 있다. 그런 까닭에 다양한 명목을 붙여 증세가 이루어졌다.

532년 1월, 마침내 증세에 대한 불만이 폭발했다. 경마장에 모인 시민들이 "니카(승리하자)"라고 외치며 들고 일어난 것이다. 이런 사태에 깜짝 놀란 유스티니아누스 1세는 도망치려고 했다. 항구에는 배도 준비되어 있었다. 그러나 황후 테오도라가 "황제의 옷은 최고의 수의이다"라고 설득하자 사람들이 평정을 되찾았다. 마침내 황제는 장군 베리살리우스에게 명하여 반란군을 진압했다. 황제는 황후의 내조 덕분에 위기를 벗어날 수 있었다.

성 소피아 교회(대성당)는 이 니카의 난으로 불타고 말았지만, 유스티니아누스 1세는 반란이 진압되고 39일 뒤에 재건축에 착수했다. 신의 영광을 찬양하고 자신의 영화를 영구히 전하기 위해 원래 교회보다 훨씬 장대하게 만들고자 했다. 그리하여 돈을 아끼지 않았고, 수단과 방법을 가리지 않았다.

그런 과정을 거쳐 537년 12월, 성 소피아 교회는 준공식을 맞이했다. 교회의 제단에 선 유스티니아누스 1세는 두 손을 펼치고 이렇게 외쳤다. "내게 맡겨진 사업을 이루게 해주신 하나님께 영광 있으라. 솔로몬이여, 내가 그대를 앞섰노라."

테오도라는 무용수 출신이다. 비잔틴 제국에서는 후비를 뽑을 때 신분을 따지지 않고 단지 미모만을 기준으로 삼았다.

이슬람교의 탄생

"진리가 찾아들자 허위가 사라졌노라"
무함마드(이슬람교 창시자)

무함마드
동굴에서 수행하다 천사의 계시를 받아 이슬람교를 창시했으며, 알라의 사도라 불린다.

7세기 이전에 아라비아 반도에는 통일된 정치 세력이 등장한 적이 없었다. 그래서 역사의 전면에 등장하는 일도 없었다. 그러나 무함마드의 등장으로 상황이 크게 달라진다.

이슬람 이전의 아라비아 반도에는 기독교와 유대교를 믿는 사람도 있었지만, 대부분 각 부족마다 수호신이나 돌·나무 등 자연물에 깃들어 있는 정령을 숭배했다. 메카의 카바 신전에는 그런 여러 신들의 우상이 줄지어 있어서 매년 12월이면 많은 순례객이 찾아왔다. 메카에는 그런 순례객을 대상으로 한 상점들이 번성했다.

이슬람교는 이런 교역과 종교의 중심 도시 메카에서 태어났다. 창시자는 하심 가문의 무함마드이다. 무함마드가 하나님으로부터 최초로 계시를 받은 것은 610년경의 일이다. 노아, 아브라함, 모세 등의 계보를 잇는 "마지막으로 오신 최고 예언자"의 탄생이었다. 무함마드는 카바 신전의 주신이며 메카의 수호신이기도 한 알라를 유일신으로 삼고, 거기에 절대

귀의할 것을 설파했다.

메카에서의 포교는 순조롭지 않았다. 신도가 된 사람들은 200명뿐이었다. 게다가 우상 숭배 행위와 부자들을 격렬하게 공격했으므로 심한 박해를 받았다. 622년에는 신자들과 함께 목숨이 위태로운 지경에 이르러 메카를 탈출할 수밖에 없었다(헤지라=성천聖遷). 그 후 무함마드가 정착한 땅은 메카에서 300여 킬로미터 북쪽에 자리한 야스리브였다. 야스리브는 훗날 메디나(예언자의 도시)로 불리게 된다.

야스리브에 기반을 두고 신자를 확대해 교세를 불린 무함마드는 메카와 전쟁을 벌인다. 7년간의 사투 끝에, 마침내 630년에는 메카에 무혈입성하는 데 성공한다. 메카로 옮겨간 무함마드는 곧바로 카바 신전으로 가, 손에 든 몽둥이로 그곳에 있던 360여 개의 우상을 손수 때려 부수고는 이렇게 외쳤다.

"진리가 찾아들자 허위가 사라졌노라. 진리가 찾아든 지금, 허위는 이제 아무것도 이룰 수 없다."

무함마드가 메카를 점령하자 다른 아랍의 여러 부족들이 속속 그의 막하로 들어왔다. 그렇지 않은 경우에도 맹약을 맺어, 무함마드 만년에는 아라비아 반도의 거의 전역이 그의 세력 아래 들어갔다.

아라비아 반도에서 이슬람교가 탄생하기 이전 시기는 이슬람 사가들로부터 자힐리야 시대, 즉 무지하고 야만적인 시대로 인식되었다.

▶사라센 군인

▲원나라 군대

▲칭기즈 칸

▲게르

민족의 이동과 대제국의 형성

▲바이킹

◀십자군

645	645	651	661	690	710	711	712	732	750	751	755	756	780	789
─현장, 인도에서 당나라로 귀국	─일본 다이카 개신	─아랍군, 사산 왕조를 멸망시킴	─시리아에 우마이야 왕조 성립	─당이 일시적으로 끊기고, 측천무후의 주가 성립(~705년)	─일본, 헤이조쿄로 천도	─아랍군, 이베리아 반도에 상륙, 서고트 왕국 멸망	─당 현종 즉위. 개원지치 시작	─투르푸아티에 전쟁	─우마이야 왕조 멸망. 아바스 왕조 성립	─프랑크에서 카롤링거 왕조 성립	─당, 안사의 난 일어남(~757년)	─이베리아 반도에 후우마이야 왕조 성립	─당, 양세법을 시행함	─모로코, 이드리스 왕조 성립

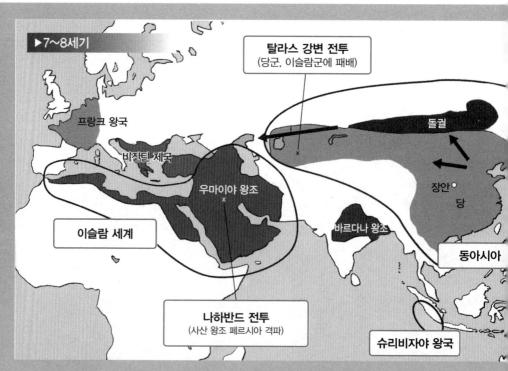

▶7~8세기

탈라스 강변 전투
(당군, 이슬람군에 패배)

프랑크 왕국

비잔틴 제국

우마이야 왕조

돌궐

장안

당

이슬람 세계

바르다나 왕조

동아시아

나하반드 전투
(사산 왕조 페르시아 격파)

슈리비자야 왕국

◎751년에 벌어진 탈라스 강변의 전투는 문화사에서 일대 사건이었다. 이때 포로로 잡혀간 당나라 사람들이 제지법을 서방으로 전했기 때문이다. 제지법은 아랍에서 북아프리카로, 거기서 전투를 거쳐 다시 유럽으로 전해졌다. 거꾸로 서방에서 동방으로 전해진 것은 아라비아 반도에서 비롯된 이슬람교였다.

794	800	843	862	868	870	874	907	910	911	918	960	969	988	990 경	999
― 일본, 헤이안쿄로 천도	― 카를 대제, 교황으로부터 황제의 관을 수여함	― 베르됭 조약 체결, 카를 대제의 영토가 세 아들에게 분할됨	― 러시아에서 노브고로트 왕국 성립	― 이집트 툴룬 왕조 성립	― 메르센 조약 체결, 이탈리아, 독일, 프랑스의 원형이 갖춰짐	― 당, 황소의 난 발발(~884년)	― 당나라 멸망. 5대10국 시대에 들어섬	― 튀니지 파티마 왕조 성립	― 바이킹의 롤로, 노르망디에 봉토를 얻다	― 고려 왕조 성립	― 송(북송) 왕조 성립(~1392년)	― 파티마 왕조, 이집트를 정복하고 카이로 시 건설	― 러시아 블라디미르 1세, 비잔틴 황녀와 결혼	― 중미의 톨텍족, 유카탄 반도 정복	― 중앙아시아 사만 왕조 멸망. 카라한 왕조 성립

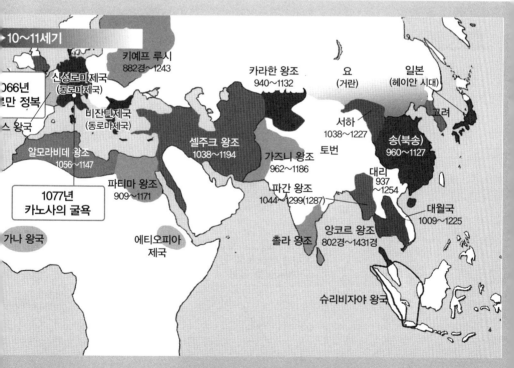

◎9세기부터 10세기에 걸쳐 동양과 서양에 다시 민족대이동의 물결이 넘실댔다. 서유럽에서는 바이킹이 맹위를 떨쳐 프랑스와 잉글랜드를 벌벌 떨게 했다. 아시아에서는 투르크 민족이 몽골 고원에서 중앙아시아로 거점을 옮겼다.

1000	1031	1054	1056	1066	1071	1076	1077	1077	1085	1095	1099	1127	1130	1147	117*
송, 나침반과 화약 발명	후우마이야 왕조 멸망	기독교가 동서로 분열됨	모로코에 알모라비데 왕조 성립	잉글랜드에 노르만 왕조 성립	셀주크 왕조, 비잔틴 제국을 무너뜨림	알모라비데 왕조, 서아프리카의 가나 왕국 정복	카노사의 굴욕	소아시아에서 룸 셀주크 왕조 성립	카스티야, 이베리아 반도의 톨레도 점령	클레르몽 공의회	십자군, 예루살렘 점령	금나라가 휘종을 납치함(정강의 변), 남송 성립(~1279년)	시칠리아 왕국 성립	알모아데 왕조, 알모라비데 왕조를 멸망시킴	이집트에 아이유브 왕조 성립

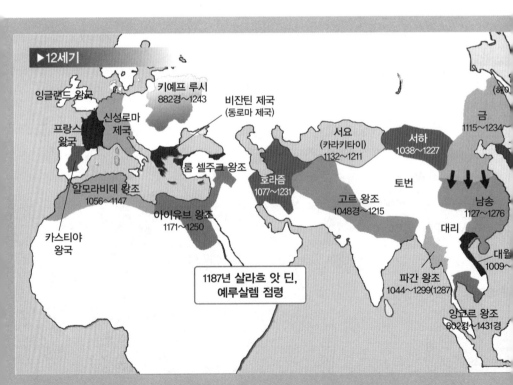

▶12세기

잉글랜드 왕국

키예프 루시
882경~1243

비잔틴 제국
(동로마 제국)

(해양

금
1115~1234

신성로마
제국

프랑스
왕국

서요
(카라키타이)
1132~1211

서하
1038~1227

룸 셀주크 왕조

토번

알모라비데 왕조
1056~1147

호라즘
1077~1231

남송
1127~1276

아이유브 왕조
1171~1250

고르 왕조
1048경~1215

카스티야
왕국

대리

대월
1009~

1187년 살라흐 앗 딘,
예루살렘 점령

파간 왕조
1044~1299(1287)

앙코르 왕조
802경~1431경

◎송나라가 북방 민족에 대항하며 고전하고 있을 무렵, 유럽에서는 십자군 운동이 성행했다.
다 같은 십자군이라고 칭하지만, 왕후 귀족이 완전 무장 상태로 종군한 경우도 있었고, 일반 서
민들이 맨주먹으로 종군한 경우도 있었다.

	몽골 제국		원

1187	1192	1206	1219	1227	1237	1250	1269	1274		1291	1303	1338	1345	1351	1368

ㅡ 아이유브 왕조, 십자군을 무너뜨리고 예루살렘을 탈환함

ㅡ 일본, 가마쿠라 막부 성립(~1333년)

ㅡ 몽골의 테무친, 칭기즈 칸의 칭호를 얻음

ㅡ 칭기즈 칸, 호라즘 원정 시작

ㅡ 칭기즈 칸 사망

ㅡ 몽골군, 러시아와 동유럽에 진입

ㅡ 이집트 아이유브 왕조 멸망, 맘루크 왕조 성립

ㅡ 모로코에 마린 왕조 성립

ㅡ 마르코 폴로, 쿠빌라이 알현

ㅡ 원나라, 일본 공격

ㅡ 맘루크 왕조, 십자군 최후의 거점인 아코 점령

ㅡ 아나니 사건 발생

ㅡ 일본, 무로마치 막부 성립(~1573년)

ㅡ 중미의 아스텍족, 테노치티틀란에 자리 잡음

ㅡ 원, 홍건의 난 발발

ㅡ 주원장 홍무제 즉위, 명 왕조 성립

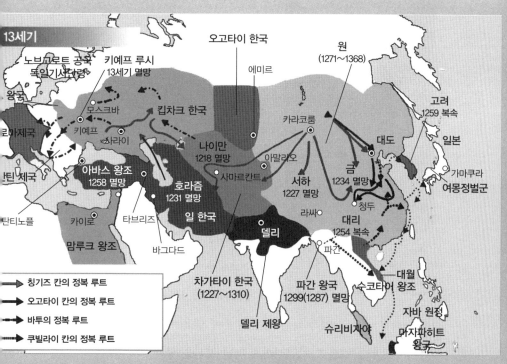

◎몽골은 사상 유례없는 대제국을 건설했다. 유라시아 대륙의 동서를 하나를 이어버린 몽골 제국의 등장은 실로 전무후무한 역사적 대사건이었다. 유럽과 이슬람 세계에서 몽골의 침략은 공포의 역사로 점철됐다. 이에 비해 중국에서는 공포라는 측면은 엷어지고, 몽골을 중화제국의 정통적인 지배자로 인정했다.

당 태종 시대

"하늘에는 날아가는 새가 없고, 땅에는 달리는 짐승이 없다"

현장(중국 당나라 승려)
【대당서역기】

현장
당나라의 승려로 인도를 다녀와 『대당서역기』를 완성했다.

당나라는 사람들이 외부에서 찾아오는 것은 환영했지만, 백성들이 밖으로 나가는 것은 금지했다. 그러나 태종 시대에 그런 명령을 어기고 천축(인도)까지 여행한 사나이가 있었다. 그의 이름은 현장, 여행의 목적은 불법佛法을 구하는 것이었다.

현장은 불문에 들어가 각지의 많은 고승에게서 배웠지만 도대체 만족스럽지가 않았다. 경전의 해석뿐 아니라 경전 자체도 서로 달라 누구에게 물어보아도 납득할 만한 답을 얻지 못했다. 현장은 의문점을 해결하려면 불교의 발상지인 천축으로 찾아가 현지의 고승들에게 물어보는 수밖에 없다는 결론을 내렸다. 게다가 천축으로 가면 아직 당나라에 들어와 있지 않은 경전도 손에 넣을 수 있었다. 그런 까닭에 나라에서 정한 금령을 어기면서까지 떠날 결심을 했다.

그렇지만 천축으로 가는 길은 지극히 험난했다. 위먼관玉門關을 우회하여 다섯 봉화대를 간신히 벗어나자 드디어 사막 지대가 나타났다. 하늘에는 날아가는 새가 없고, 지상에는 달리는 짐승이 없었다. 주위를 아무리 둘러보아도 오로지 자신의 그림자뿐인 상황에서 현장은 관세음보살과 『반야심경』을 읊조리며 계속 걸었다.

현장이 통과한 곳은 이른바 천산남로의 서역북도였다. 한족의 식민지였던 고창국을 지나 해발 7,000미터급 산들이 잇닿은 톈산 산맥을 넘어 이시쿨 호숫가로 나왔다. 거기에서 서돌궐 통엽호가한의 왕국에서 후한 대접을 받고, 시르 강을 건너고 키질 사막을 거쳐 사마르칸트로 들어갔다. 그 지역은 소그디아나라고 불린다.

소그디아나의 남단을 통해 토하라로 들어가 5,000미터 이상의 높은 산이 늘어선 힌두쿠시 산맥을 타고 아프가니스탄을 거쳐 드디어 인도로 들어갔다. 그때까지 걸린 세월이 3년이 넘었다.

인도에 들어간 현장은 날란다 대학에서 원전을 바탕으로 대승불교를 열심히 공부하는 한편, 붓다의 행적이 남아 있는 여러 곳을 순례했다.

천축 유학을 마치고 현장이 귀국길에 오른 것은 641년이었다. 귀로에는 서역남로를 이용했다. 우전에서 당 태종에게 상소문을 보낸 결과, 사면과 귀국을 허락한다는 명이 떨어졌다. 그래서 현장은 안심하고 여행을 계속해 645년 1월에 군중들의 환호를 받으며 장안에 도착했다.

장안을 떠난 지 15년 6개월 만이었다. 실제로 방문한 나라만 110개국이었고, 가지고 온 경전은 74부 1,358권이나 되었다.

귀국한 다음해 현장은 서역으로 가는 길에 거쳐간 나라들에 대하여 『대당서역기』라고 이름 붙여 12권으로 정리했다. 또 제자들이 『대자은사 삼장법사전』 10권을 펴냈다.

당 현종 시대

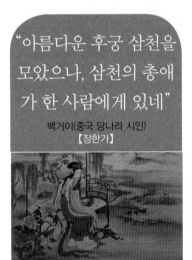

"아름다운 후궁 삼천을 모았으나, 삼천의 총애가 한 사람에게 있네"

백거이(중국 당나라 시인)
【장한가】

양귀비
당 현종의 애첩으로 왕의 총애를 받아 친척들을 고위직에 대거 등용시켰다.

태종의 뒤를 이은 고종은 심신이 허약한 황제였다. 그래서 실권은 황후 무씨가 휘둘렀다. 고종이 죽자 무후는 자기 자식을 제위에 앉히지만, 실권은 주지 않고 모든 명령을 자신이 직접 내렸다.

마침내 무후는 스스로 제위에 올라 측천황제가 된다. 왕조의 이름은 주周로 바꾸었다.

705년에 측천황제가 병상에 눕자 정변이 일어나고 당나라가 부활했다. 그러나 그 후로도 얼마 동안은 위황후, 태평공주 등 여성이 실권을 잡는 시대가 이어졌다.

역사상 '무위의 화'라고 불리는 이 시대를 끝낸 인물이 당의 황족인 이융기였다. 그는 우선 아버지를 즉위시켰다가 곧이어 자신이 제위에 올랐다. 그가 바로 현종이다. 현종이 다스린 전반기는 당시의 연호를 취해 '개원지치開元之治'라 불리는 번영의 시대였다.

그러나 양귀비라는 미녀를 총애하게 되면서 현종은 완전히 변했다. 정치를 돌보지 않고 연주와 연회에 푹 빠져버린 것이다. 중국의 시인 백거이는 그의 대표작 「장한가」에서 이렇게 노래했다. "아름다운 후궁 삼천을 모았으나, 삼천의 총애가 한 사람에게 있네."

현종의 후궁으로 3,000명이나 되는 미녀가 있었는데, 그의 총애는 오직 양귀비 한 사람에게만 향했다는 의미이다. 그 결과 정치의 실권은 "입에 꿀이 있고, 배에 검이 있다"고 하는 재상 이임보가 거머쥐었다. 이임보가 죽고 나서는 양귀비와 연이 닿은 양국충이 장악하게 되었다.

755년, 양국충과 끊임없이 반목하던 평로·범양·하동의 3절도사를 겸하는 군부의 최고 실력자 안록산이 황제 곁의 간신을 제거한다는 명분 아래 반란을 일으켰다. 역사에서 말하는 안사의 난이다. 안록산이 한때 장안까지 차지했지만, 당나라는 막대한 은상을 내걸고 끌어들인 위구르의 원군 덕택에 간신히 안사의 난을 진압했다.

이렇게 해서 반란은 진압되었지만 당나라는 두 번 다시 옛날의 영화를 되찾을 수 없었다. 지방에서는 50여 명으로 늘어난 절도사가 할거하는 양상을 보이고, 조정에서는 황제의 폐위를 내시들이 주물럭거리는 상황이 벌어졌다.

9세기 말에 일어난 황소의 난으로 당나라는 명을 더 재촉하게 되었다. 그러다 907년에 마침내 절도사 주전충에게 멸망하고 만다.

한편, 양국충은 장안을 탈출한 지 얼마 안 돼 근위군 병사에게 주살되었다. 나아가 그들의 요구에 따라 현종은 양귀비를 죽여야만 했다.

현종은 북위 이래의 부병제 대신에 모병제를 채택했다. 그 군단의 수장으로서 변경의 요지 10개소에 절도사를 배치했다.

5대10국과 송나라

"침대 밖은 모두
타인의 집이니"
조광윤(중국 송나라 황제)
【십팔사략】

조광윤
5대10국 시대 후주의 장군이었으며,
훗날 송 왕조를 창시하고 북송의 초대
황제가 되었다.

표제의 말은 '내 침대 밖은 모두 다른 사람의 집이나 마찬가지다. 불안해서 잘 수가 없다. 송은 항상 많은 나라들에 둘러싸여 있기 때문이다'라는 뜻이다.

당 왕조가 멸망한 뒤 5대10국이라는 군웅할거의 시대가 찾아온다. 이런 이름이 붙은 것은 화베이에 후량·후당·후진·후한·후주의 다섯 왕조, 화난 등에 10여 개 나라가 흥망을 거듭한 데서 연유한다. 그 동안 주변 민족의 책동도 활발하여 후진 등은 북방 거란의 원조에 힘입어 왕조를 세웠다. 그리고 그 보답으로 연운 16주를 할양해준다. 현재의 베이징에서 산시 성 북부에 해당하는 지역이다.

5대10국은 후주 시영(세종) 때에 천하통일의 기운을 만났다. 그러나 시영은 거란 정복에 나섰다가 갑작스럽게 병사했다. 후계자는 겨우 일곱 살 소년이었다. 이리하여 금군(근위군)이 동요했다. 어린 황제는 논공행상을 할 수 없다. 그러면 자신들의 업적을 정당하게 인정받을 수 없다. 이대로는 싸울 수 없다는 불안감이 전군에 퍼졌다.

금군의 병사들은 총사령관에 해당하는 전 전도점검 조광윤을 노렸다. 그때 조광윤은 늦게까지 술을 마시고 잠든 상태였다. 술 취한 눈으로 일어나니 억지로 황포가 입혀져 황제로 옹립되었다고 사서는 전하고 있다. 조광윤은 후주의 황실과 정부 고관에게 위해를 가할 수 없고, 수도인 카이펑에서 난동을 벌일 수 없다는 것을 조건으로 내걸고 옹립을 수락했다. 이리하여 송 태조가 탄생했다.

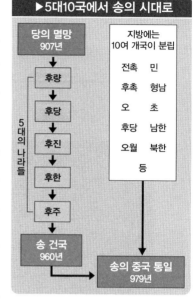

▶5대10국에서 송의 시대로

| 당의 멸망 907년 |
| 5대의 나라들 |
| 후량 |
| 후당 |
| 후진 |
| 후한 |
| 후주 |
| 송 건국 960년 |

지방에는 10여 개국이 분립

전촉	민
후촉	형남
오	초
후당	남한
오월	북한
등	

송의 중국 통일 979년

그렇지만 태조는 불안했다. 상황에 따라 여러 장수가 또 다른 자를 황제로 추대하는 것은 아닐까 걱정되었다. 태조는 꾀를 부려 장군들의 직위를 해제하고 전원 연금 생활자로 만들어버렸다.

남은 불안은 주변의 여러 나라들이었다. 송이 들어서자 남당과 오월처럼 후주에 복속했던 남방의 여러 나라들이 잇달아 알현하러 와 새 정권의 수립을 축원했다. 그들은 송의 건륭이라는 연호를 받아들였다. 송나라에 복속하지 않는 정권에 대해서 태조는 군사적으로 제압했다. 이것은 군사전략가 조보의 건의에 따른 것으로, 965년에는 후촉, 971년에는 남한을 무너뜨렸다. 이제 남은 곳은 거란이었는데, 역전노장 태조도 거란과 정면으로 싸우지 못한 채 연운 16주의 탈환을 후세로 미뤄놓았다.

시영이 친정을 나설 때 "점검(전전도점검의 줄임)이 천자가 될 것이다"라는 예언서가 발견되었다. 그리하여 시영은 당시 그 책임을 맡은 자를 해임하고, 조광윤을 그 자리에 앉혔다.

송의 국정 대개혁

> "천하의 근심을 먼저 걱정하고, 천하가 즐거 위한 뒤에 즐거워하라"
> 범중엄(중국 송나라 정치가)
> 【악양루기】

왕안석
범중엄의 개혁을 이어받아 송나라의 개혁을 단행한 인물이다.

송나라는 태조와 태종으로 이어지 며 내정을 잘 이끌어갔다. 그러나 3대 째인 진종, 4대째인 인종 시대에 들어 여러 가지 폐해가 드러났다. 당시 지식 인들이 파악한 폐해란 국가의 재정 위 기였으며, 그 원인은 크게 다음과 같은 세 가지 때문이었다.

첫째는 군대였다. 송은 북의 거란과 서북의 서하에 대비하기 위해 국경 경 비에 대군을 투입해야만 했고, 이를 유 지하는 데 막대한 경비가 소요되었다.

둘째는 관료 조직이었다. 절도사의 발호를 억누르기 위해 만들어진 문관 체제는 본래의 목적을 달성하고 있었 다. 그러나 그 반면에 관료의 과잉이라는 문제가 발생했다. 이를 해결하 려는 목적으로 기구의 확대와 세분화를 꾀했는데, 이 역시 막대한 경비를 낭비하게 만들었다.

그리고 세 번째가 세수 빈곤이었다. 법률상의 허점을 파고들어 자산가와 토지 보유자가 명목상으로 자산과 토지를 숨겨 세금과 요역을 면하려고 했다. 구체적으로 세제상 우대 조치가 이뤄지는 절이나 도관(도교 사원)에 기증하거나 관료 특권층에 대한 증여 등의 수법이 동원되었다.

이러한 폐해를 바로잡기 위해 경력慶曆 연간(1041~1048년)에 서하와의 강화로 업적을 세운 한기, 범중엄 등 신진 관료를 중앙으로 발탁했다. 또 관료 사회의 기강 확립이라는 표어를 내걸고 대개혁에 나섰다. 그러나 그것이 너무 이상론으로 흐른 탓인지, 개혁을 현실화할 전략이 결여되었다. 그런 까닭에 개혁은 아무런 성과도 올리지 못한 채 끝나버리고 말았다.

이리하여 경력 연간의 새로운 정치 실험은 좌절되었다. 그러나 이어지는 신종 시대에 또다시 개혁의 기운이 피어올랐다. 당시에는 국정 개혁의 필요성이 한층 절실했다. 13세에 즉위한 신종은 의욕이 충만하여 대담하게 인재를 등용했다. 그리하여 발탁된 사람이 왕안석이다.

왕안석은 균수법, 청묘법, 시역법, 보갑법, 모역법, 보마법 같은 새로운 법을 연달아 시행했다. 이러한 조치는 기득권층의 반발을 초래해, 여러 방향에서 반대하는 움직임이 일어났다. 그러다가 마침내 개혁은 실패로 끝이 났다. 뒤에 남은 것은 신법당과 구법당의 파벌 다툼뿐이었다.

한편, 신종이 왕안석에게 전폭적인 신뢰를 보내고 있을 때, 구법당의 중진으로 간주되던 사마광은 정계에서 배제되었다. 덕분에 그는 취미인 역사서의 편찬에 몰두할 수가 있었다. 이리하여 만들어진 책이 『자치통감』이다. 관료가 직무상의 한 방편으로 행한 작업이 아니라, 역설적인 의미에서 왕안석의 개혁이 『자치통감』을 낳았다고 할 수 있다.

서하를 건국한 탕구트족은 척발씨(북위 왕조)의 후예를 자처했지만, 사실은 티베트 계열 민족이었다.

금과 송의 대결

"내가 쏟은 10년
노력이 하루아침에
무너졌다"

악비(중국 남송의 장군)

악비
금나라 군대에 맞서 끝까지 충절을 지켜 후세에 귀감이 되었다.

1115년, 거란(요) 북쪽에 있던 퉁구스계의 여진족이 완안아골타를 수령으로 삼은 금나라를 건국했다. 이때 송나라 황제는 휘종이었다. 휘종은 이 신흥 세력과 연합해 거란을 공격하여, 개국 이래의 숙원이었던 연운 16주를 탈환하겠다는 계획을 세웠다. 우여곡절 끝에 1122년에 송·금 동맹이 성립되었다. 총신인 동관을 사령관으로 삼은 금군(근위군) 정예 부대가 거란 땅으로 진공을 개시했다.

그러나 태평성대의 꿈에 빠져 있던 송나라 군대는 각지에서 거란에 참패를 당했다. 한편 금군은 순식간에 거란의 수도를 공략했다. 그리고 맹약대로 6개 주를 송나라에 넘겼다. 그런데 여기서 송나라가 배신을 했다. 거란에서 금나라로 항복해온 장군을 초빙하여, 그의 점령 아래 있던 다른 주마저 접수해버린 것이다. 상황이 이러하니 금나라는 도저히 참지 못하고 송나라를 응징하기로 마음먹었다. 마침내 양국은 전쟁에 돌입했다.

1125년, 금나라 군대는 두 갈래로 나뉘어 남진했다. 타이위안과 다이밍 등 군사 요충지는 일부러 피하고, 단번에 카이펑을 치는 전술이었다. 휘종은 생각지도 못한 공격이었다. 공포에 사로잡힌 휘종은 군대의 사기를 높이려면 휘종이 제위에 있어선 안 된다는 구법당의 주장을 받아들여 황태자에게 제위를 넘겼다. 그가 흠종이다.

당초 금나라는 진짜 카이펑을 함락할 의도는 없었다. 그래서 고액의 배상금과 타이위안 등 3진의 할양, 나아가 인질 석방을 조건으로 화의에 응했다. 그러나 송나라는 여론에 등 떠밀려 경직된 태도를 보이며 미적거렸다. 그 바람에 금나라가 다시 태도를 바꾸었다. 그리하여 금나라는 카이펑을 함락했을 뿐만 아니라 휘종과 흠종을 비롯해 송의 주요 인사들을 북방으로 납치해갔다(정강의 변).

황족 가운데 환난을 벗어난 사람은 조구(고종) 한 사람뿐이었다. 그는 즉위 후에도 강남 각지를 떠돌다가, 임안(지금의 항저우)을 행궁(임시 수도)으로 삼고 송 왕조를 재건했다. 역사상 이 나라를 남송이라고 부른다.

남송도 군사력이 약해서 사병을 조직한 군벌들이 국방을 도맡았다. 그중 가장 화려한 전과를 올린 인물이 악비였다. 그러나 군벌이 너무 강대해지면 남송 조정에 위협을 가할 수 있었다.

그래서 송나라 태조의 고사에 따라 대부분의 군벌은 사병을 국가에 헌상하고, 군사의 제일선에서 물러났다. 고립무원의 상황에서, 게다가 하루에 열두 번이나 철군 명령이 내려오는 상황이 계속되자 시대의 풍운아 악비도 귀환을 결심한다. 이때 "내가 쏟은 10년 노력이 하루아침에 무너졌다"고 절규했다.

악비는 이후 재상 진회의 모함으로 감옥에 갇혔다가, 죄목도 모른 채 아들과 함께 처형되었다.

이슬람의 정복 활동

"시리아여 안녕히, 이토록 아름다운 나라를 적에게 넘긴단 말인가"

헤라클리우스 1세(비잔틴 황제)

헤라클리우스 1세
흔들리던 비잔티움 세계의 조직 개편을 단행해 새로운 시대의 기틀을 마련했다.

무함마드 사후에 이슬람의 역사는 아부바크르, 우마르, 우스만, 알리까지 4대에 걸친 정복 칼리프 시대를 거쳐 우마이야 왕조, 아바스 왕조로 이어진다. 이슬람 공동체의 지도자는 칼리파트 라술 알라(하나님 사도의 대리인), 줄여서 칼리프라 불렸다.

정통 칼리프 시대에 우마이야 왕조까지는 대정복의 시대였다. 동쪽으로는 사산 왕조를 멸망시키고 소그디아나까지 지배했다. 북으로는 시리아로 군사를 보내 비잔틴 군과 격전을 치렀다. 최대의 전투는 야르무크 강변에서 벌어졌는데, 여기서 비잔틴 군대가 궤멸했다. 당시 비잔틴 황제였던 헤라클리우스 1세는 "시리아여 안녕히, 이토록 아름다운 나라를 적에게 넘긴단 말인가"라고 하며 패주했다고 한다.

한편, 서쪽으로는 지중해 연안을 따라 모로코까지 이르렀고, 거기에서 지브롤터 해협을 건너 이베리아 반도의 태반과 프랑스 남서부를 지배하게 되었다.

정복 활동과 병행하여 이슬람교의 체계화도 착착 진행되었다. 우마르가 헤지라의 날(622년 7월 16일)을 원년 1월 1일로 삼는 이슬람 역법을 제정했고, 우스만 때에는 "유일신 알라가 천사 가브리엘을 통해 예언자 무함마드에게 내린 계시"를 정리하여 오늘날『코란』의 원형이 만들어졌다.

우마이야 왕조 시대에 접어들어 무함마드의 언행(순나)을 전하는 전승(하디스)의 편찬을 시작했다. 이어 아바스 왕조 시대에『코란』과 하디스를 바탕으로 한 샤리아(이슬람의 법체계)가 확립된다. 알라에 대한 절대 귀의, 단식, 메카 순례 등으로 이루어진 이슬람의 근본 원리인 '6신 5행'을 정리하여 이슬람을 어엿한 종교로 확립한 것도 아바스 왕조 시대의 일이다.

서구의 사가들은 이슬람의 정복 활동을 "한 손에 칼, 한 손에 코란"이라고 표현했지만, 실제로는 제3의 선택인 인두세를 지불하게 함으로써 평화적인 해결책을 택하는 경우도 많았다.

이슬람으로 개종하면 세금이 줄어들기 때문에 통치자들이 적극적으로 개종을 추진하지는 않았다. 사산 왕조 치하의 유대교도와 기독교도의 경우, 조로아스터교보다는 같은 일신교 쪽이 낫다고 간주하여 오히려 이슬람의 지배를 기쁘게 받아들였다고 한다.

이슬람 공동체는 누가 무함마드의 후계자가 되어야 하느냐를 놓고 논란에 휩싸이며 분열했다. 현실을 인정하는 다수는 수니파, 그에 반대하는 사람들은 시아파가 되었다.

후우마이야 왕조의 건국

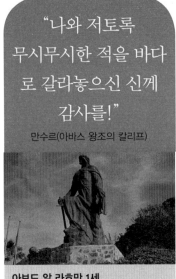

"나와 저토록 무시무시한 적을 바다로 갈라놓으신 신께 감사를!"
만수르(아바스 왕조의 칼리프)

아브드 알 라흐만 1세
우마이야 왕조 멸망 후 에스파냐의 코르도바로 피신해 왕조를 재건했다. 후우마이야 왕조를 서칼리프국이라고도 한다.

750년, 아바스 왕조가 현재의 이라크 땅을 완전히 장악했을 때, 우마이야가의 일족 가운데 단 한 사람만이 죽음의 문턱에서 벗어날 수 있었다. 그의 이름은 아브드 알 라흐만(1세). 준수한 외모에 독수리 같은 풍모를 지닌 스무 살 젊은이였다.

그는 유프라테스 강으로 뛰어들어 추격을 따돌리고, 팔레스타인에서 어머니 쪽의 인연으로 그를 비호해주는 사람을 만나 북아프리카로 넘어갔다. 그리하여 755년에는 지브롤터 해협을 마주보는 세우타에 도착했다.

지브롤터를 건너 그라나다에 상륙한 아브드 알 라흐만은 현지의 무슬림들로부터 대환영을 받았다. 그곳은 아밀(총독)이 있기는 했지만, 유능한 인재가 없어 혼란스런 상황이었다. 그런 상황과 맞물려 아브드 알 라흐만은 어엿한 우마이야 가문 출신으로서 새로운 지도자로 손색이 없었다.

지지자를 규합한 아브드 알 라흐만은 녹색 깃발을 앞세우고 코르도바로 진군했다. 756년 5월, 아밀인 유수프의 저항을 물리치고 수도로 입성하여 우마이야 왕조의 재건을 선언했다. 이 나라는 역사적으로 후우마이야 왕조 또는 안달루스 우마이야 왕조라고 불린다.

그러나 그가 안달루스를 완전히 평정하기까지는 그로부터 10년이라는 세월이 걸렸다. 아바스 왕조는 영내에 밀사를 파견해 소란을 일으켰고, 아랍인이 현지 어민의 이익을 앗아가는 데 불만을 품은 베르베르인은 각지에서 거듭 반란을 일으켰다.

아브드 알 라흐만 1세는 숙적인 아바스 왕조와 우호 관계를 수립한 프랑크 왕국의 카를 1세(대제)와의 군사적 대결도 피하지 않았다. 778년, 카를 대제가 이베리아 반도 북동부의 사라고사로 진격해오자, 아브드 알 라흐만 1세는 맞서 싸워 격파하고, 피레네 산맥의 험로를 추격해 들어가 프랑크 군대에 궤멸적인 타격을 입혔다.

아브드 알 라흐만 1세는 안달루스를 평정한 후에도 아밀이란 칭호를 계속 썼지만, 아바스 왕조의 내정 간섭에는 단호한 태도를 보였다. 칼리프 만수르가 새로운 안달루스 총독을 파견하자 2년 후에 그의 목을 잘라 소금에 절인 뒤 메카를 순례 중이던 만수르에게 돌려보냈다. 이때 만수르는 이렇게 외쳤다고 한다.

"나와 저토록 무시무시한 적을 바다로 갈라놓으신 신께 감사를!"

만수르는 제국의 새로운 수도로서 바그다드를 세운 칼리프이기도 하다. 그는 바그다드를 일컬어 평안의 도시라고 명명했다.

지브롤터라는 이름은 이곳을 최초로 건넌 아랍 장군 타리크에서 유래했다. '타리크의 산'이 와전되어 지브롤터가 되었다.

비잔틴 제국의 약진

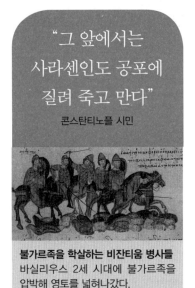

"그 앞에서는
사라센인도 공포에
질려 죽고 만다"
콘스탄티노플 시민

불가르족을 학살하는 비잔티움 병사들
바실리우스 2세 시대에 불가르족을
압박해 영토를 넓혀나갔다.

유스티니아누스 1세 사후, 비잔틴 제국이 쇠퇴일로였던 것은 아니다. 또 영토가 계속 줄어들기만 한 것도 아니다. 이슬람 세력에 맞서 공세로 나간 경우도 적지 않았다. 963년에 즉위한 니케포루스 2세의 시대가 그랬다.

니케포루스 2세는 군인 출신으로 동방의 이슬람령을 속속 정복하여 제국의 영토를 동쪽으로 크게 넓혔다. 오래도록 이슬람이 점령하고 있던 크레타 섬을 탈환한 것도 그였다.

963년, 황제 로마누스 2세가 급사했다. 그때가 부활절이었는데 로마누스는 길도 없는 산속 깊은 곳으로 사냥을 나섰다가 낙마하여 목숨을 잃었다고 한다. 그 후 어린 자식들인 다섯 살 난 바실레이오스와 세 살 난 콘스탄티노스가 제위를 이었지만, 물론 이름뿐인 황제였다. 놀기 좋아했던 로마누스를 지탱해준 환관 브링가스와 장군 니케포루스는 누가 어린 황제의 섭정이 될 것인가를 둘러싸고 싸우기 시작했다.

두 사람의 대결은 콘스탄티노플에서 시가전을 벌이는 것으로 결말지어졌다. 승리한 니케포루스는 어린 황제들의 어머니 테오파노와 결혼하여 공동 황제로서 즉위했다. 비잔틴 제국 사람들 사이에서는 황제의 역할은 전쟁을 하는 것이 아니라 평화를 유지하는 것이라는 생각이 지배적이었다. 그러나 니케포루스 2세는 황제가 되고 나서도 계속 싸웠다. 최대의 전과는 시리아의 도시 안티오키아를 정복한 것이다.

안티오키아는 과거 기독교의 5대 본산 가운데 하나로, 오리엔트 세계 유수의 대도시였던 이곳을 헤라클리우스 1세 시대에 잃었다가 비잔틴 제국의 영토로 회복한 것이었다. 개선 행진을 하는 황제를 칭송하며 콘스탄티노플 시민은 이렇게 노래했다. "오오, 샛별이 떠오르기 시작했다. 아침의 별이 떠오른다. 그의 눈동자에 태양이 빛난다. 그 앞에서는 사라센인도 공포에 질려 죽고 만다." 사라센인은 무슬림을 말한다.

그러나 국가 전체를 전쟁으로 내모는 니케포루스 2세에게 반발하는 세력들이 들고 일어났다. 니케포루스 2세는 강력한 친위대를 기반으로, 교회 사람들의 항의에도 꿈쩍하지 않았다. 그가 위험하게 생각한 것은 군사력을 지닌 같은 귀족 출신의 장군들뿐이었다. 불온한 움직임을 보인 친족 요한네스 치미스케스에게는 궁정 출입을 금지시켰다.

그러나 생각지도 않은 곳에 함정이 있었다. 황비 테오파노였다. 니케포루스 2세는 결국 그녀의 손에 암살당하고 말았다.

테오파노는 절세 미녀로 어느 사이에 치미스케스와 연인이 되어 있었다.

셀주크 왕조의 건국

"투르크인의 손에
검이 있는 한 신앙은
불멸하리라"
속담

맘루크
이슬람교로 개종한 용병들을 지칭하
는 말로 이들은 신앙심이 깊고 용맹해
높은 평가를 받았다.

아바스 왕조는 건국 후 150년이 지나서도 교역 활동의 진전과 농업 생산의 확대에 힘입어 경제적으로 번영을 구가했다. 그러나 정치적·군사적으로는 점점 약화되었다. 지방의 아밀(총독)과 유력자들이 속속 자립하기 시작했기 때문이었다. 타히르 왕조와 사만 왕조 등의 자립 움직임이 계속되는 가운데, 카스피 해 남부에서 일어난 시아파부와이 왕조가 946년에 바그다드를 점령했다. 이 사건 뒤로 칼리프의 정치권력은 완전히 유명무실해졌다.

지방 왕조의 자립 시대는 이슬람화가 진전되고 맘루크가 대두한 시대이기도 했다. 이란에서는 8세기 중엽 무슬림 인구 비율이 1퍼센트에 불과했지만, 9세기 초엽에는 5퍼센트, 후반에는 8퍼센트, 10세기 중엽에는 9퍼센트를 넘어섰다.

한편 맘루크란 투르크인·슬라브인·그리스인 등의 '백인 노예 병사'를 가리키는 용어였는데, 그 중에서도 기마술에 능한 투르크인이 가장 많이 중용되었다. 투르크인이 환영받은 또 다른 이유는 그들이 이미 상인과 신비주의자들을 통해서 이슬람교로 개종했기 때문이었다.

일단 무슬림이 된 투르크인은 가즈라고 불리는 열렬한 신앙 전사가 되어, 동방의 변경 지대에 적극적으로 이슬람교를 전파하기 시작했다. 이 때문에 "투르크인이 나서지 않는 한 내버려두라"는 경구가 생긴 한편, "투르크인의 손에 검이 있는 한 신앙은 불멸하리라"는 말도 생겨났다.

투르크인은 원래 몽골 고원에서 살았다. 그런데 9세기에 위구르 왕국이 무너진 것과 비슷한 시기에 심각한 자연재해가 겹쳐 일어나자 옛 땅을 버리고 서남쪽으로 지속적으로 이동하게 되었다.

그러나 시간이 흐르면서 투르크인 맘루크는 각 지방의 왕조 안에서 세력을 확장해나가, 정권을 농단하거나 자립하는 인물들이 나타나기 시작했다. 수니파를 받드는 셀주크 왕조도 그런 세력 가운데 하나였다.

1038년, 족장 토그릴 베그가 이란 동부의 니샤푸르에서 셀주크 왕조를 건국했다. 그는 시아파의 지배를 싫어하는 칼리프 카임의 초빙을 받아 1055년에 부와이 왕조를 무너뜨리고 바그다드로 입성했다. 그리고 카임으로부터 '술탄(왕조의 지배자)'의 칭호를 받아 오리엔트 이슬람 세계의 지배자로 공인받는다. 그때까지 술탄이란 칭호를 사용하지 않았던 것은 아니지만, 그 후로는 수니파 왕조에서 군주를 칭하는 용어로 자리 잡았다.

셀주크 왕조의 궁정에서는 페르시아어가 공용어였다. 산문과 운문으로 대표되는 페르시아 문화가 화려하게 꽃피었다.

프랑크 왕국의 성립

**"전 유럽을 오직
선함으로 채웠다"**
니탈트(프랑크의 왕족)

아헨 대성당
8세기 후반 카를 대제가 세운 이래 계속 증축되었고, 1978년에 세계문화유산으로 등재되었다.

서로마 제국 멸망 후 서유럽에는 황제가 없었다. 그곳에 다시 황제가 등장한 것은 800년의 일이다. 그 지위에 이른 인물은 프랑크족의 카를 대제(프랑크 왕 카를)였다.

카를은 생애의 대부분을 정복 활동에 바쳤다. 46년간 재위하며 53회나 군사 원정을 나가 현재의 프랑스, 네덜란드, 벨기에, 룩셈부르크, 독일, 북이탈리아에 해당하는 지역을 영토로 삼았다. 그 밖에 중부 유럽과 스페인의 일부도 세력 범위 안에 포함시켰다. 이런 위세에 힘입어 아헨을 중심으로 문예 부흥의 단초가 열려, 훗날 카롤링거 르네상스라 불리는 시대를 맞이한다.

그런데 카를은 어떻게 황제가 되었을까? 사실 그것은 카를의 의지가 아니라 모든 것이 로마 교황 레오 3세의 계략으로 이루어졌다. 즉 교황 자신의 안전을 확보함과 동시에 권위를

154

얻기 위한 속셈이었다. 세속의 권력자에게 은혜를 입혀주기 위해 한바탕 연극을 한 것이다. 레오 3세로서는 외부의 공격을 막아내려면 보호의 손길이 절실한 상황이었다.

또 레오 3세는 간통 혐의를 받아 궁지에 몰리기도 했다. 카를이 로마에 도착하기 직전, 레오 3세는 적의에 찬 군중들의 습격을 받아 눈이 멀고 혀가 뽑혀나갔다. 게다가 엄숙해야 마땅한 대관식을 레오 3세는 손으로 더듬는 상황에서 흐느껴가며 진행했다. 카를은 몹시 분노해 얼굴이 새빨개졌다. 그래서 뒷날 "만약 교황의 꿍꿍이속을 알았더라면 설령 성스러운 날(크리스마스)이었다 해도 그날 난 절대로 교회에 가지 않았을 것이다"라고 말했다 한다.

그러나 어쨌든 간에 서유럽에 황제가 탄생한 의미는 컸다. 비잔틴 제국의 멍에에서 벗어나 서유럽이 자립을 시작하는 순간이었다.

814년, 카를 대제가 죽자 외아들 루트비히 1세가 뒤를 이었다. 루트비히 1세는 세 아들을 두었다. 840년에 루트비히 1세가 죽자 세 형제들 간에 내란이 일어났다. 그 결과 843년에 베르됭 조약이 체결되고, 왕국은 세 나라로 쪼개졌다.

이 조약에 따라 프리슬란트에서 로마 교황령에 이르는 왕국의 중앙은 장남인 로타르가 차지했다. 그런데 855년에 로타르 1세가 죽자, 그 영지를 어떻게 할 것인가가 다시 문제로 떠올랐다. 그 결과 870년에 메르센 조약이 체결되어 오늘날 독일, 프랑스, 이탈리아의 원형이 갖추어졌다.

754년에 이탈리아로 원정한 카롤링거 왕조의 피핀은 교황에게 토지를 기증했다. 이로써 로마 교황령이 비롯되었다.

러시아의 기원

성 이삭 성당
외부는 황금 돔으로 되어 있고, 내부
에는 성서의 내용을 그린 그림과 수많
은 동상 등이 있다.

흑해 북안에서부터 발트 해 연안에 이르는 삼림 지대를 슬라브인의 고향으로 보는 주장이 유력하다. 그들은 시대가 흐름에 따라 생활 영역을 넓혀가 동슬라브, 서슬라브, 남슬라브로 나뉘는데 러시아인은 이 가운데 동슬라브에 속한다.

러시아 최초의 국가는 862년에 성립한 노브고로트 왕국이다. 당시 내분으로 고통 받던 동슬라브의 여러 부족들이 질서 회복을 위해 바이킹의 한 부족인 루시의 족장 루릭을 불러 임금으로 떠받든 것이 그 시작이라고 전설은 말해주고 있다. 루릭이 죽자 일족인 올레크가 루릭의 남겨진 아들 이고리를 옹립하여 남하 정책을 펼쳐 882년에 키예프를 점령했다. 그리고 "키예프는 루시의 모든 도시들의 어머니"라며 수도를 그곳으로 옮겼다. 북쪽의 노브고로트에서 남쪽의 키예프까지를 영역으로 하는 키예프 루시(러시아)가 탄생한 것이다. 사실은 키예프 대공을 정점으로 하는 몇몇 도시국가 또는 영역국가라 보는 것이 옳을 것이다. 대공과 그들 사이에 종주권과 공세 징수권을 인정하는 정도에서 느슨한 통일성을 확보한 정도가 아니었을까. 하지만 어찌됐든 전 러시아를 포함하는 응집력을 발휘하기 시작한 것만큼은 분명하다.

키예프 루시 주변에는 다양한 나라와 민족이 둘러싸고 있었다. 서북쪽으로는 리투아니아와 폴란드, 서남쪽으로는 마자르와 불가리아, 남쪽으로는 하자르와 페체네그, 그리고 흑해를 끼고 비잔틴 제국 등이 있었다. 그들 모두 문화가 앞서 있는 상대였다. 키예프 루시는 이들 나라와 때로는 싸우고 때로는 연합하면서 세력의 유지와 확대를 도모하는 동시에 선진 문화를 흡수하기 위해 노력했다.

키예프 루시는 발트 해와 흑해, 지중해를 잇는 국제 무역 루트 위에 자리 잡고 있어서 입지 조건이 좋았다. 그래서 경제의 많은 부분을 무역에 의존했다. 주변 여러 나라들은 적인 동시에 중요한 무역 상대였다. 최대 상대국은 비잔틴 제국으로서 모피, 꿀, 밀랍을 향료, 와인, 향수, 무기 등과 거래했다.

10세기에는 문자와 기독교의 수용이 이뤄졌다. 테살로니키 출신의 선교사 키릴로스와 메토디오스 형제가 최초의 슬라브 문자인 글라골 문자를 만들었고, 그 제자들이 그리스 문자를 참고해 키릴 문자를 만들었다. 기독교를 공식적으로 수용한 것은 블라디미르 1세 때였다.

블라디미르 1세는 988년에 비잔틴 황제의 여동생 안나와 결혼했다. 이때 정교로 개종하면서 국교화를 시도했다.

바이킹의 활약

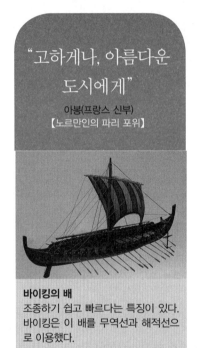

"고하게나, 아름다운
도시에게"
아봉(프랑스 신부)
【노르만인의 파리 포위】

바이킹의 배
조종하기 쉽고 빠르다는 특징이 있다.
바이킹은 이 배를 무역선과 해적선으
로 이용했다.

표제의 말은 885년 바이킹이 파리를 포위했을 당시를 기록한 수고에 나온다.

바이킹은 스칸디나비아 반도에 사는 게르만의 총칭이다. 그 명칭의 유래와 관련해서는 여러 가지 설이 있다. '후미진 곳에 사는 사람'이라고도 하고, '시장에서 장사하는 사람' 혹은 '원정에 나선 바다의 전사'라는 뜻이라고도 한다. 어쨌든 정설은 없다. 그들은 농업을 기본으로 해서 어업과 목축업 등을 영위하는데, 8세기 말경부터 먼 바다로 나가 유럽 각지에 출몰하기 시작했다. 그 이유로 인구의 과잉, 경작 토지의 부족, 항해술의 발달 등을 들고 있다.

바이킹 하면 공포스런 이미지가 먼저 떠오르지만, 그들이 약탈만 자행한 것은 아니다. 교역과 이주 정책도 부지런히 펼쳤다. 대부분의 수출품은 모피, 꿀, 노예였다. 수입품은 은, 향료 등 사치품이었다. 고틀란드 섬과 스웨덴의 당시 유적에서 4만 개 이상의 아랍 은화와 청동 불상이 출토된 것은 교역량이 상당했고 교역 범위도 넓었음을 말해준다. 교역의 중개 지역으로 건설한 도시도 많은데, 노브고로트와 키예프가 대표적이었다. 이제까지 아무도 가보지 않은 신천지를 찾아 북쪽 바다로 나선 사람들도 있었다. 그들은 아이슬란드와 그린란드를 발견하고 그쪽으로 이주하기도 했다.

바이킹족 가운데는 영토를 획득하여 어엿한 군주 행세를 하는 경우도 생겼다. 러시아에 들어간 루릭은 862년에 그곳 유력자들의 청을 받아들여 노브고로트 왕국을 세웠다. 그가 이끈 일족은 '루시'라고 불렸으며, 이로써 '러시아'라는 명칭이 생겼다.

롤로가 이끈 집단은 서프랑크로 들어가 911년에 기독교로 개종했다. 그리고 신하로서 맹세한다는 조건으로 서프랑크 왕에게서 이미 점령한 지역을 봉토로 받았다. 프랑크에서 그들은 '북쪽에서 온 사람'을 의미하는 '노르만'이라 불렸기 때문에, 그들에게 주어진 센 강 하류 지방도 그때부터 '노르만인의 나라'를 뜻하는 '노르망디'라고 불리게 되었다.

노르만인은 봉토를 얻고서도 가만히 정착하지 못하고 계속 해외로 진출했다. 1066년, 기욤은 잉글랜드에 상륙하여 노르만 왕조를 열었다. 남이탈리아를 점령한 로베르트 기스카르는 1059년에 로마 교황으로부터 그 지역의 영유권을 인정받았다.

바이킹은 북미 대륙에도 도달했다. 11세기에는
식민지로 삼으려 했지만 실패로 끝났다.

카노사의 굴욕

"지상의 그 누구도 교황을 재판할 수 없다"

그레고리우스 7세
【교황훈령서】

카노사의 굴욕
중세시대 교황권과 왕권의 대립 관계
를 잘 보여주는 사건이다.

로마 교황은 사도 베드로를 초대로 삼고 있다. 그러나 처음에는 로마의 사제 정도의 힘밖에 갖고 있지 않았고, 교황이라고 불리게 된 것도 6세기경부터로 짐작된다. 그 뒤 프랑크 왕과 밀접한 관계를 맺게 된 것을 계기로 가톨릭의 성스러운 세계의 정점에 서서 세속에도 영향력을 발휘하게 된다.

한편, 세속에는 10세기 이후 신성 로마 황제가 존재했다. 선거로 뽑히는 독일 왕이 로마에서 대관식을 거행하면 황제라는 이름을 쓸 수 있도록 허락받았다.

이념상 신성 로마 황제는 가톨릭의 세속 세계의 정점에 선 존재지만, 그것은 명목에 지나지 않았다. 게다가 독일 내에서조차 왕권이 충분히 확립되지 않았다. 독일은 이른바 연방 군주들의 연합체였고, 독일 왕은 어디까지나 그들의 맹주에 지나지 않았던 것이다.

그러나 대를 거듭해가며 독일 왕도 실력을 갖추기 시작했다. 교회와 수도원의 영지에 간섭하게 되자 교황과의 충돌을 피할 수 없게 되었다. 교황과 왕의 대립이 격화되어 1077년에 벌어진 사건이 이른바 카노사의 굴욕이다. 이때는 교황 그레고리우스 7세가 승리를 거뒀다.

그 사건에 앞서 그레고리우스 7세는 27개조로 이루어진 지침을 발표했는데, 그것은 이렇게 규정하고 있었다. "지상의 그 누구도 교황을 재판할 수 없다. 로마 교회는 결코 오류를 범한 적이 없고, 앞으로도 이 세상이 끝날 때까지 오류를 범할 리가 없다. 교황만이 사제를 폐지할 수 있고, 제국의 도장을 인가할 수 있다. 교황은 황제와 국왕의 지위를 박탈할 수 있으며, 또 그 신하들을 복종의 의무로부터 해방시킬 수 있다."

독일 왕 하인리히 7세는 카노사에서 흩날리는 눈발 속에 사흘이나 서 있는 굴욕을 겪었다. 하지만 교황의 사면을 받고 독일의 제후들과 화해가 이루어지자 곧바로 반격에 나섰다. 이로 인해 그레고리우스 7세는 로마에서 추방되어 살레르노에서 고독한 죽음을 맞이하게 된다.

그 뒤 우여곡절을 거쳐 인노켄티우스 3세 때 교황의 권력은 전성기를 맞이한다. 로마 교황령은 19세기에 이탈리아가 통일을 이룰 때까지 지속되었으며, 그곳에선 마지막까지 이단 심문이 행해졌다.

카노사는 아펜니노 산맥 북쪽 기슭에 자리한 산성이다. 그레고리우스 7세와 친한 토스카나 백작 마틸다가 당시 성주로 있었다.

4
두
세계의
치열한
싸움

십자군 원정

> **"자, 이교도와의
> 전쟁을 위해 떠나자"**
> 우르바누스 2세(로마 교황)
> 【예루살렘의 역사】

우르바누스 2세
이슬람교에 대한 군사 행동인 십자군 전쟁을 호소하여 교황의 권위를 높이고자 했다.

"만약 누가 네 오른뺨을 때리면 다른 뺨을 내주어라."

"칼로 일어난 자는 칼로 망한다."

이것은 예수가 한 유명한 말이다. 이같이 기독교는 본래 전쟁을 부정해서 성전聖戰이라는 사고방식이 없었다. 그 생각에 변화가 온 것은 로마 제국이 기독교를 공인한 후이다. 314년 아를에서 열린 교회 회의에서 군무를 이탈하는 기독교 신자는 교회에서 파문한다는 결정이 내려졌다. 현실과 타협한 결과라고 치부하면 그만이겠지만, 어쨌든 대단히 극단적으로 변모했다는 것만큼은 분명하다.

성전이란 사고방식이 가장 극단적인 행동으로 나타난 것이 십자군의 오리엔트 원정이다. 십자군은 1095년에 교황 우르바누스 2세가 클레르몽 공의회에서 예루살렘의 탈환을 호소한 데서 비롯되었다. 이슬람의 룸 셀주크 왕조에게 수도를 위협당하고 있던 비잔틴 황제는 꽤 오래전부터 원군을 요청해왔는데, 십자군 원정은 그 요청에 응한 성격이 짙었다.

제1차 십자군은 비잔틴 제국령을 통과하여 시리아와 팔레스타인을 석권했다. 1099년에는 예루살렘을 점령하고 로렌 공☆ 고드프루아를 왕으로 추대하여 예루살렘 왕국을 건설했다. 당시 십자군은 무슬림과 유대교도들을 대대적으로 살육하고, 가톨릭 이외의 종파는 모두 추방하는 조치를 취했다.

이처럼 십자군이라는 이름의 무장 집단은 비잔틴 제국에게나 무슬림에게나 아닌 밤중의 홍두깨였다. 비잔틴 황제 알렉시오스 1세는 분명 원군을 요청하긴 했지만, 이처럼 사기충천한 대군이 밀고 들어오리라고는 생각지도 못하고 있었다.

게다가 오리엔트 세계에 대해 너무나도 무지한 십자군은 콘스탄티노플(지금의 이스탄불)의 화려한 모습에 경탄하면서도, 비잔틴 제국의 동방정교를 이슬람이나 유대교와 같이 이단으로 보았다. 게다가 원군으로 왔으면서도 점령한 땅을 비잔틴 제국에 돌려줄 생각조차 하지 않았다. 비잔틴 제국으로서는 실로 골칫거리가 아닐 수 없었다.

이슬람 세계도 사정이 마찬가지였다. 당시 시리아, 팔레스타인에는 룸 셀주크 왕조에 속하는 지방 정권이 분립하고 있었지만, 그들이 기독교인들의 순례를 방해하거나 생명에 위협을 가하는 일은 없었기 때문이다.

룸 셀주크 왕조는 1077년에 왕족인 술라이만이 셀주크 왕조로부터 독립을 선언하며 소아시아에 자리 잡았다.

이집트 아이유브 왕조

> "술탄의 미덕이
> 모두에게 미치고 있다"
>
> 이븐 바투타(아랍 여행가)
> 【이븐 바투타의 여행기】

살라흐 앗 딘
십자군과 맞서 싸운 정의롭고 자비로
운 이슬람 군주로 탐욕스러웠던 십자
군과 자주 비교된다.

이븐 바투타는 스페인 발렌시아에
서 태어난 아랍인이다. 이집트 카이로
를 방문한 뒤 그는 이런 말을 남겼다.

"카이로에 있는 모든 회중 모스크와
일반 모스크, 묘묘墓廟, 수용소, 마드라사
(학교)에도 술탄의 미덕이 그곳에 거주
할 필요가 있는 모두에게 미치고 있다."

술탄(이슬람 국가의 군주)의 정치를 경
탄하는 말이다. 당시의 이집트 술탄은
아이유브 왕조의 창시자인 살라흐 앗
딘이었다.

살라흐 앗 딘은 이집트에서 선정을
베풀고, 그곳에서 모은 재물로 대부분
의 시리아 땅을 평정했다. 그런 뒤에 창끝을 십자군 국가들에게로 향했다.

아이유브 왕조와 십자군은 정전협정을 맺었지만, 시리아 남부의 요충
지인 카라크와 샤우바크를 다스리는 르노 드 샤티용이 때때로 정전협정
을 위반했다. 르노가 대상들을 습격하여 막대한 양의 상품을 약탈하고 수
많은 무슬림을 포로로 잡아 카라크로 끌고 가는 사건이 발생하자, 살라흐

앗 딘은 분노가 폭발했다. 사절을 파견하여 이런 배신 행위를 비난하고 포로의 석방과 상품의 반환을 요구했다. 그러나 르노는 사절들을 만나는 것조차 거절했다. 상황이 이렇게 되자 살라흐 앗 딘은 "르노와 싸워 승리한다면 기필코 그를 죽여버리겠습니다"라고 하나님께 맹세했다.

1187년, 살라흐 앗 딘은 정규군과 보조군, 지원병을 합한 2만 5,000명의 대군을 이끌고 북상했다. 7월 4일, 티베리아스(갈릴리) 호湖 서쪽 10킬로미터쯤 되는 하틴의 구릉에서 양 군사가 격돌했다. 전투는 살라흐 앗 딘의 대승으로 끝났고, 예루살렘 왕 기와 르노는 포로로 잡혔다.

두 사람이 살라흐 앗 딘 앞으로 끌려나왔을 때, 그는 기에게 얼음과 장미 잎이 떠 있는 시원한 물을 주었다. 매우 목이 말랐던 기는 한 모금 마시고 나서 그것을 르노에게 넘기려고 했다. 그러자 살라흐 앗 딘이 그것을 제지했다. 당시 아랍 사회에서는 음식물을 건네준 포로는 생명을 보장해 주는 풍습이 있었다.

살라흐 앗 딘은 르노에 대해서는 그것을 거부하고 수많은 배신 행위를 지적한 뒤, 직접 검을 들어 그의 목을 쳤다고 한다.

그 뒤에 살라흐 앗 딘은 예루살렘을 탈환하는 데
도 성공을 거둔다. 십자군과는 달리 살육, 폭행,
악탈 등을 엄격하게 금했다.

시아파와 수니파

알라무트
도서관과 훈련소들이 있는 아사신파
의 요새. 그들은 주로 반대파의 정적
들을 암살했다.

마르코 폴로는 '산의 노인'이 이끄는 암살교단에 대해 기록을 남겨놓았다. 거기에 등장하는 노인은 눈독 들인 젊은이에게 약을 먹여 그가 의식을 잃은 동안, 미녀와 산해진미가 넘쳐나는 궁전으로 끌고 간다. 그곳에서 충분히 놀게 한 뒤 다시 약을 먹여 본래 있던 곳으로 데려간다. 그러곤 다시 궁전에 가고 싶어지면 누군가를 암살하고 오라고 명령한다. 젊은이는 명령받은 대로 암살을 결행한다.

이 암살교단은 이슬람 시아파 가운데 한 분파이다. 이야기는 시아파의 성립 시절로 거슬러 올라간다. 시아파란 용어는 '알리의 당파(시아 알리)'에서 파생했다. 시아파에서는 종교 지도자를 이맘이라고 부르는데, 알리의 자손만

이 이 자리에 오를 수 있다.

6대 이맘인 자파르 앗 사디크에게는 두 아들이 있었다. 하나는 정처가 낳은 이스마일, 또 하나는 베르베르인 노예가 낳은 무사 카짐이었다. 자파르 앗 사디크는 이스마일을 후계자로 지명하는데, 얼마 후 그 아들이 먼저 세상을 떠난다. 그리고 자파르 앗 사디크마저도 죽고 만다. 이 시점에서 시아파 사람들은 대부분 자파르 앗 사디크가 죽기 전에 무사 카짐을 후계자로 지명했다고 간주했다.

그러나 일부에서는 자파르 앗 사디크가 악마 같은 수니파의 손길이 뻗치는 것을 막기 위해 이스마일을 일시적으로 숨겼을 뿐이고, 실제로는 생존해 있다고 주장하여 이스마일의 아들을 제7대 이맘으로 받들어야 한다고 주장했다. 이리하여 무사파와 이스마일파로 분열되었다.

11세기 말에 이 이스마일파에서 다시금 한 분파가 생겨났다. 이들은 니자리 이스마일파라 불리며, 창시자는 하산 에 사바흐라고 한다. 처음에는 이집트의 파티마 왕조에서 활동했지만, 1090년 이란 북부 엘부르즈 산맥의 요새 알라무트를 탈환하여 근거지로 삼았다. 그들은 세월이 흐르면서 다이람, 쿠미스, 루리스탄, 시리아 방면으로 세력을 확대했다.

니자리 이스마일파가 셀주크 왕조와 십자군의 요인을 암살한 것은 확실해 보이지만, 마르코 폴로가 남긴 그 밖의 기록은 다분히 상상력의 산물로 여겨진다.

파티마 왕조는 이스마일파를 국교로 삼고, 바그다드의 칼리프와 별도로 독자적인 칼리프를 옹립하고 있었다.

플랜태저넷 왕조의 혼란

"사려는 사람만 있다면
런던을 팔아도 좋다"
리처드 1세(잉글랜드 왕)

리처드 1세
치세 내내 전쟁을 일삼으며 세금 부담
을 더한 어리석은 왕이다. 세 마리 사
자 깃발은 그의 상징이다.

1066년, 헤이스팅스 전투에서 승리
를 거둔 노르만 공 기욤은 잉글랜드 왕
을 겸하게 되었다. 이것이 바로 노르만
정복으로, 이때부터 노르만 왕조가 시
작되었다. 한편 기욤의 영어식 발음은
윌리엄이다. 즉 노르만 공 기욤이 바로
윌리엄 1세인 것이다.

1154년에는 플랜태저넷 왕조가 성
립되는데, 그 창시자 역시 프랑스 출신
으로 앙주 백작 앙리라는 사나이였다.
영어식 이름으로는 헨리 2세이다. 이
앙리의 뒤를 이은 인물이 3남인 리샤
르인데, 훗날 사자왕이라는 이름으로 더 유명해진다. 그의 영어식 이름은
리처드 1세이다.

사자왕이란 별명을 떠올리면 용맹하고 위대한 기사의 이미지가 떠오르
지만, 실제 리처드 1세는 용맹하긴 했어도 결코 위대한 기사라 할 만한 사
나이는 아니었다. 10년에 걸친 재위 기간 동안 잉글랜드를 찾은 것이 단
두 차례였다. 머문 기간도 6개월 남짓으로, 대부분의 재위 기간은 십자군

원정과 프랑스 영토 유지를 위한 전쟁에 골몰했다. 잉글랜드의 내정은 거의 포기 상태나 다름없었다.

리처드 1세가 참가한 것은 제3차 십자군이었지만, 군비를 조달하기 위해 그는 수단과 방법을 가리지 않았다. 당시 잉글랜드에 복종하던 스코틀랜드에는 복종 관계를 해소하고 자유로이 해주겠다는 조건으로 1만 마르크를 받았다. 제프리 플랜태저닛에게서는 요크 대주교 자리를 대가로 3,000마르크를 챙겼다. 너무나 경우 없는 자금 동원 방법에 대해 충고하는 친구도 있었지만, 그는 "사려는 사람만 있다면 런던을 팔아도 좋다"고 태연하게 말했다. 그에게는 프랑스 본토 쪽 영토가 중요했고, 잉글랜드는 그 다음일 뿐이었다.

리처드 1세는 팔레스타인에서도 추태를 부렸다. 관례에 어긋나게 포로들을 모두 학살하는 짓을 저질렀고, 자기보다 앞서 입성한 오스트리아 공작의 깃발을 모독했다.

원정에서 돌아오는 길에 리처드 1세는 그 대가를 치른다. 오스트리아에 1년 반 정도 유폐되었다가 15만 마르크나 되는 몸값을 지불해야만 했던 것이다. 인과응보는 바로 이런 경우를 두고 하는 말일 것이다.

잉글랜드로 돌아온 리처드 1세는 옥새를 바꾸고 그 이전의 옥새로 날인한 차용증서는 무효라고 주장하며 터무니없는 횡포를 부렸다.

플랜태저넷 왕조의 쇠퇴

"이로써 비로소 잉글랜드 왕이 될 수 있다"

존(잉글랜드 왕)

마그나 카르타
왕의 권한을 제한하는 내용을 담은 문서로 훗날 근대 헌법의 토대가 되었다.

리처드 1세는 프랑스에서 필립 2세의 군대와 맞서다 활에 맞아 생긴 상처로 인해 1199년에 죽음을 맞는다. 뒤를 이은 인물이 동생 장으로, 영어식 이름으로는 존이었다. 즉위 전에 그는 '땅이 없는 왕자'로 불리다가 만년에는 '땅을 잃은 왕'으로 불렸다. 그 이름에서 상상할 수 있듯이, 그의 치세는 실패의 연속이었다.

원래 아버지 헨리 2세가 생존했던 당시에는 그에게 상속될 땅이 없었다. 그래서 '땅이 없는 왕자'라고 불렸던 것이다. 그런데 형의 죽음으로 둘도 없는 기회가 찾아왔다.

그가 저지른 최초의 패착은 프랑스 왕 필립 2세와의 전쟁이었다. 이것은 존이 라 마르슈 백작 위그의 약혼자를 가로챈 사건 때문에 발발했다. 위그는 프랑스 왕에게 호소했다. 프랑스 왕은 존에게 소환 명령을 내리지만, 존은 그것을 무시했다. 이리하여 개전의 구실을 주게 되었던 것이다. 존의 통치에 불만을 품은 제후들은 남몰래 필립 2세의 진군을 환영했다.

170

이리하여 노르망디 공령과 앙주 백령伯領이 잇따라 프랑스 왕의 점령 아래로 들어갔다. 그때까지 왕의 직할지는 파리와 오를레앙, 부르주를 잇는 선에 불과했는데, 이 전쟁으로 프랑스 왕의 영지가 순식간에 두 배로 늘었다.

두 번째 패착은 로마 교황 인노켄티우스 3세와의 대립이었다. 공석이 된 캔터베리 대주교 자리에 누구를 앉힐 것인가를 놓고 존과 잉글랜드 교회 그리고 교황이 대립했다. 각자가 서로 다른 인물을 추천했기 때문이었다.

존이 한발도 양보하지 않자 교황은 잉글랜드에 대해 성무 정지 처분을 내리고 1209년에는 존을 파문했다. 존은 교황 측 사제들의 세속 재산을 몰수하며 맞섰다. 그러나 결국 타협책으로 교황이 추천한 스티븐 랭턴을 받아들였고, 10만 마르크를 지불하고 잉글랜드를 봉토로서 교황에게 복종한다는 조건 아래 1213년에 파문이 해제되었다. 다음해에는 성무 정지도 풀렸다.

한편 세 번째 패착은 제후들과의 타협이었다. 존은 프랑스 원정을 계획했지만 제후들의 지지를 얻을 수 없었다. 군역 대납금의 지불도 거부당했다. 그들의 태도에 대해 존이 강경 수단으로 맞서자 제후들은 무력을 동원해 저항했다. 런던이 제후들의 손에 떨어지자 존은 양보했다. 이리하여 성립된 것이 마그나 카르타(대헌장)이다. 이로써 왕권은 크게 제약을 받게 되었다.

2개월 뒤 존은 마그나 카르타의 무효를 선언했고, 교황도 그 조치를 지지했다.

시칠리아의 번영

"원래부터 자신이
숭배하던 신에게
가호를 기원하라"

빌헬름 2세(시칠리아 왕)
【이븐 바투타의 여행기】

체팔루 대성당
노르만 왕조 루지에로 2세의 명으로
지어졌으며, 이슬람과 비잔틴 문화의
흔적이 남아 있다.

시칠리아 섬의 주인은 로마로부터 동고트, 비잔틴 제국, 이슬람의 아그라브 왕조, 노르만 등으로 숨 가쁘게 바뀌어왔다. 그런데 왜 노르만인이 등장하는 것일까?

10세기경부터 노르만인은 지중해로 진출했다. 성지 순례를 하는 사람도 있었지만, 용병으로 일하는 사람도 있었다. 그들이 노르망디로 돌아가 미지의 세계에 대한 정보를 퍼뜨렸는데, 이것이 커다란 자극제가 되었다.

11세기 초엽의 노르만 공국은 인구가 급증함에 따라 토지를 상속할 수 없는 사람들이 흘러넘쳤다. 강력한 노르망디 공 치하에서 힘으로 국내에 새로운 영지를 획득하기란 불가능했다. 그들은 밖으로 신천지를 찾아나서는 수밖에 없었다.

성지 순례를 다녀온 사람들은 진귀한 과일이 열리는 풍요롭고 아름다운 나라들에 대해 이야기했다. 지중해 제국에서는 이교도와 싸우기 위해

172

용맹스런 전사를 모집하고, 로마 남쪽의 나라들도 용병을 모으고 있다는 소식 등이었다. 일확천금을 꿈꾸며 이미 해외로 나선 사람들도 많았다. 그들 중 많은 사람들이 해적이나 산적이 되어 약탈을 생업으로 삼거나, 용병으로서 유력자들에게 접근하기도 했다. 그 땅에서 개중에는 성공을 거두어 재산을 모은 사람도 있었다.

이리하여 많은 노르만인들이 남이탈리아를 목표로 삼았다. 당시 남이탈리아는 사분오열 상태였기 때문에 일할 곳은 얼마든지 있었다. 마침내 그 가운데 영토를 얻어 백작이나 공작이 되는 사람도 나타났다.

1130년, 드디어 노르만인 가운데 왕이 탄생했다. 루지에로 2세가 시칠리아 왕위에 올랐던 것이다. 시칠리아가 라틴 가톨릭 문화, 그리스 비잔틴 문화, 아랍 이슬람 문화의 접점에 있었기 때문에 왕국에서는 철학에서 자연과학에 이르는 중요한 서책들이 라틴어로 번역되었다. 아울러 비잔틴 제국의 공예와 건축 기술이 이 왕국을 경유하여 서유럽으로 흘러들어갔다.

역대 시칠리아 왕은 대개 이교도에게 관용을 베풀었다. 1169년 2월 4일, 시칠리아에 대지진이 일어났을 때 시칠리아 왕 빌헬름 2세가 성 안을 시찰했다. 그런데 들리는 소리는 하나님과 예언자들에게 도와달라고 간청하는 시녀와 아이들의 목소리뿐이었다. 그들 앞에 왕이 나타나자 모두가 경악했다. 그러나 왕은 "원래부터 자신이 숭배하던 신에게 가호를 기원하라"고 말해 그들을 진정시켰다고 한다.

당시 시칠리아에는 동부에 그리스계, 서부에 아랍 베르베르계 주민이 살고 있었다고 한다.

신성 로마 제국의 안정기

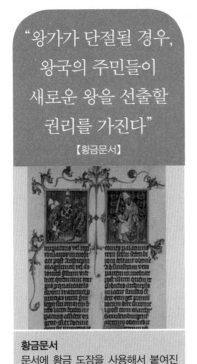

"왕가가 단절될 경우,
왕국의 주민들이
새로운 왕을 선출할
권리를 가진다"
【황금문서】

황금문서
문서에 황금 도장을 사용해서 붙여진
이름. 총 31장에 황제의 선출과 선출
권을 규정하는 내용이 담겨 있다.

1356년 1월 10일, 독일 뉘른베르크에서 열린 제국의회에서 23장으로 이루어진 법전이 채택되었다. 12월에는 거기에 8장이 첨가되어 총 31장의 『황금문서』가 완성되었다. 이른바 신성 로마 제국의 헌법이었다.

그 가운데 상당 부분이 7인의 선거 후보에 의한 독일 왕의 선출 방식 및 그들의 지위에 관한 것이었다. 그 선거 후보 가운데 보헤미아에 관해서만큼은 표제의 한 문장이 규정되어 있다. 왜 보헤미아는 특별 취급을 받았을까? 그것은 당시 신성 로마 제국의 황제가 보헤미아 태생이라는 사실에 연유한다.

보헤미아는 오래도록 프르셰미슬 가문이 다스려왔는데, 1306년에 대가 끊기고 말았다. 살아 있는 사람은 마지막 왕 바츨라프 3세의 여동생 엘리슈카뿐이었다. 그리하여 체코 사람들은 당시의 독일 왕 하인리히 7세의 아들 요한에게 눈길을 돌렸다. 그는 룩셈부르크 가의 사람이었다.

이리하여 1310년, 요한이 사위로서 프라하에 들어와 보헤미아 왕이 되었다. 6년 뒤, 두 사람 사이에 사내아이가 태어나 카를이라는 이름을 얻었다. 그런데 신성 로마 제국의 황제 자리는 하인리히 7세 사후에 다른 가문으로 한 번 넘어갔지만, 요한의 끈질긴 외교 교섭이 결실을 거둬 1346년 7월 11일, 드디어 카를이 7명의 선거 후보 가운데 5명의 표를 얻어 독일 왕으로 선출되었다. 1355년 5월에는 로마로 가서 교황 사절로부터 대관을 받고, 정식으로 신성 로마 제국의 황제(카를 4세)가 되었다.

역대 신성 로마 제국의 황제는 이탈리아 정책에 힘을 쏟았는데, 카를은 그보다도 프라하를 중대한 대도시로 만드는 데 열중했다. 프라하의 사제를 대주교로 높이고, 알프스 이북에서는 최초로 대학을 설립했으며, 구시가지에 인접한 곳에 광대한 신시가지를 만들었다. 또 탁월한 건축가와 예술가들을 동원해 성 비트 대성당과 카를 다리 등 수많은 종교적·세속적 건축물을 완성했다. 이리하여 프라하는 제국의 수도에 걸맞은 도시로 재탄생했다.

그럼 다시 『황금문서』로 돌아가 보자. 이 문서는 독일 왕의 선거는 과반수의 득표로 성립된다고 규정하여 향후 선거에 동반되는 혼란과 지연을 피할 수 있게 되었다. 나아가 선거 후보자들에 대해서는 사실상 독립국 군주와 대등한 권리를 인정하여, 이전처럼 안정된 왕조의 출현을 두려워해 그들이 왕위를 이리저리 돌릴 필요가 없어졌다. 즉, 이 칙서는 제후들의 독립을 인정함으로써 독일이 더 이상 혼란에 빠지는 것을 막으려는 목적이 있었다.

프라하의 대학은 카를 대학으로 명명되었다. 조직 면에서
4개 학부로 구성되는 등 파리의 대학을 따랐다.

칭기즈 칸의 등장

"천신의 명을 받고
태어난 푸른 늑대"

데이(몽골의 현자)
【원조비사】

칭기즈 칸
몽골 제국을 세우고 중국, 중앙아시아, 동유럽 일대를 두려움에 떨게 만든 정복자이다.

몽골족의 영웅 칭기즈 칸의 일대기로 이름 높은 『원조비사元朝秘史』. 그 책은 "칭기즈 칸의 근원은 위에 계신 천신의 명을 받고 태어난 푸른 늑대였다"라는 문장으로 시작된다.

몽골에서 '푸른'은 단지 청색만을 의미하는 것이 아니라 '새하얀 땅에 뒤섞인 암회색 얼룩'을 뜻한다고 한다. 또 "그 몸의 눈에 불이 나고, 그 몸의 얼굴에 빛이 있다"는 말은 장래에 큰일을 할 소년 소녀에 대한 격려의 말이다.

칭기즈 칸의 원래 이름은 테무친이다. 그의 소년기와 성장기는 『원조비사』에 아름답게 묘사되어 있지만, 사실은 잘 알려져 있지 않다. 사실로 확인되는 것은 케레이트, 나이만, 메르키트 등 유력 부족을 꺾은 뒤 몽골 통일을 달성하고 나서부터다.

1206년, 테무친은 부족장들의 집회인 쿠릴타이에서 통일 군주로 공인받고, 그 후 칭기즈 칸이라는 이름을 쓰게 된다.

칭기즈 칸은 유목 민족들을 복속시켜 주변 지역으로 진공을 시작하는데, 송을 괴롭혀온 서하와 금 같은 대국도 일방적으로 궁지에 몰렸다. 오이라트, 서위구르 왕국, 고려 등은 몽골의 상대가 되지 않음을 알고 이내 그들의 지배 아래 들어갔다. 그리고 1291년에는 호라즘 샤 왕조 동쪽 끝에 있는 도시 오트랄에서 몽골 사절단이 살해당한 것을 구실로 서투르키스탄을 향해 대규모 원정을 개시했다.

호라즘은 당시 내분으로 어지러운 상태였다. 일찍이 오리엔트 이슬람 가운데 최강으로 여겨지던 왕국도 쇠퇴의 길로 접어들었던 것이다. 그들은 한마음으로 뭉쳐 대항할 수가 없었기 때문에 각 도시로 병력을 분산시켜 각기 농성을 중심으로 한 지구전을 택했다. 그러나 결과적으로는 이런 계책이 멸을 재촉했다.

프라하와 사마르칸트 등 요충지가 잇따라 함락되고, 수도인 우르겐치도 농성한 지 반 년 만에 몽골 군대의 지배 아래 들어갔다. 왕자 잘랄 웃딘은 그 후에도 계속 저항했지만, 사실상 이 시점에서 호라즘은 붕괴했다.

다음으로 칭기즈 칸은 서하와의 전쟁에 종지부를 찍기 위해 동쪽으로 군사를 돌렸다. 그러나 함락 직전 갑작스럽게 진중에서 죽음을 맞았다. 그때가 1227년이었다. 『원사』에서는 그의 유체가 기련곡이란 곳에 묻혔다고 하지만, 아직까지 그 장소는 알려지지 않고 있다.

강력한 몽골군의 비밀은 조직력, 기동력, 정보수집력에 있었다. 정보전의 말단을 맡은 것은 무슬림 상인들이었다.

몽골 제국 대 남송

문천상
송나라를 정복한 쿠빌라이 칸이 등용하려 했으나 사양하고 죽음을 택해 충신의 대명사로 통한다.

「정기가正氣歌」라는 제목이 붙은 시에 "천지간에 자리한 바른 힘, 그것은 시대와 장소에 따라 다양한 형태를 띠고 움직인다"는 노래가 있다. 이 노래는 일본 막부 말기의 지사들에게 사랑받아 후지타 도고, 요시다 쇼인도 같은 제목의 시를 남기기도 했다. 그러면 이 시를 지은 문천상은 어떤 사람인가?

그가 활약하던 당시 남송은 몽골에게 공략당해 빈사 상태에 처해 있었다. 1273년, 장강 중류의 요충지인 양양이 함락되면서 대세는 기울었다. 남송의 저항력은 급속하게 약화되어 투항하는 사람들이 잇따랐다. 1276년에는 행궁(임시 수도)인 임안(지금의 항저우)의 성문을 열고 나감으로써 남송은 사실상 멸망했다. 잔존 세력이 광저우 만의 애산 앞바다에서 장렬하게 죽어간 것은 1279년의 일이다.

이런 역사적 흐름과 문천상은 어떤 관계가 있을까? 그는 몽골 군사들이 임안으로 쳐들어올 무렵, 남쪽 변경 지한주라는 곳의 일개 지방관에 불과했다. 근왕의 조칙을 받고 그는 토호들과 산악 지대 소수민족들로 이루어진 의병 1만여 명을 이끌고 임안으로 달려갔다. 그러나 전투에서 계속 밀리며 중신들이 속속 도망쳐버린 결과, 달리 적임자가 없다는 이유로 재상 자리에 오르게 되었다. 그리하여 그가 강화 사절로 상대방 진영에 홀로 파견되었다.

그곳에서 몽골군 총사령관 바얀과 만나게 되는데, 대화가 진척되지 않아 문천상은 그대로 포로로 잡히고 말았다. 임안은 이윽고 몽골군에게 성문을 열어 항복했다. 문천상은 북방으로 호송되어 가던 도중 탈주에 성공했다. 그러고는 다시금 무력 항쟁을 개시했다.

하지만 큰 싸움에서 승리를 거두지 못하고 줄곧 남쪽으로 내몰렸다가, 1276년에 오파령이란 곳에서 포로로 붙잡히고 말았다. 다음해에는 지금의 베이징으로 호송되어, 좁고 어둡고 불결한 지하 감옥에 갇혔다.

당시 몽골의 쿠빌라이 칸은 문천상의 충절을 높이 사서 어떻게든 귀순시켜보려고 했다. 그러나 이런저런 방책들이 다 무위로 끝났다. 그러는 사이에 어언 3년이 지났다.

쿠빌라이 칸은 "마음을 바꿔 남송을 섬기던 것처럼 짐에게 종사한다면 재상에 앉히겠다"는 파격적인 조건을 내걸며 최후의 설득을 시도했다. 하지만 문천상은 절개를 굽히지 않았다. 소원을 묻자 문천상의 입에서 한마디가 흘러나왔다. "죽음이야말로 내가 바라는 바다."

다음날 문천상의 희망대로 처형이 집행되었고, 그의 47년 인생이 막을 내렸다. 그는 죽어서 충신이라는 이름을 만세에 남겼다.

문천상은 1256년에 실시된 전시에서 장원으로 합격했다. 그런 만큼 송 왕조에 대한 충정이 다른 사람보다 한층 높았을 것으로 여겨진다.

원나라의 융성

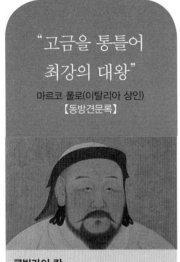

**"고금을 통틀어
최강의 대왕"**
마르코 폴로(이탈리아 상인)
【동방견문록】

쿠빌라이 칸
원나라의 창시자로 그의 치세 때 원나
라가 최고 전성기를 누렸다.

남송을 정벌하는 과정에서 몽골의 제4대 칸인 몽케가 죽었다. 후계 칸의 자리를 두고 두 사람이 물망에 올랐다. 몽케 바로 아래 동생 쿠빌라이와 막내 동생 아리크 부케였다. 두 사람의 다툼은 내전으로 발전하는데, 이 싸움에서 쿠빌라이가 승리를 거뒀다. 쿠빌라이는 몽골을 유목민의 왕국에서 농경민의 중화 지역 전체를 통합한 대제국으로 발전시켰다.

즉위와 함께 중통中統이라는 중화풍 연호를 정한 쿠빌라이는 1271년에 국호를 원으로 고쳤다. 그때까지 한나라와 당나라 등 중화 왕조의 이름이 지명에서 유래한 것과는 달리, 원이라는 이름은 『역경』의 "크도다 건원乾元(하늘이 만물을 창조한 큰 원리)이여, 만물이 비롯되도다"라는 구절에서 따왔다.

쿠빌라이 시대에 원나라는 전성기를 맞이했다. 남송을 멸망시켜 중화 세계를 완전히 수중에 넣었을 뿐만 아니라, 고려와 티베트를 정복하고 미얀마의 파간 왕조도 복속시켰다. 베트남의 찬 왕조와 참파, 자바 그리고 일본 원정은 실패로 끝났다. 그러나 일본과 류큐를 제외한 바다의 군소 왕국들을 책봉 체제 아래 거둬들이는 데 성공했다.

마르코 폴로는 쿠빌라이를 가리켜 "고금을 통틀어 최강의 대왕"이라고 평했다. 그리고 "이 몽골인은 그가 거느린 백성, 영토, 재화 등에서 우리의 시조 아담으로부터 오늘날에 이르기까지, 지상에 존재했던 어떤 인물과 비교해도 훨씬 거대한 힘을 지니고 있다"고 표현했다. 이것은 정직한 평가이며, 정확한 관찰이었다고 할 수 있다.

원의 지배 체제는 중앙과 지방, 군과 민의 차이를 두지 않고 모든 기관에서 몽골 귀족이 최상위를 차지했다. 그 다음은 거란족, 무슬림, 한족 등 종속 민족들 가운데 유력한 가문의 사람들 차지였다. 경제적인 면에서 소금의 전매세와 상품의 유통에 매기는 상업세가 세수의 대부분을 차지하는 중상주의적 재정 운용이 이루어졌다. 이런 정책을 추진한 사람들은 이란계 무슬림을 중심으로 한 서방 출신들이었다.

쿠빌라이는 여름 수도인 카이펑(훗날의 상도上都) 외에 새로이 겨울 수도로서 대도大都(지금의 베이징)를 건설하여 2개의 수도 체제를 구축했다. 바로 이 두 도시를 방문한 이븐 바투타와 마르코 폴로 같은 여행가 혹은 상인들은 세계 제국 원나라의 수도가 얼마나 번성했는지를 후세에 전했다.

몽케 시대 몽골군은 서쪽으로 팔레스타인까지 진격지만, 맘루크 왕조와 벌인 아인 잘루트 전투에서 패해 서남쪽으로의 전진을 멈추었다.

한족 국가 명나라

> "생각건대 명 태조는
> 성현과 호걸과 도적의
> 성격을 두루 갖췄다"
> 조익(중국 청나라 역사가)
> 【이십이사차기】

홍무제
한족의 독립을 주장하며 원의 지배에서
벗어나고자 명 왕조를 창건했다.

1310년대부터 1380년대까지 계속된 세계적인 이상 기후의 영향으로 중국은 가뭄, 수해, 한발 등 사상 최악의 자연 재해에 시달렸다. 각지에서 먹을거리를 구하는 수십만 명이 무리 지어 떠돌아다니는 광경이 일상적인 모습이었다. 심지어 인육을 먹으며 굶주림을 면했다는 기록도 적지 않게 남아 있다. 굶주림이나 질병으로 가족을 잃는 일이 일상다반사였다. 명나라를 세운 주원장도 그런 자들 가운데 하나였다.

잇따르는 천재지변 위에 설상가상으로 인재까지 덮쳤다. 바로 경제 정책의 실패였다. 화폐 가치가 폭락하는데도 원나라 조정은 어떻게 손을 써야 할지 몰랐다. 원나라 말기에는 쌀 가격이 초기에 비해 700배 이상 올랐다. 절망의 구렁텅이에 빠진 사람들에게 남은 길은 앉아서 죽음을 기다리거나 세상을 뒤엎어버리는 것뿐이었다.

1351년, 대규모 반란이 일어났다. 미륵교, 백련교, 명교 등 종교적 결사

체들이 이끈 홍건의 난이다. 반란은 곧 각지로 들불처럼 번져나갔고, 정원이란 곳에서도 곽자흥이라는 토호가 봉기했다. 세력을 넓혀가던 곽자흥의 진영에 어느 날 용모가 준수한 인물이 투신했다. 이 남자가 바로 주원장이다. 곽자흥에게 매료된 주원장은 곽의 양녀 마씨를 아내로 맞아들이고, 곽자흥이 죽은 뒤에는 그의 군단을 계승하여 군웅 가운데 한 사람으로 이름을 올렸다.

주원장의 군단은 각지의 토호와 자위단을 흡수하여 급속하게 세력을 확장해나갔다. 이선장, 유기 등의 유학자를 끌어들인 것도 좋게 작용하여 군웅 가운데 발군의 존재로 성장했다. 진우량, 장사성 같은 강력한 라이벌을 격파한 뒤 1368년 1월에 응천부(지금의 난징)에서 즉위하고 국호를 명, 연호를 홍무로 정했다.

새로운 왕조를 창건한 주원장은 곧바로 원나라를 타도하기 위해 북벌군을 일으켰다. 같은 해 8월에는 주원장과 동향인 서달이 이끄는 북벌군이 대도를 점령했다. 원의 도곤 티무르(순제)는 중화 땅을 버리고 북으로 달아났다. 이로써 명나라가 중국의 통일 왕조로 우뚝 서게 되었다.

그러나 빛나야 할 새 왕조의 창업기는 전한 때와 마찬가지로 피비린내 나는 공포의 나날이었다. 숙청의 칼바람이 몰아치는 공포 정치 때문이었다.

숙청은 1371년 공인空印 사건으로 시작되어 호유용과 남옥의 투옥 등으로 이어져 희생자 수가 10만이 넘었을 정도였다. 개국공신들도 모조리 숙청당해 온전히 천수를 누린 사람은 탕화 등 극소수에 지나지 않았다.

한 사람의 황제의 치세 기간을 하나의 연호로 통일시키는 일세일원一世一元 제도가 이때부터 시작되어 청나라 말까지 이어졌다.

영락제의 친정

> "사막에 거하던
> 연왕이었으니,
> 짐에게는 북녘을 돌아
> 보는 고민이 없도다"
> 홍무제(중국 명나라 황제)

천단공원
황제가 매년 동지에 풍작을 감사하며
하늘에 제사를 지내던 장소

홍무제가 세상을 떠나자 죽은 황태자 주표의 장남이 16세의 나이에 즉위했다. 그가 건문제이다. 건문제는 강남 출신의 유학자를 중용하여 덕정을 지향하는 한편, 각지에 분봉된 백부들의 힘을 약화시키는 정책을 폈다. 이에 반발해 북평(베이징)에 있던 연왕 주체(영락제)가 1399년에 거병했다. 이른바 정난의 변을 일으킨 것이다. 주체는 초반의 열세를 만회하고 1402년에 응천부를 점령한 뒤 스스로 제위에 올랐다.

홍무제는 한·당 시대에 환관들로 인한 폐해가 컸다는 점을 귀감 삼아 이들을 중용하지 않았다. 건문제도 그 방침을 잘 따라 유학의 소양을 갖춘 문인 관료를 측근으로 두었다. 그러나 영락제에 이르러 이런 정책에 변화가 왔다. 능력 있는 환관들을 적극적으로 등용했던 것이다.

헤이룽 강 유역의 여진족을 달래기 위해 파견된 이시하, 네팔과 벵갈에 사절로 파견된 후현, 대함대를 이끌고 동남아시아와 인도양으로 나아갔던 정화와 왕경홍 등이 다 황제의 신임을 얻은 환관들이었다.

명의 대외 정책은 원의 자유무역주의와는 정반대로 해금 정책을 중심으로 했다. 무역은 조공 형태로 국가가 직접 시행하는 것으로만 국한되었다. 영락제와 선덕제 시대에 일곱 차례에 걸쳐 이뤄진 대항해는 명나라의 국위를 세계에 드높이고 여러 나라에 조공을 촉구하기 위한 것이었다.

사서에 "서양(남중국해와 인도양)을 향해 출발했다"라고 기록된 이 대원정은 서구의 대항해 시대를 훨씬 앞섰을 뿐만 아니라, 그 규모도 비교가 되지 않을 정도로 월등했다. 제1차 항해의 진용은 큰 배만 62척에다 인원이 총 2만 7,000명에 달했다. 일곱 차례의 항해 모두 거의 비슷한 수준이었다. 콜럼버스의 제1차 항해는 배 3척에 인원이 90명이었다. 세계 일주에 성공한 마젤란의 함대도 배 5척, 인원 200여 명에 불과했다. 이것만으로도 정화 함대의 위용이 어땠는지를 실감할 수 있다.

그런데 표제에 나온 말처럼 영락제는 연왕 시절 몽골 세력을 억누르는 역할을 수행했다. 즉위 후에도 몽골의 움직임을 주시하며 수도를 베이징으로 옮기는 한편, 전후 다섯 차례에 걸쳐 친정을 감행했다. 한족의 황제로서 만리장성을 넘어 몸소 출격한 것은 역사상 그가 유일하다.

그러나 결론을 말하자면, 몽골 친정은 그 노력과 비용 대비 그다지 성과가 크지 않았다. 다섯 차례의 친정 가운데 실제로 치른 전투는 처음 두 차례뿐이었다. 제3차 이후로는 전투다운 전투가 없었다. 수십만 대군을 이끌고 사막을 행군했던 것뿐으로, 적과 마주치는 일조차 없었다.

베이징의 자금성 내 건물과 천단이 모두 영락제 때 세워졌다. 수복과 개축 등을 거쳤지만 대부분 당시의 모습을 간직하고 있다.

▶잔 다르크

▼추기경

▼레오나르도 다 빈치

▼타지마할

▲미켈란젤로

▲다비드 상

근대의 개막

◀코스텔로

◀잉카의 왕

◀피사로

시황제

남미의 피라미드

◀후추

◀바스코 다 가마

▲콜럼버스

▲마젤란

◀산타마리아호

1328	1337	1368	1370	1392	1402	1405	1415	1418	1429	1431	1447경	1449	1453

프랑스의 카페 왕조 단절, 발루아 왕조 성립

영불 백년전쟁 시작

주원장(홍무제) 명 왕조 창시

티무르, 서투르키스탄 통일

조선 왕조 성립(~1910년)

일본, 남북조 통합

티무르, 앙카라에서 바예지드의 군대를 격파함

티무르 사망, 명나라 정화, 남해 원정 시작

아쟁쿠르 전투, 잉글랜드가 프랑스를 격파함

포르투갈, 서아프리카 탐색 시작

오를레앙 해방, 잔 다르크 등장

잔 다르크 처형

독일의 구텐베르크가 활판인쇄술을 발명함

토목의 변, 명나라가 몽골의 오이라트에 대패함

오스만 왕조, 콘스탄티노플 점령

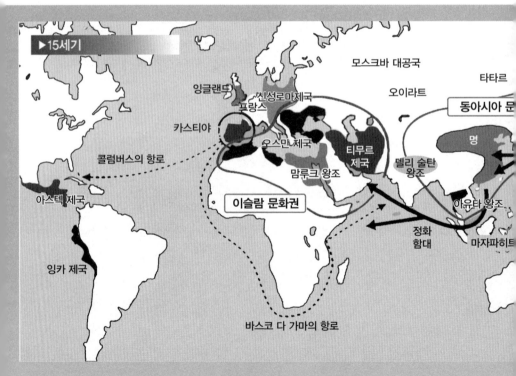

◎유럽이 외부 세계로 눈을 돌리지 않던 시기, 중국은 대항해 시대를 맞았다. 명 왕조의 정화를 사령관으로 한 대함대가 7차에 걸쳐 남해, 인도양으로 원정을 떠났다. 함대는 동아프리카에까지 도달해 명나라에 기린을 끌고 돌아갔다. 일설에는 아메리카 대륙에까지 도달했다고도 한다.

1455	1464	1467 경	1470 경	1479	1480	1488	1492	1498	1500	1512	1514	1516	1517	1519	1521
영국, 장미전쟁 시작(~85년)	서아프리카에 송가이 제국 성립	일본 오진의 난(~77년) 전국시대로 들어섬	페루의 잉카 제국, 치무 왕국을 복속시킴	스페인 왕국 성립	모스크바 대공국, 몽골로부터 독립	바르톨로뮤 디아스, 아프리카 최남단에 도착	그라나다 함락, 콜럼버스, 산살바도르 섬에 상륙	포르투갈의 바스코 다 가마, 인도에 도착	포르투갈의 카브랄, 브라질 발견	미켈란젤로, 시스티나 성당 천장화 완성	스페인 사제 라스 카사스, 식민지 문제 고발	카를(카를로스), 스페인 왕위에 오름	루터, 95개 조항 발표	마젤란, 마젤란 해협 발견	스페인 코르테스, 아스텍 왕국을 멸망시킴

▶합스부르크 가계도

( )는 재위연도

◎"태양이 지지 않는 제국"이란 본래 19세기 대영제국을 가리키는 말이지만, 이것은 16~18세기 합스부르크 왕가에도 해당하는 말이다. 스페인과 중남미를 지배하게 된 합스부르크 왕가는 실로 "태양이 지지 않는 제국"이었다.

1525	1526	1533	1534	1540	1545	1549	1555	1558	1562	1588	1598	1600	1603	1609
독일, 농민전쟁 발발	무굴 왕조의 바블, 인도로 진출	남미 잉카 제국, 스페인의 피사로에게 멸망함	영국 헨리 8세, 가톨릭으로부터 독립	파리에서 예수회 창설	트리엔트 공의회(~63년)	일본에 사비에르 내항	아우구스부르크 종교 화의	영국, 엘리자베스 1세 즉위	프랑스, 위그노 전쟁 발발(~98년)	영국, 스페인의 무적함대 격파	프랑스, 낭트 칙령 발표	일본, 세키가하라 전투 발발	영국, 튜더 왕조 단절, 스튜어트 왕조 성립 / 일본, 에도 막부 성립(~1867년)	이베리아 반도 전역에 이교도 추방령 반포

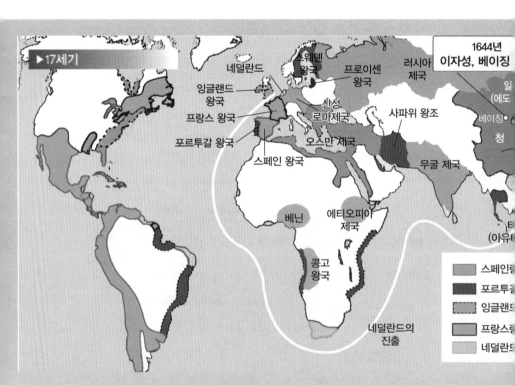

◎일본에서 전국시대가 한창일 때, 유럽은 종교 개혁의 물살에 휩싸였다. 독일과 프랑스에서는 피로써 피를 씻는 종교전쟁이 일어났다. 일본과도 관계가 있는 예수회는 가톨릭의 반종교 개혁 와중에 생겨났다.

1616	1618	**1620**	1637 경	1644	1648	1649	1660	1664	1682	1683	1688	1689	1697	1700
후금(청) 성립	독일, 30년전쟁 발발	필그림 파더스, 매사추세츠 상륙	일본, 시마바라의 난(~38년)	영국, 청교도혁명 발발	이자성이 명나라를 무너뜨림. 청, 베이징 입성	베스트팔렌 조약 체결. 30년전쟁 종결	스튜어트 왕조의 찰스 1세 처형됨	영국에서 왕정 복고	북미에서 영국이 네덜란드를 깨뜨림	프랑스, 루이지애나 영유 선언	오스만 왕조, 빈을 포위함	영국, 명예혁명 발발	윌리엄 왕 전쟁(~97년). 영불 식민지 전쟁	러시아 표트르 1세 서유럽 여행(~98년)	스페인 합스부르크 왕가 단절. 부르봉 왕조 시작

▶잉글랜드 왕실 가계도

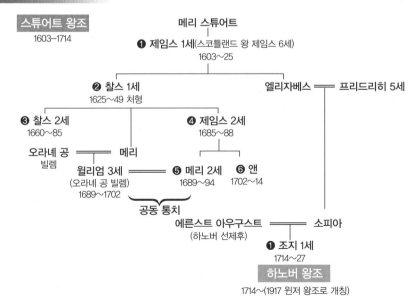

스튜어트 왕조
1603–1714

메리 스튜어트

❶ 제임스 1세(스코틀랜드 왕 제임스 6세)
1603~25

❷ 찰스 1세
1625~49 처형

엘리자베스 ══ 프리드리히 5세

❸ 찰스 2세
1660~85

❹ 제임스 2세
1685~88

오라녜 공 빌렘 ══ 메리

윌리엄 3세
(오라녜 공 빌렘)
1689~1702

❺ 메리 2세
1689~94

❻ 앤
1702~14

공동 통치

에른스트 아우구스트 ══ 소피아
(하노버 선제후)

❶ 조지 1세
1714~27

하노버 왕조
1714~(1917 윈저 왕조로 개칭)

◎15세기 말 이래 유럽은 오스만 왕조의 위협 속에서 지냈다. 오스만 왕조에 대항하는 십자군은 모조리 패배했다. 그러나 1683년 오스만 왕조가 빈 포위에 실패한 것을 계기로 세력 분포에 변화가 생겼다.

프랑스 왕위 쟁탈전

> "프랑스 왕을
> 자칭하는
> 백작의 아들"
> 에드워드 3세(잉글랜드 왕)

윌리엄 셰익스피어
중세 시대 가장 성공한 왕으로 평가받는 에드워드 3세 이야기를 희극으로 만들었다.

프랑스에서는 카롤링거 왕조(936~987년)가 끊어지고 카페 왕조가 그 뒤를 이었다. 그러나 카페 왕조도 1328년에 샤를 4세를 끝으로 종말을 고한다. 직계 자손이 없었기 때문이다. 이리하여 샤를 4세의 백부인 발루아 백작의 아들, 즉 종형제에 해당하는 필립 6세가 즉위하여 발루아 왕조가 성립된다.

당시 프랑스의 지배 아래 있던 잉글랜드 왕은 아키텐 공 에드워드 3세였는데, 그때 나이 17세였다. 그는 명에 따라 아미앵까지 나아가 주종 관계를 맺을 수밖에 없었다. 에드워드 3세는 내심 창피했다. 에드워드 3세의 어머니는 필립 4세(샤를 4세의 아버지)의 딸이었고, 왕위 계승권이 여성에게도 유효하다면 자기야말로 프랑스 왕이 되어야 마땅하다고 생각했기 때문이었다.

전쟁의 발단은 스코틀랜드에서 비롯되었다. 잉글랜드는 존 왕 때에 한 차례 스코틀랜드의 지배권을 놓쳤지만, 그 뒤 곧바로 지배권을 회복했다. 노회한 왕 로버트 블루스가 죽자 겨우 다섯 살인 데이비드 2세가 즉위하는데, 이것을 보고 에드워드 3세가 공세를 폈다. 패배한 데이비드 2세가 프랑스로 망명한 것 때문에 프랑스와 잉글랜드 사이에 긴장이 높아갔다.

1337년 5월, 필립 6세가 아키텐의 몰수를 선언하자 에드워드 3세는 이에 저항해 같은 해 10월 필립 6세에게 맹세했던 신하의 예를 철회했다. 그리고 자신이야말로 정통성 있는 프랑스 왕이라고 선언했다. 필립 6세는 "프랑스 왕을 자칭하는 백작의 아들"에 지나지 않는다고 폄하했다. 사실상의 선전 포고나 다름없었다.

당시의 상식으로 생각해보면 이것은 에드워드 3세에게는 무모한 전쟁이었다. 물량 면에서 결정적으로 차이가 났기 때문이다. 그렇지만 프랑스 측의 사정 때문에 분위기가 잉글랜드 쪽으로 기울기 시작했다.

당시 프랑스 왕은 오늘날 프랑스 영토 전체에 대한 통치권을 갖지 못했고, 어디까지나 제후 가운데 한 사람에 지나지 않았다. 제후들이 왕의 명령을 따르면 좋지만, 그 선택권은 오로지 제후들에게 있었다. 이때 필립 6세의 정책을 둘러싸고 플랑드르 백작과 브르타뉴 백작이 반기를 들고 에드워드 3세를 프랑스 왕으로 인정했다.

이로써 에드워드 3세는 힘들이지 않고 대륙에 교두보를 확보할 수 있었다. 크레시와 푸아티에 전투(1356년)에서 잉글랜드 군은 대승을 거둬 프랑스 땅 깊숙이 진공하게 되었다.

크레시와 푸아티에 전투에서 잉글랜드 군병대가 힘을 발휘해 중장기병을 중심으로 한 프랑스 군을 궤멸시켰다.

백년전쟁

"성채는 그대들의 것.
자, 돌격!"
잔 다르크(프랑스의 전쟁 영웅)

잔 다르크
백년전쟁 당시 수세에 몰린 프랑스 군
대를 이끌고 잉글랜드 군을 격퇴했다.

1429년경에는 루아르 강을 경계로 프랑스 북부의 대부분이 잉글랜드와 부르고뉴 공의 세력권 아래로 들어가 왕태자 샤를(샤를 7세)의 세력은 아키텐을 뺀 남부의 절반에만 미쳤다.

경계선 위에 자리 잡은 루아르 강 중류의 도시 오를레앙은 반년 이상 포위되어 당장이라도 함락될 위기에 처해 있었다. 오를레앙은 전략상 요충지로, 만일 이곳이 함락되면 잉글랜드 군이 순식간에 남하할 수 있었다. 프랑스 왕 당파로선 어떻게든 이 성을 지켜야만 했다. 하지만 식량이 다 떨어져 갔기 때문에 농성군의 사기는 극히 저하되었고, 이제 기댈 데라고는 하나님뿐이었다.

4월 29일, 오를레앙에 한 소녀가 나타났다. 그녀의 이름은 잔 다르크. 왕태자 샤를이 보낸 원군으로서, 식량 보급 부대를 선봉에서 이끌며 잉글랜드 군의 포위망을 뚫고 도착했다. 잔 다르크는 당시 겨우 17세. 전투 경험이 한 번도 없었지만 갑주로 몸을 감싸고 백마에 올라탄 모습이 매우 당당해서 역전노장의 전사 같은 풍모였다고 당시의 목격자들은 말했다.

"오를레앙을 해방시켜 프랑스에서 왕태자의 대관식을 거행할 수 있도록 하기 위해 하나님께서 보내신 신비로운 소녀"라는 소문이 이미 오를레앙에도 퍼져 있었다. 그런 까닭에 병사들과 시민들은 열광적으로 그녀를 환영했다. 패색이 짙었던 성 안의 분위기는 이날을 계기로 돌변했다.

오를레앙 주위로는 잉글랜드 군의 성채가 여러 군데 만들어져 있었는데, 프랑스 군은 이들 성채를 차례로 공략했다. 최대의 공방은 5월 7일, 투렐 성채에서 벌어졌다. 그런데 이 전투에서 잔 다르크는 부상에도 개의치 않고 최전선에서 군기를 흔들며 병사들의 사기를 복돋웠다. "성채는 그대들의 것. 자, 돌격!" 프랑스 군은 그녀의 외침에 보답이라도 하듯, 격전을 치른 끝에 성채를 차지했다.

대세가 기울었다고 생각했는지 다음날 다른 성채에서 버티던 잉글랜드 군이 철수하기 시작했다. 잔 다르크가 도착한 지 겨우 열흘 만에 오를레앙이 해방된 것이다. 이로써 전쟁의 흐름이 바뀌었다.

잔 다르크의 군은 그 뒤로도 파죽지세로 진격해, 한 달여 만에 루아르 강 일대에서 잉글랜드 군을 몰아냈다. 7월 16일에는 랑스를 점령했고, 다음날에는 랑스 대성당에서 왕태자 샤를의 대관식이 거행되었다. 샤를은 환한 표정을 지은 채 정식으로 왕위에 올랐다. 한편 잔 다르크는 그 뒤 잉글랜드 군에 포로로 잡히고 이단으로 판결 받아 사형에 처해졌다.

샤를 7세는 1430년에 파리로 입성했다. 1453년에는
프랑스 군의 승리로 백년전쟁이 종결되었다.

발루아 왕조의 융성

"신의 칼이 신속하게 지상으로 내려왔다"
사보나롤라(이탈리아 수도사)

산 로렌초 성당
르네상스 시대를 풍미했던 메디치 가의 성당으로 미켈란젤로도 건축에 참여했다.

샤를 7세는 백년전쟁을 끝낸 여세를 몰아 왕권의 강화를 도모하려 했지만 실패로 끝났다. 그 사업은 아들 루이 11세에게로 넘어갔다.

루이 11세는 1461년에 즉위하자자 곧바로 과격한 조치를 취했다. 관리들을 대거 해고하고, 성직자에 대한 과세를 시행하고, 귀족의 특권과 연금을 폐지하고, 국왕에 대한 대귀족의 우선 봉사를 통해 신하의 맹세를 강제하려고 했다.

그러자 반발이 강하게 일어났다. 그들은 부르고뉴 공을 우두머리로 내세워 저항했는데, 루이 11세는 이들을 무력으로 탄압했다. 이리하여 프랑스 왕권은 일거에 강화되었다.

이러한 힘을 배경으로 다음 왕위에 오른 샤를 8세는 나폴리 원정을 도모했다. 그 힘을 발판 삼아 오스만 왕조에 대항하는 십자군을 동원하려는 과대망상이었다.

프랑스 군은 도중에 피렌체를 지났다. 피렌체 시민들은 전율했다. 수십

년간 이어진 평화에 젖어 100명 단위의 용병 부대밖에 본 적이 없는 그들은 5만이라는 숫자만으로도 질릴 정도였다. 게다가 여기저기서 끌어 모은 용병 부대와 달리 그들은 제복을 착용한 어엿한 정규 군인이었다.

거기에 병기의 질과 양도 차원이 달랐다. 수많은 대포에 바퀴를 달아 끌고 가는 것을 보고 시민들은 눈이 휘둥그레졌다. 이탈리아 대포는 수량도 적은 데다 품질도 떨어지는 고정식이어서, 이동하려면 하나하나 해체하여 수레에 실어 옮겨야만 했기 때문이었다.

압도적인 전력을 목격하고 나서 메디치 가문의 당주 로렌초는 무조건 항복에 가까운 조건으로 화의를 맺을 수밖에 없었다. 프랑스 군의 거처 제공, 공화국 전 요새의 양도, 20만 피로리니 지불, 피사의 독립 승인, 그리고 프랑스 왕에게 충성을 맹세하며 피렌체 공화국은 이후 프랑스의 보호를 받는다는 내용 등이 포함되었다.

이런 조치들에 대해서 피렌체 사람들은 격앙됐다. 이 때문에 로렌초 이하 메디치 가문 사람들은 망명할 수밖에 없었다.

메디치 가문 이후에 피렌체의 실권을 장악한 사람은 산 마르코 수도원의 원장 사보나롤라였다. 그는 메디치 가문의 지배 아래 번영했던 르네상스와 화려한 대중문화를 경시했으며, 자연히 그런 분위기를 배격하는 정책을 펼쳤다. "허영의 소각"이라는 이름 아래 많은 예술 작품이 파괴되었다.

몇 년 뒤 사보나롤라는 실각했다. 피렌체 사람들은 그의 시신에 침을 뱉거나 오물을 끼얹었다고 한다.

르네상스의 개화

"모든 조각들의
그림자가 옅어졌다"
바잘리(이탈리아 예술평론가)

다비드 상
르네상스 시대를 대표하는 작품으로
인간의 자유 의지를 강조했다.

"의심할 바 없이 이 조각상 덕분에 고대와 현대, 그리스와 로마의 모든 조각들의 그림자가 옅어졌다."

이것은 1504년에 완성된 미켈란젤로의 다비드 상에 바치는 찬사이다. 미켈란젤로는 르네상스를 대표하는 예술가이다.

르네상스란 용어가 처음으로 쓰인 것은 1855년의 일이다. 프랑스 역사가 미슐레가 『프랑스사』에서 역사학 용어로 사용한 것이 계기인데, '재생'이라는 의미를 담고 있었다. 뒤이어 스위스 역사가 부르크하르트가 1860년에 지은 『이탈리아 르네상스의 문화』에서 의미를 부여한 것이 널리 받아들여져 오늘날에 이르렀다.

르네상스의 주안점은 기독교 이전 고대 문화의 부흥, 기독교로부터의 정신 해방에 있었다. 인간은 유일신 앞에서 방황하는 어린 양이 아니라 독립적으로 자신의 운명을 바꾸는 힘을 지닌 존재라고 간주했다. 바로 인간의 잠재력에 대한 신념이 르네상스의 정신적 원동력이었던 것이다.

빛나는 미래를 위해서는 유일신에 속박당한 고대의 학술과 문화를 연구해야 한다. 그리하여 그 내용을 온전히 흡수하여 얻은 성과가 그림, 조각, 건축 등 지금 보아도 찬탄을 금할 수 없는 르네상스 예술이다.

이들을 보호하고 육성하는 후원자 역할을 한 사람들은 교회의 권력에서 독립한 세속 권력의 왕후나 부유한 상인들로 이루어진 도시 귀족이었다. 훗날 아이러니하게도 로마 교황도 유력한 후원자 가운데 하나로 등장한다.

르네상스는 이문화와의 교류가 비교적 활발했던 이탈리아 북부에서 시작되었다. 교역을 통해 이문화와 비잔틴 제국, 이슬람 세계가 보존해온 그리스 로마의 고전 문화 또는 그들 지역의 선진 기술을 발 빠르게 도입할 수 있었기 때문이었다.

회화의 기법 가운데 하나로 원근법이라는 것이 있다. 고대 지중해 세계에서 처음 등장했으나 서구에서는 그 맥이 끊겼는데, 이슬람 세계에서는 잘 보존되어 독자적인 발전을 이룩하고 있었다. 이탈리아에서는 그것을 토대로 새로운 원근법을 만들어내는 데 성공했다. 그 성과는 건축, 조각, 회화 등 모든 예술 분야에 응용되었다.

우선 브루넬레스키의 산 조반니 세례당의 문짝에 표현되어 세상에 선을 보인 뒤, 도나텔로와 마사초에게 이어졌다가 레오나르도 다 빈치의 손끝에서 완성되었다.

미켈란젤로와 다 빈치는 견원지간이었지만, 그것은 대체로 미켈란젤로의 편협한 성격 때문에 빚어진 것이라고 한다.

폴란드의 리투아니아 병합

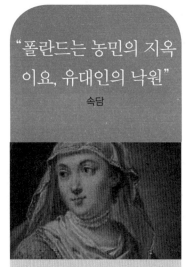

"폴란드는 농민의 지옥
이요, 유대인의 낙원"

속담

야드비가 여왕
요가일라 대공을 남편으로 맞아들이
며 리투아니아를 폴란드 왕국에 편입
시킨다는 크레보 합병을 맺었다.

지금 폴란드는 그저 그런 나라로 여
겨지지만, 중세 후기에는 유럽의 대국
가운데 하나였다.

1370년, 폴란드 왕 카지미에슈 3세
가 아들을 남기지 않고 운명했다. 왕위
는 조카인 헝가리 왕 로요슈 1세가 겸
하게 되었지만, 그에게도 아들이 없어
서 셋째 딸 야드비가와 장래의 남편이
왕위를 계승하기로 되어 있었다.

폴란드 귀족들은 여왕의 배필로 폴
란드 내정에 간섭하지 않을 사람을 희
망했다. 그들이 눈을 돌린 사람은 이

웃 나라 리투아니아의 젊은 대공 요가일라였다. 귀족들은 폴란드 왕을 시
켜주면 요가일라가 감사한 마음에 자기들 말을 잘 들을 것으로 생각했다.
요가일라로서도 가문 내의 다툼, 독일 기사단과 모스크바 대공국의 위협
에서 벗어날 수 있는 폴란드 측의 제안이 솔깃했다.

이리하여 1385년, 리투아니아를 폴란드 왕국에 편입시키는 것을 약속
하는 크레보 합병이 성립되었다. 1386년에 요가일라는 야드비가와 결혼

하여, 부아디수아프 2세 야기에우오라고 이름을 바꾸고 폴란드 왕과 리투아니아 대공을 겸하게 되었다.

그러나 크레보 합병 선언으로 리투아니아와 폴란드가 곧바로 한 나라가 된 것은 아니었다. 리투아니아는 독립적인 대공을 옹립하여 폴란드에 대항하는 등 별개의 나라로서 독립성을 오래도록 유지했다. 그뿐 아니라 차기 대공 비타우타스 시절에는 절정기를 맞이해 드네스트르 강과 드네프르 강에 걸쳐 흑해까지 진출했다.

그러나 폴란드의 힘이 점차 강해지며 1569년 루블린에서 양자 간에 대화가 이루어져 이른바 루블린 합병이 성립되었다. 이로써 공통의 왕, 의회, 외교 정책을 행사하는 연합국가가 형성되었는데 이것은 사실상 폴란드에 의한 리투아니아 합병이었다.

한편, 이에 앞서 우크라이나는 리투아니아령이 되어 있었다. 우크라이나 땅에는 고대부터 유대인이 살고 있었고, 1264년에는 유대인을 보호하는 법령도 만들어졌다. 이 정책은 후대로도 이어져 유대인을 우대하는 법령이 간간이 반포되었다.

하지만 사회 전체적으로는 귀족의 힘이 강해 농민의 농노화가 빠르게 진행되었다. 이때 유대인은 중간에서 이윤을 취하는 경우가 많았다. 시민조차도 의회에서 투표권을 박탈당하거나 외국과의 상거래를 제한당하는 등 압제의 대상일 뿐이었다. 귀족들이 외국과의 상거래를 독점했기 때문이었다. 이런 탓에 "폴란드는 농민의 지옥, 시민의 연옥, 귀족의 천국, 유대인의 낙원"이라는 속담이 생겨나게 되었다.

7세기 중반부터 9세기 중반에 걸쳐 우크라이나에서 군림한 하자르 칸국은 한때 유대교를 국교로 삼았다.

합스부르크 왕가의 전략

"전쟁은 다른 나라들이
하게 두고
자네는 결혼하게"
속담

막시밀리안 1세
적극적인 혼인 정책과 외교를 통해 합
스부르크 가를 유럽 최고의 가문으로
만들었다.

유럽 제1의 명문가 하면 우선 합스
부르크 가문을 떠올리게 된다. 그러나
이 가문은 본래 스위스의 작은 영주에
지나지 않았다. 오스트리아와 영지를
바꾸고, 가문의 당주가 신성 로마 황제
가 되었지만 그다지 큰 변화는 없었다.

그러다가 프리드리히 3세와 아들 막
시밀리안 1세 때가 되어 극적으로 바
뀌기 시작했다. 전쟁을 통해 영토를 확
장한 것이 아니라, 혼인으로 관할 영지
를 늘려나갔던 것이다. 그것은 다분히
우연적인 요소가 개입된 사건이었다.

프리드리히 3세가 처음에 눈을 돌린
곳은 부르고뉴 공국이었다. 당시 부르
고뉴 공국은 고유의 영지에 더해 플랑
드르와 브라반트를 획득했다. 나아가 이들 영지를 잇는 지역도 거둬들이
며 유럽에서 손꼽히는 대국이 되었다.

당시 부르고뉴 공작 샤를에게는 외동딸 마리가 있었다. 프리드리히 3세

의 끈질긴 교섭에 밀려, 샤를은 마리와 프리드리히의 아들 막시밀리안 1세의 결혼을 인정했다. 두 살 차이 나는 부부는 화목한 가정을 이뤄 필리프와 마르가레테라는 두 자식을 두었다.

결혼하고 4년 반 후 마리가 사고로 죽었다. 이어서 프리드리히도 병사했다. 자신의 판단력으로 행동할 것을 강요받은 막시밀리안 1세는 아버지의 행동 방식을 답습했다. 후처로 선택한 사람은 밀라노의 스포르차 가문 공주 비앙카였다. 이것은 이탈리아에 영향력을 발휘하기 위한 포석이었다.

뒤이어 막시밀리안 1세는 스페인 왕가로 눈을 돌려 자신의 아들 필리프와 스페인 공주 후아나, 자신의 딸 마르가레테와 스페인 왕자 후안의 이중 결혼을 성사시켰다. 후아나는 카를로스 1세(카를 5세), 페르디난트 1세를 비롯해 남녀 합쳐 6명의 자식을 낳았다. 그 뒤 스페인 왕가에서는 불행한 일이 잇따라, 최종적으로 카를로스 1세가 카스티야와 아라곤을 포함한 스페인 왕국 전체를 통치하게 되었다.

막시밀리안 1세는 필리프의 아들, 즉 자신의 손자들도 활용했다. 이번에는 헝가리 왕가와 이중 결혼을 시킨 것이다. 당시 헝가리 왕은 보헤미아 왕도 겸하고 있었다. 그리고 헝가리 왕 로요슈 2세가 오스만 왕조와의 전투에서 사망하자, 왕관은 합스부르크 가로 굴러들어왔다. 이리하여 합스부르크 가는 오스트리아에 더해 헝가리, 보헤미아, 부르고뉴, 네덜란드, 스페인을 영유하게 되었다. 최대의 가상 적국 프랑스를 포위한 체제를 구축한 것이다.

카를로스는 스페인 왕으로서 카를로스 1세, 신성 로마 황제로서는 카를 5세라고 한다.

메디치 가문의 번영

"붉은 천 몇 자만
있으면 귀족 한 사람은
너끈히 만들지"
코시모 데 메디치(이탈리아 사업가)

코시모 데 메디치
금융업으로 부를 축적한 뒤 예술과 인
문학을 지원하고 교류를 나눈 지식인
이었다.

피렌체는 이탈리아에서도 손꼽히는 관광지이다. 그곳의 시가지와 소장 미술품 등은 하나같이 메디치 가문과 밀접하게 관련되어 있다. 중세의 피렌체 역사는 메디치 가문의 융성했던 역사이기도 하다.

메디치 가문의 발전과 그 독재 권력의 확립 과정에서 가장 유명한 사람은 코시모 데 메디치이다. 그의 권력은 하층 민중들의 지지, 로마 교황과의 친밀한 관계, 막대한 경제력, 풍부한 정보 수집 능력을 바탕으로 한 것이었다.

코시모는 정적의 음모로 피렌체에서 10년간 추방당한 적이 있었다. 그러나 교묘한 정치력을 발휘하여 겨우 1년여 만에 피렌체로 귀환했다. 그 뒤로 죽을 때까지 약 30년간 독재 권력을 휘둘렀다.

그런데 어떻게 하층 민중으로부터 그런 압도적인 지지를 받을 수 있었을까? 그것은 선대로부터 이어져온 끊임없는 노력 덕분에 가능했는데, 코시모는 그것을 유지하기 위해 회심의 카드를 던졌다. 즉, 세제의 근본적인 개혁을 단행한 것이다.

1443년, 정부가 발표한 새로운 소득세제는 50피오리니 이하의 저소득층에게는 4퍼센트, 1,500피오리니 이상의 고소득층에게는 33퍼센트를 매겼다. 세계 최초의 누진 소득세제였다. 피렌체 사회는 엄청난 논란에 휩싸였다. 물론 하층 민중은 박수갈채를 보냈지만, 부자들은 당황해 마지않았다. 소득액을 정하는 데도 당연히 메디치 가문의 의향이 반영되었다. 소득을 얼마나 엄격하게 산정하느냐, 에누리를 얼마나 해주느냐 등에 따라 세액이 크게 달라지게 마련이므로, 많은 부유층 인사들이 앞 다퉈 메디치 가문에 충성 경쟁을 벌였다.

가장 큰 손실을 본 집단은 메디치 가문을 신흥 벼락부자라고 경멸하며 일정한 거리를 둔 명문 귀족들이었다. 이들은 거액의 납세 통지서를 받아들고 눈이 휘둥그레지거나, 정신을 놓거나, 분노가 극에 달한 나머지 나라 밖으로 떠나버리기도 했다. 그들은 메디치 가문에 눈엣가시 같은 존재였기 때문에 일석이조의 효과를 거둔 셈이었다.

4년 뒤에는 누진세를 더욱 강화하여, 최고 세율을 50퍼센트로 올렸다. 이로써 명문가의 국외 탈출이 줄을 이었다. 이러다간 도시의 품격을 잃어버릴 수도 있다며 충고하는 사람들도 있었지만, 코시모는 코웃음을 치며 이렇게 말했다고 한다.

"저런 자들의 대역을 만들면 되지 않겠나. 붉은 천 몇 자만 있으면 귀족한 사람은 너끈히 만들 수 있는 시대이지."

코시모는 예술의 후원자로서 정력적으로 활동했다. 그 중에서도 특히 서적 수집에 정열을 쏟아 유럽 최초의 공공도서관을 창설했다.

종교 개혁의 시작

"인간은
신앙을 통해서만
의로워진다"
루터(독일 종교인)

루터
면죄부를 판매하는 등 타락한 가톨릭
을 '95개 조항'을 내세워 비판했다.

1517년, 독일 중부 비텐베르크의 아우구스티누스파 수도사이자 신학 교수인 마르틴 루터가 비텐베르크 성 부속 교회 벽에 '95개 조항'을 붙여놓았다. 이것은 신학적 문제로 논쟁을 시작할 때 학자들 사이에서 일상적으로 행해지던 방식이었다. 그러나 그 내용이 교회가 발매하는 면죄부에 의문을 제기하는 것이었기 때문에 루터 자신은 예상치 못했던 종교 개혁의 산파역을 맡게 되었다.

면죄부란 죄를 저지른 대가로 받을 형벌을 돈으로 면제받는 것으로, 이것을 사면 모든 죄를 용서받는다는 문서였다. 이 면죄부는 로마 교황청의 자금 모집에 이용되고 있었다. 앞서 잉글랜드의 위클리프나 보헤미아의 후스가 교회의 세속화를 비판한 적 있었지만, 그때는 종교 개혁으로까지는 확대되지 않았다. 그러면 16세기 독일은 어떤 상황이었을까?

서구 가톨릭 세계에서 독일은 잉글랜드와 프랑스에 비해 국민국가적 통일이란 점에서 크게 뒤져 있었다. 상대적으로 교황의 힘이 강했기 때문이다. 잉글랜드에서는 이미 교황에 대한 납세가 중지되었고, 그 위에 면죄부 판매 금지, 도버 해협 도항 금지, 교황 서임 무효령이 제정되는 등 세속적인 분야에서는 교황으로부터 독립을 이뤄가던 중이었다.

프랑스에서도 1303년 아나니 사건 이래, 국왕의 세속 권력은 교황의 속박에서 벗어나 있었다. 그렇지만 독일에서는 사정이 달랐다. 형식상으로는 신성 로마 제국이라는 가톨릭 이념을 구현한 국가였지만, 사실상 영방국가(봉건 제후들이 세운 지방 국가)가 할거하는 상태였다. 그래서 유럽 사람들은 독일을 가리켜 '로마의 암소'라고 야유할 정도였다.

독일에서 로마로 흘러간 부가 신성 로마 제국 황제의 열 배 이상이었다고 한다. 교황청의 경제적 착취에 대한 사람들의 불만, 신성 로마 제국 황제와 영방 제후들의 대립 등 배경이 깔려 있었기 때문에 루터의 문제 제기가 크게 반향을 불러일으켰던 것이다.

"천사들의 도움이라도 받은 것처럼 14일 만에 전 기독교계를 한 바퀴 돌았다"는 말이 나돌 정도로 '95개 조항'은 순식간에 독일 전역으로 퍼져나갔다. 문서의 작성과 유포는 마인츠의 구텐베르크가 발명한 활판 인쇄술에 크게 힘입었다. 원문은 라틴어로 작성되었지만 사람들에게 유포된 것은 독일어본이었다. 또 문자 해독률이 아직 낮았던 점을 고려하여 목판화로 삽화를 그려 넣은 문서도 많았다. 한편 설교자들이나 여행자들의 역할도 컸다고 한다.

가톨릭으로부터 독립한 교회는 프로테스탄트라고 불린다. 루터파의 가르침은 주로 북유럽으로 퍼졌다.

가톨릭 대 프로테스탄트

"하나님의
더 큰 영광을 위하여"
칼뱅(프랑스 종교인)

칼뱅
루터의 뒤를 이어 종교 개혁을 이끌었
다. 부패한 가톨릭과 결별하고 '예정
설'을 주장했다.

스위스 취리히에서는 츠빙글리가,
제네바에서는 장 칼뱅이 종교 개혁에
불을 지폈다.

칼뱅의 설교는 루터보다도 과격했
다. 사람이 구원받느냐 아니냐는 이미
신이 예정해 놓았으며(예정설), 사람은
'오직 하나님의 영광을 위해' 금욕을
지키며 본분에 충실해야 한다고 주장
했다. 1541년부터 제네바의 종교 개혁
을 위촉받은 칼뱅은 엄격한 계율 아래
종교 개혁을 시도했다.

칼뱅이 활약한 것과 비슷한 시기에
종교 개혁에 맞서는 가톨릭 측의 반격
과 쇄신책이 나왔다. 1545년부터 63년까지 세 차례에 걸쳐 이탈리아 트리
엔트에서 개최된 공의회에서 가톨릭의 교의를 재확인하고, 교회 개혁의
필요성을 결의하는 한편, 프로테스탄트에 반대하는 노선을 분명하게 드
러냈다. 반종교 개혁의 실전 부대로서 핵심을 이룬 것이 이단심문의회
와 예수회였다.

이단심문의회는 이단을 취급하는 중앙 기관으로서 1542년 교황 바오로 3세가 교황청 내에 신설했다. 6명의 추기경으로 구성되어 각자가 피의자 체포, 처형, 재산 몰수 등의 권한을 갖는 등 사실상 중세 이단 심문관의 부활이었다.

이후 그 효과가 눈에 띄게 나타났다. 초대 장관 카라파의 지도 아래 이탈리아에서 프로테스탄트의 영향이 일소되었고, 그 맹위가 남프랑스와 스페인에까지 미쳐 사람들이 크게 두려워했다. 그리고 학문과 예술계에도 영향을 미쳐 르네상스 학문 연구가 크게 위축되었다. 이 조치는 1810년에 나폴레옹이 이를 폐지할 때까지 계속되었다.

한편, 예수회는 바스크 출신의 귀족 이그나티우스 로욜라가 1534년 파리 몽마르트르에서 설립했다. 1540년에는 바오로 3세로부터 정식으로 인가받아, 반종교 개혁의 첨병 역할을 도맡았다.

예수회는 "하나님의 더 큰 영광을 위하여"를 슬로건으로, 교황과 상급 성직자에 대해 절대적 복종의 의무를 지는, 거의 군대와도 같은 엄격한 조직이었다. 이 조직은 로욜라가 저술한 『영적 훈련』이 가르치는 바대로 결속했다. 그리하여 반종교 개혁의 중핵을 맡음과 동시에 가톨릭 내부의 부정부패를 일소하는 운동의 원동력이 되었다. 한편, 대항해 시대의 진전에 맞춰 남아프리카와 아시아 등 비기독교 세계에 대한 전도에도 힘을 쏟았다.

칼뱅의 가르침은 프랑스, 네덜란드, 스코틀랜드로 퍼져 나갔는데 프랑스에서는 그들을 '위그노'라고 불렀다.

영국 국교회의 성립

"신앙의 옹호자"

레오 10세(로마 교황)

레오 10세
베드로 대성전을 건축하기 위해 면죄
부 판매를 허용하여 종교 개혁에 불을
지폈다.

잉글랜드 왕 헨리 8세는 국내에서
루터의 책들을 금서로 지정하고, 손수
『7가지 기적의 옹호』라는 제호로 루터
를 비판하는 책을 써서 교황 레오 10세
로부터 '신앙의 옹호자'라는 칭호를 받
았다. 그럼에도 이후 그 역시 교황청과
대립하게 된다. 도대체 무슨 일이 있었
던 걸까?

헨리 8세에게는 캐서린이라는 아내
가 있었고, 그녀와의 사이에 메리라는
딸이 하나 있었다. 그러나 헨리 8세는
아무래도 아들을 갖고 싶었다. 캐서린
이 마흔 살이 넘자 헨리 8세는 이혼을
생각하게 되었다. 그러나 가톨릭에서
는 이혼을 금지하기 때문에 형식적으
로 그 결혼이 무효라는 판정을 받아야 했다.

그런데 그게 그렇게 간단한 문제가 아니었다. 캐서린은 스페인 왕가의
여인으로 카를로스 1세의 이모였다. 신성 로마 황제의 세력 아래 있던 교

황이 합스부르크 가문에 불이익을 안겨주는 행동을 할 수가 없었다. 헨리 8세의 신청은 당연히 각하되었다.

교황이 그렇게 나오니, 헨리 8세로서는 방법이 하나밖에 없다고 생각했다. 그것은 교황청으로부터 독립하는 것이었다.

1533년, 헨리 8세는 캐서린과 이혼하고 캐서린의 시녀였던 앤 불린과 결혼을 강행했다. 앤은 결혼 후 3개월 만에 일찌감치 아이를 낳았다. 그러나 그 아이는 아들이 아니라 딸이어서, 엘리자베스라 이름 붙였다.

뒤이어 1534년 11월, 헨리 8세는 '국왕지상법'을 의회에 상정해 통과시켰다. 마침내 로마로부터 독립하여 국왕을 수장으로 삼는 영국 국교회가 탄생한 것이다. 사정이 사정인 만큼 프로테스탄트라고는 해도 영국 국교회는 국왕을 '유일한 지고의 수장'이라고 한 것 외에는 내용상 가톨릭교회와 거의 차이가 없었다. 극단적으로 말하자면 로마 교황을 국왕으로 슬쩍 바꿔치기 한 것에 지나지 않았다.

그러나 헨리 8세도 프로테스탄트 국가들 내에서 행해진 수도원의 해산과 그 재산의 몰수를 모방하는 것만큼은 잊지 않았다.

우선, 1536년에 작은 수도원의 부정부패가 심각하다는 이유를 들어 해산을 명령하고 그 재산을 몰수했다. 그리고 3년 뒤에는 큰 수도원도 마찬가지 운명을 맞이하게 된다. 당시 교회와 수도원은 잉글랜드 전역의 3분의 1에 해당하는 토지를 소유하고 있었는데, 그 모든 것을 국왕에게 빼앗기게 된 것이다. 헨리 8세는 아마도 터져 나오는 웃음을 참을 수 없었을 것이다.

헨리 8세는 결국 여섯 번 결혼했다. 세 번째 부인 제인 시모어와의 사이에서 드디어 사내아이를 얻었는데, 그가 바로 에드워드 6세이다.

이탈리아 전쟁

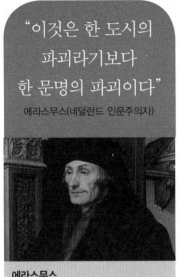

"이것은 한 도시의
파괴라기보다
한 문명의 파괴이다"
에라스무스(네덜란드 인문주의자)

에라스무스
『신약성서』를 최초로 편집했고, 근대
화의 효시로 불리며 많은 이들에게 영
향을 끼쳤다.

15세기 말부터 16세기 초에 걸쳐 로마 교황 자리는 스페인 출신의 보르자 가문이 차지했다. 그들은 대외적으로 적극 개입하는 정책을 펼쳐 주변국들과 다툼이 끊이지 않았다.

그 뒤에는 메디치 가문에서 교황이 나왔는데, 바로 클레멘스 7세이다. 클레멘스 7세 시대에 신성 로마 제국과 프랑스라는 양대 강국이 이탈리아를 둘러싸고 격렬한 전쟁을 계속 벌여, 교황과 교황령 모두 그 싸움에 휘말렸다.

1525년에 파비아 전투가 일어났다. 황제의 군사 대 프랑스의 전투는 언제 끝날지 기약이 없는 가운데, 북이탈리아는 양군의 말발굽에 유린되었다. 롬바르디아의 고도 파비아를 탈환하기 위해 공격의 선두에 섰던 프랑스 왕 프랑수아 1세는 배후로부터 치고 들어온 황제 군사들의 공격을 받아 전군이 궤멸 상태에 빠진 가운데, 황제의 군대에 사로잡히고 말았다. 국왕이 포로로 잡혔으니 어찌 해볼 길이 없었다. 이리하여 신성 로마 제국 황제 카를 5세(스페인 왕 겸임)가 이탈리아의 패권을 장악했다.

그러나 이것은 교황에게 곤란한 사태였다. 양자의 힘이 균형을 이루어야만 이탈리아가 평안하기 때문이었다. 어느 한쪽의 힘이 일방적으로 강화되는 것은 결코 바람직하지 않았다. 게다가 나폴리가 이미 스페인령이었기 때문에, 교황령은 합스부르크 가문에게 남북으로 끼여 있는 모양새가 되었다. 그리하여 클레멘스 7세는 프랑스와 밀약을 맺는 한편, 이탈리아와 유럽의 유력한 군주들에게 밀서를 보내 집요하게 합스부르크 가문에 반하는 음모를 전개했다.

하지만 이런 움직임이 들통 나지 않을 도리가 없었다. 인내심 강한 카를 5세도 마침내 분노가 폭발하여, 이탈리아 주둔군에게 로마로 진격하라는 명령을 내렸다. 그 주력 부대가 루터파의 프로테스탄트였다.

1527년, 로마를 향해 드디어 군대가 출격했다. 이윽고 파국이 찾아왔다. 파괴 충동과 원한에 사로잡힌 군사들은 약탈을 자행하면서 아이밀리아 가도를 남하하여 로마로 압박해 들어갔다. 이런 상황에 비상사태가 일어났다. 총사령관 부르봉 대장이 날아온 화살에 맞아 전쟁을 시작한 지 얼마 안 돼 전사하고 말았던 것이다. 지휘관을 잃은 군사들은 이제 제어할 수가 없었다. 수비대를 무너뜨리고 시내로 난입하여 방화, 살인, 약탈을 자행하기 시작했다. 1만 구가 넘는 시신들이 도로에 겹겹이 쌓이고, 테베레 강에도 3,000여 구의 시신이 떠올랐다. 그들은 성직자들을 죽이고 수녀들을 범했다. 성당과 바티칸 궁도 약탈을 면치 못했다. 클레멘스 7세는 체면도 보물도 다 버리고 카를 5세에게 무조건 항복했다.

클레멘스 7세는 거액의 배상금을 지불하는 한편 파르마, 피아첸차, 모데나 등 많은 도시와 중요한 요새까지 포기해야 했다.

대항해 시대

**"그들은 쇠고기를
먹지 않는다"**
벨료(포르투갈 항해가)

희망봉
아프리카 해안의 남풍이 잦아들기 시
작하는 지점으로, 아프리카 최남단으
로 잘못 알려져 있다.

이른바 대항해 시대를 맞이한 지리
상의 대발견은 경제적·종교적·정치적
동기가 뒤섞여 일어난 사건이다.

당시 유럽에서는 향신료가 높은 가
격에 거래되고 있었다. 향신료의 수입
은 이슬람 상인과 베네치아 상인의 손
을 거쳐야만 했다. 이런 현상을 타파하
려면 서아시아 루트가 아닌 별도의 무
역로를 개척해야 했다. 그런 이유로 포
르투갈은 아프리카 서해안 탐사를 끊
임없이 진행했다. 그것이 경제적 원인
이었다.

다음으로는 종교적 원인이 있다. 이것은 정치적 원인과도 겹친다. 오스
만 왕조의 위협을 받던 유럽에서는 동방에 프레스터 존이라는 이름의 기
독교 왕이 있다는 불확실한 정보가 널리 퍼졌다. 그 결과 이 나라와 동맹
을 맺어 오스만 왕조를 협공한다는 계획이 진지하게 논의되었다.

어쨌든 인도로 가는 새로운 항로를 개척한다면, 오스만 왕조에 경제적
타격을 가할 수 있었다. 그리하여 15세기 중엽부터 아프리카 대륙을 우회

하는 항로의 탐사를 추진하게 되었다.

1488년에는 바르툴로메우 디아스가 아프리카 대륙 남단의 희망봉을 발견했다. 여기까지 왔으니 이제 한 걸음만 더 내디디면 된다.

1497년 7월, 바스코 다 가마가 산가브리엘 이하 도합 네 척으로 이뤄진 선대를 이끌고 리스본 항을 출항했다. 항해 중 3개월 동안 육지의 그림자조차 보지 못하자 선원들의 불안이 극에 달했다. 당시 일부 선원은 반란을 일으키려고까지 했다. 이에 맞서 가마는 반란의 주모자를 붙잡아 처형함으로써 단호한 결의를 보여주었다.

그렇게 노력한 보람이 있어 선대는 아프리카 동해안에 도달했고, 거기에서 인도인 선원을 만날 수 있었다. 그의 안내를 받아 순조로이 항해한 끝에 다음해 5월 20일, 일행은 인도의 콜카타(옛 명칭 캘커타)에 도착했다. 그들은 그곳에서 향신료를 선적하고, 다음해인 1499년 9월 귀환 길에 올랐다. 도중에 괴혈병과 열병으로 170명 가운데 3분의 2나 되는 선원들이 목숨을 잃어 배 한 척을 불살라버릴 수밖에 없었다.

그 후로 포르투갈은 매년 선대를 인도로 파견했다. 한 선대에 편성된 배의 숫자도 해마다 늘어나 막대한 이익을 거두게 되었다.

횟수가 거듭됨에 따라 포르투갈은 배의 무력을 강화했다. 이집트 함대를 깨뜨리고 고아, 말라카 등 해상 교통의 요충지를 점령했다.

신대륙 발견

"주민들을
개종시키는 것은 쉽다.
거기에서 그들이
일하게 하는 것이다"
콜럼버스(이탈리아 항해가)

콜럼버스
항해의 목적지는 인도였으나 도착한
곳은 아메리카였다. 그럼에도 죽을 때
까지 인도에 도착했다고 믿었다.

포르투갈이 아프리카 우회 항로의 탐사에 힘을 쏟고 있을 때, 그와는 전혀 다른 서쪽 항로를 계획한 사나이가 있었다. 이탈리아 제노바 출신의 콜럼버스였다.

그는 이 계획을 잉글랜드 왕과 스페인 왕에게 제시했다. 오랜 검토 끝에 잉글랜드 왕 헨리 7세가 흥미를 보였지만, 그보다 한발 앞서 스페인의 페르난도 5세와 이사벨 1세가 그와 계약을 끝마쳤다. 이리하여 콜럼버스의 대서양 항해는 스페인의 사업으로 진행되었다.

1492년 8월, 콜럼버스는 산타마리아 이하 도합 세 척의 배를 이끌고 120명의 선원과 함께 스페인 파로스 항을 출발했다. 항해한 지 2개월여가 지난 뒤, 서인도 제도의 작은 섬을 발견하자 기쁨에 들떠 산살바도르(성스러운 구세주)라고 이름 붙였다. 그 뒤 잇따라 쿠바와 아이티를 발견했다. 1493년

3월, 콜럼버스는 파로스로 귀항했다. 이후 그는 온두라스, 남미의 베네수엘라까지 찾아간다. 그러나 죽을 때까지 그 땅이 아시아의 일부라고 굳게 믿었다.

콜럼버스가 도달한 대륙이 유럽인에게 미지의 신대륙이라는 것을 최초로 주장한 사람은 피렌체 출신의 아메리고 베스푸치이다. 이로 인해 신대륙은 그의 이름을 따서 '아메리카'라는 이름을 얻게 되었다.

한편, 콜럼버스 이후로 일확천금을 꿈꾸는 무리가 줄을 이었다. 그들이 동경한 것은 오로지 황금뿐이었다. 거친 사나이들로 구성된 이 무리는 황금을 위해서라면 피비린내 나는 일도 마다하지 않았다. 그들은 '콘키스타도르(정복자)'라고 불리는데, 그 중에서도 코르테스의 멕시코 정복과 피사로의 페루 정복이 가장 처참했다.

당시 멕시코 남부에는 아스텍 왕국이라는 나라가 번성하고 있었다. 1519년, 코르테스는 650명의 부하들과 14문의 대포, 16두의 말을 끌고 아스텍 왕국을 공격했다. 아스텍족은 곧바로 궁지에 내몰렸다. 1521년, 코르테스는 처참한 살육전을 반복하며 아스텍 왕국을 정복해 막대한 황금을 약탈했다.

여기에 자극받아 파나마에 있던 스페인 사람들이 움직였다. 피사로를 대장으로 한 탐험대가 조직되어 1532년 쿠스코를 수도로 삼은 잉카를 정복했다. 여기에서도 처참한 살육전이 반복되었다.

아스텍과 잉카에는 바다 저편에서 흰 신이 찾아온다는 전설이 전해져, 스페인 사람들을 바로 그 흰 신이라고 착각했다.

세계 일주 항해

"이보다 아름다운, 아니 이보다 훌륭한 해협은 없으리라 생각한다"

마젤란(포르투갈 항해가)

마젤란 해협
칠레 남부와 티에라델푸에고 섬 북쪽 사이 해협. 마젤란이 세상에 알려 그의 이름이 붙여졌다.

아메리고 베스푸치가 새로운 주장을 내놓은 뒤, 1513년에 스페인의 발보아가 파나마 지협을 횡단하여 태평양을 발견했다. 이로써 그곳이 아시아가 아니라는 것이 확실해졌다. 그렇다면 태평양 저편에는 아시아가 있다는 뜻으로, 신대륙을 우회하여 태평양으로 나갈 수 있다면 서쪽으로 나아가 아시아에 도달할 수 있었다.

이 모험에 나선 사람이 포르투갈 출신의 마젤란으로, 후원자는 스페인 왕 카를로스 1세(신성 로마 제국 황제 카를 5세)였다.

1519년 9월, 마젤란은 다섯 척의 배와 237명의 선원을 거느리고 세비야를 출항했다. 기함은 110톤의 트리니다드호로, 다섯 척 모두를 합쳐도 총 500톤이 안 되었다. 선대는 다음해 1월 라플라타 강 하구에 도착했다. 그곳은 기대했던 해협이 아니라서 우회할 수 없었다. 마젤란은 목표 지점을 알지 못한 채 계속 남하하여 3월부터 7개월 동안 산후리안 만에서 겨울을 보낸 뒤, 다시 남하하기 시작했다. 10월 들어 일행은 해협처럼 보이는 입구에 접어들었고, 1개월여에 걸쳐 드디어 태평양으로 나갈 수 있었다. 그때 선대는 이미 세 척으로 줄어 있었다. 한 척은 겨울을 맞이하기 전에 난파되었고, 또 한 척은 해협 횡단 중에 자취를 감춰 본국으로 달아나 버렸기 때문이었다.

해협을 빠져나왔을 때 마젤란은 표제의 말로 기쁨을 표시하고, 해협 출구의 곶을 '대망의 곶'이라고 이름 지었다. 이제 커다란 난관은 넘어섰다고 생각했지만, 그들의 시련은 이제 겨우 절반을 넘어섰을 뿐이었다. 그들이 나선 대양은 맑은 하늘 아래 잔잔하기만 해 '태평양'이라고 명명할 정도였지만 그것도 한순간, 또 다른 고난이 그들을 덮쳤다.

가도 가도 섬 그림자 하나 보이지 않았고, 주도면밀한 마젤란이 2년 남짓 버틸 수 있을 만큼 준비한 식량도 바닥을 보이고 있었다. 배 안의 쥐를 잡아먹고, 돛대에 붙어 있는 소가죽을 뜯어내 씹었다. 일행 가운데 10분의 1이 괴혈병으로 쓰러져갔다. 그렇게 110일에 걸쳐 고생한 끝에 1521년 3월, 멀리서 육지의 그림자를 보았다. 그리고 그들은 필리핀의 한 작은 섬에 도착했다.

마젤란은 일찍이 말라카 방면에서 근무 중 얻게 된 노예와 동행했기 때문에, 그 작은 섬이 몰루카 섬에서 그다지 멀지 않다는 것을 알 수 있었다. 드디어 목표를 완수하기 일보직전이었다. 마젤란은 스스로 지구가 둥글다는 것을 직접 체험한 최초의 인물이 된 것이다.

마젤란은 세부 섬 건너편 막탄 섬 원주민들의 습격을 받아 전사한다. 살아서 스페인으로 귀환한 선원은 18명뿐이었다.

스페인의 황금시대

"스페인이 움직이면
세계가 떤다"
속담

갤리온 선
속도가 빠르고 물건을 많이 실을 수
있어 대항해 시대 군함과 상선으로 이
용되었다.

펠리페 2세는 아버지 카를로스 1세로부터 네덜란드와 스페인을 물려받았다. 스페인 역사에서 황금시대란 1550년부터 1680년 무렵까지를 가리킨다.

스페인은 강력한 무력으로 유럽에서의 우위를 강렬하게 각인시켰다. 1571년 오스만 왕조의 함대를 대파한 레반트 해전은 스페인 무력의 절정기를 잘 보여준 사건이었다. 그러나 1581년에 네덜란드의 독립전쟁이 시작되고, 1588년에는 잉글랜드에게 무적함대가 패배해 황금시대에 어두운 그림자가 드리워졌다.

펠리페 2세는 카를로스 1세로부터 광대한 영토를 계승했지만, 제국 정책을 추진하는 과정에서 발생한 막대한 부채도 승계했다. 그것은 아메리카 대륙에서 약탈해온 대량의 은으로도 갚을 수 없는 액수였다. 재원이 부족해진 왕실은 연금 지불을 통해 장기

국채를 팔았고, 이것이 1566년에는 통상 수입의 3분의 2나 되었다.

왕실은 부족한 재원을 독일과 이탈리아의 국제 금융업자에게서 끌어온 단기 차관에 의존하고 있었다. 이 이자는 매년 증가해, 1520년대에는 17.6퍼센트였던 것이 1550년대에는 48.8퍼센트에 달했다. 1557년 펠리페 2세는 최초의 파산 선고를 내렸다. 그러고는 대부분의 채무를 그 액수의 5퍼센트를 연금으로 지불하는 장기 공채로 전환했다.

이 같은 지불 정지 조치는 1560년, 1575년, 1596년에 반복적으로 이루어졌다. 1557년에 3,600만 두카도였던 부채가 1598년에 8,500만 두카도로 불어났다.

궁핍한 국가 재정 때문에 펠리페 2세는 조세 징수 제도를 더욱 강화하는 한편, 다양한 수단으로 수입을 늘리려 했다. 교회가 부담하는 원조금을 증액하도록 요구했고, 1590년에는 네 가지 식품에 소비세를 매겼다. 나아가 귀족의 지위, 관직, 왕의 영지, 촌락의 영주권 등을 매각했다. 이리하여 펠리페 2세 치세 기간에 세수가 약 세 배나 늘었다. 그러나 이것은 사람들에게 무거운 부담을 강요한 결과였다.

게다가 1570년대 이후 이때까지 확대돼온 카스티야 경제에도 먹구름이 드리워졌다. 15세기 중반부터 국제적인 양모 거래와 금융 거래의 중심지였던 메디나 델 캄포의 정기 시장이 1575년 파산 선고로 치명타를 입었다.

나아가 북유럽으로의 양모 수출 감소가 겹쳐, 1596년에 다시 한 번 파산을 선고하는 등 붕괴의 조짐을 드러냈다. 황금시대의 이면을 들여다보면 끊임없이 곤욕을 치르던 시대였다.

펠리페 2세는 가톨릭의 수호자를 자임해 기독교로 개종한 무슬림과 유대교도의 스페인화와 가톨릭화를 강력히 추진했다.

튜더 왕조의 전성기

"미지의 처녀로 죽다"

엘리자베스 1세(잉글랜드 여왕)

엘리자베스 1세
아버지의 재혼으로 불거진 가톨릭과 개신교의 싸움에서 통합을 위해 중도를 택했다.

잉글랜드에서는 헨리 8세의 후계자로 에드워드 6세가 왕위에 오르지만, 허약한 체질로 인해 재위 6년 만에 죽고 말았다. 그 자리를 메리 1세가 이어 받았다. 메리 1세는 스페인 왕 펠리페 2세와 결혼하는 등 가톨릭으로의 회귀를 강력하게 추진했다. 프로테스탄트에 대한 탄압도 심해, '피의 메리'라는 좋지 않은 별명까지 얻었다.

메리 1세가 아들 없이 죽자 그 유언에 따라 엘리자베스 1세가 왕위에 올랐다. 그녀는 당시 26세였다. 이때 영국은 다양한 문제를 끌어안고 있었다. 가장 큰 문제가 종교였다.

아버지 헨리 8세는 이혼 문제로 교황청에 반기를 들어 국교회를 만들었고, 에드워드 6세는 급진적인 프로테스탄트를 추진했으며, 그 다음 메리 1세는 가톨릭을 부활시키려 하는 등 왕이 바뀔 때마다 종교 정책이 크게 요동쳤다. 이래서는 가톨릭이나 프로테스탄트 모두 불안과 불신에 사로잡혀 악순환만 거듭될 뿐이었다. 엘리자베스 1세는 양 교단의 교의와 조직을 절충한 중도를 택함으로써 문제를 진정시키고자 했다.

여왕은 하루 빨리 반려자를 찾아 대를 이을 자식을 낳아야만 했다. 많은 군신들이 그렇게 생각했고, 엘리자베스 자신도 속으로는 그렇게 생각했을지 모른다. 그러나 현실로 눈을 돌리면 도저히 그럴 수가 없는 상황이었다. 우선 국내 귀족들 가운데 후보자를 선택하면, 곧바로 귀족들 사이에 반목과 갈등을 불러일으킬 우려가 있었다.

그렇다면 외국에서 찾으면 어떻게 될까? 이미 스웨덴이나 독일의 왕족이 유력한 후보로 거명되었지만, 여기에도 문제가 있었다. 언니 메리 1세가 펠리페 2세와 결혼함으로써 국내의 강한 반발을 불러온 선례가 있었기 때문에 같은 일을 반복할 수는 없었다. 가톨릭이나 프로테스탄트 중 어느 쪽을 선택한다 하더라도 그 때문에 종교 정책이 영향을 받을 경우 심각한 분열을 초래할 위험이 있었다.

결국 엘리자베스 1세가 선택한 길은 독신이었다. 의회에서 결혼을 권했을 때, 그녀는 이렇게 말했다 한다.

"대리석에 '이 여왕은 이런 시대를 다스렸기 때문에 미지의 처녀로 죽었노라'라고 새겨준다면 여한이 없을 것이다."

이 말은 조금도 거짓이 없어 보인다. 당시 유럽에서 잉글랜드는 아직 2류 국가로 간주되고 있었다. 그런 상황에서 국내의 안정이야말로 최우선 과제였다.

같은 시기에 스코틀랜드의 여왕 메리 스튜어트는 프랑스 왕태자와 결혼했다.

영국의 혁명

"우리는 정신을 지닌 사람들을 모아야 한다"
크롬웰(영국의 혁명 지도자)

빅벤
완성 후 백 년 넘게 고장 나지 않아 정확한 시계의 대명사로 통한다.

엘리자베스 1세가 죽고 튜더 왕조가 단절되자 스코틀랜드에서 제임스 6세가 영입되어, 잉글랜드 왕 제임스 1세로 즉위했다. 이것이 스튜어트 왕조의 시작이다. 영국에는 노르만 왕조 시대부터 의회가 있었는데, 이 의회의 승인 없이는 국왕이 입법도 과세도 할 수 없었다. 그러나 제임스 1세와 그 뒤를 이은 찰스 1세는 왕권신수설을 바탕으로 한 절대 왕정을 지향하여 의회와 끊임없이 대립했다.

양자의 대립은 1644년, 드디어 무력 충돌로 발전했다. 의회에서 주도권을 쥐고 있던 인물들이 청교도(주로 칼뱅파)였다는 점에서 이 내전은 청교도 혁명이라고 불린다.

서막은 국왕 측에 유리하게 전개되었지만, 의회군이 크롬웰의 철기군을 모델 삼아 재편됨에 따라 형세가 역전되었다. 네스비 전투를 제압한 의회군의 승리로 끝나고 찰스 1세는 1649년에 '국가의 공적'으로 참수형에 처해졌다.

의회 내에서 당파 간 투쟁은 내전 중에도 계속되었지만, 전후에는 주도권 경쟁이 더더욱 치열해졌다. 마침내는 독립파가 다른 당파를 추방하고 정권을 잡았다. 1653년에 독립파의 지도자 크롬웰이 호국경에 취임해 독재 정치를 시작했다. 그러나 연극 같은 오락을 금지하는 등 극단적인 금욕 정책이 국민들의 강한 불만을 사, 그의 사후에 왕정 복고가 이루어졌다.

그러나 왕정도 오래가지 못했다. 찰스 2세와 그의 동생 제임스 2세가 가톨릭의 부활을 도모했기 때문에 의회와의 관계가 다시금 긴장 상태로 돌입했다.

1688년, 의회는 이례적인 행동에 나섰다. 제임스 2세의 사위이자 네덜란드 통령인 오렌지 공 윌리엄을 왕으로 초빙했던 것이다. 네덜란드 군대를 이끌고 상륙한 윌리엄은 아내 메리와 함께 일전도 겨루지 않고 런던으로 입성했다. 이렇게 무혈 혁명이 성공을 거둔다. 제임스 2세는 프랑스로 망명했다(명예혁명).

1689년, 공동 통치자로 즉위한 오렌지 공 윌리엄(윌리엄 3세)과 메리 2세는「권리장전」을 제정하고, 국왕의 정치에서 의회 정치로 전환을 꾀했다. "왕은 군림하되 다스리지 않는다"는 체제를 향해 나아간 것이다.

그 뒤 제임스 2세는 아일랜드로 건너가, 프랑스 군대와 함께 당지의 가톨릭을 규합해 권리 회복을 도모한다. 하지만 보인 강 전투에서 윌리엄 3세에게 패해 부활의 꿈은 물거품이 되고 말았다.

왕권신수설은 국왕의 권력은 신으로부터 부여받은 절대적인 것이라는 생각이다. 특히 영국과 프랑스에서 강조되었다.

프랑스의 절대주의 체제

"짐이 곧 국가"
루이 14세(프랑스 왕)

마리 앙투아네트
루이 16세의 왕비로, 사치와 향락을 일삼다 국고를 바닥나게 한 장본인이다.

백년전쟁 말기부터 프랑스는 상비군 창설, 관료제 정비 등 중앙집권화를 착착 진행하여 국민국가의 길로 나아갔다. 16세기에 일어난 종교 개혁의 파도는 프랑스에도 상륙해, 가톨릭과 위그노(칼뱅파)의 대립이 나라 안을 양분하는 심각한 위그노 전쟁을 불러왔다. 그러나 부르봉 왕가의 앙리 4세가 낭트 칙령을 발표하여 신앙의 자유를 인정함으로써 내전에 종지부를 찍을 수 있었다. 국내 질서의 회복과 왕권의 강

화가 이루어짐으로써 절대주의의 기초가 마련되었다.

왕권은 신으로부터 부여받은 절대적인 것이라고 인식하는 절대주의 체제는 태양왕이라 불린 루이 14세 때에 완성되면서 더욱 효과적으로 기능했다. 그 뒷받침이 된 것이 경제와 군사 면에서의 성공이었다.

재무총감 콜베르의 지휘 아래 중상주의 정책을 추진하여 프랑스 경제는 2대 경제 대국인 영국, 네덜란드와 어깨를 나란히 할 정도로 성장했다. 군사 면에서도 인재를 많이 배출해 프랑스의 세력이 유럽 전역에 미쳤다.

"모든 사람의 시선이 왕에게로 집중된다. 왕만이 모두의 존경을 받을 가치가 있다."

루이 14세는 "짐이 곧 국가"라고까지 말했는데, 그 이상적인 질서를 눈에 보이는 형태로 나타내려고 지은 것이 바로 베르사유 궁전이다. 궁전이 채 완성되기 전에 루이 14세는 모든 정부 기구를 그곳으로 옮겼다. 이 궁전을 중심으로 오페라, 발레, 음악 등과 같은 귀족 취미의 궁정문화가 만개하게 된다.

겉으로 드러나는 화려함과는 달리, 루이 14세의 만년에는 어두운 그림자가 짙게 깔렸다. 잇따른 대외 전쟁은 주변 여러 나라들을 모두 적으로 돌려놓고 재정적 압박만 초래했다. 전비 조달을 위해 시행한 증세는 농민들의 반란을 유발했다.

또 심각한 기근도 빈발하여 곡물 부족과 물가 상승이라는 심각한 사태를 불러왔다. 인심은 날이 갈수록 왕에게서 멀어지기 시작했다. 콜베르 사후에는 유효한 경제 정책을 입안하여 실행할 만한 인재가 없었기 때문이다. 그런데 이렇게 동요하는 민심이라는 불에 기름을 끼얹은 사건이 바로 낭트 칙령의 폐지였다.

루이 14세는 그때까지도 위그노의 가정에 용기병을 숙박시켜 개종을 강요하는 등 다방면으로 박해를 가했다. 그러다가 1685년에 드디어 위그노의 전면적 금지 조치를 내놓았다. 당시 100만 명으로 추정되는 위그노 가운데, 출국 금지법을 어기고 망명한 사람들의 숫자가 15만에서 30만 명에 달했다고 한다.

앙리 4세는 원래 위그노였지만 가톨릭으로 개종함으로써 내전을 종결시켰다.

러시아 제국의 대개혁

"도시 건설은
전쟁과 같다"

표트르 1세(러시아 황제)

표트르 1세
영토를 넓히고 제도를 정비하는 등 러시아의 부국강병에 힘썼다.

러시아에서는 17세기 이래 서유럽을 좇아 이를 뛰어넘겠다는 목표로 서유럽을 모범 삼은 개혁이 수도 없이 반복되었다. 그 정책을 더욱 강력하게 추진한 사람이 표트르 1세이다.

일찍부터 서구 문화에 큰 관심을 가졌던 표트르 1세는 친정을 시작하고 3년째인 1697년 3월, 300명으로 이루어진 대규모 사절단을 조직하여 유럽으로 파견했다. 이때 자신도 이름과 신분을 속이고 동행했다. 쾨니히스베르크, 암스테르담, 런던 등을 돌아보며 동인도회사의 조선소에서 직접 일하는 등 최첨단 기술의 습득을 위해 남다른 의욕을 보였다.

이후 해양 전문가를 비롯해 현지에서 고용한 900명이나 되는 전문가를 데리고 귀국했으며, 귀국한 날부터 서둘러 개혁에 착수했다.

당연히 반대의 목소리가 높았다. 표트르 1세는 그런 말들을 무시하며 "아무리 절실하게 필요한 것일지라도 그것이 새로운 것일 경우, 우리 신민들은 강제하지 않고는 아무것도 이룰 수 없다"고 했다. 그리고 개혁의 고삐를 조금도 늦추지 않았다. 그를 그렇게 이끈 것은 분명한 목적의식과 확고한 신념이었다. 그의 목적은 단 하나, 러시아를 서구 열강에 뒤지지 않는 일대 제국으로 발전시키는 것이었다.

새로운 수도 상트페테르부르크의 건설도 개혁의 일환이었다. 새로운 수도는 발트 해를 통해 서구로 열린 창문이어야 했다. 그 같은 생각에서 그곳으로 결정했다고 한다. 그곳은 발트 해의 동쪽, 핀란드 만의 가장 깊숙한 곳으로서, 네바 강 하구의 삼각주에 자리했으며 모스크바에서 북서쪽으로 약 650킬로미터 지점에 있다.

위치상으로는 더없이 좋았다. 그러나 그 밖의 조건을 보면 수도로서는 도무지 부적합한 곳이었다. 밀림과 습지로 이뤄진 땅이었기 때문이다. 그런데도 표트르 1세는 그 위치만이 가장 절실한 요건이었다. 다른 조건이 아무리 나빠도 그의 확고한 생각을 꺾지는 못했다.

공사는 난항을 거듭했다. 그러나 표트르 1세는 조금도 기가 꺾이지 않았다. "도시 건설은 전쟁과 같다"고 말하며, 한 걸음 한 걸음 공사를 진척시켜 나갔다.

수많은 사상자가 나올 것이라고 당초부터 계산하고 있었다. 최종적인 사망자 수가 10만 명 혹은 20만 명이라고 했다. 그랬기 때문에 누가 말하지 않아도 새로운 수도가 인간의 뼈 위에 세워졌다는 말이 나돌았다.

표트르 1세의 개혁은 귀족들의 턱수염을 자르고, 기다란 러시아 옷의 소매를 재단하는 작은 일로부터 시작되어, 군사·세제·행정·경제·사회·생활·문화 등 모든 방면으로 파급되었다.

티무르 제국의 발흥

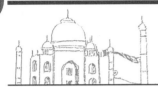

"그래도 그는 광대한
영토를 지배하는
황제이다"
클라비호(스페인 정치가)

티무르
오스만의 술탄 바예지드 1세가 잡혀
감옥에 있는 그림으로 티무르의 세력
을 짐작하게 해준다.

몽골 제국이 분열한 후 서아시아는 일 칸국, 중앙아시아는 차가타이 칸국의 통치 아래 들어갔다. 일 칸국은 가잔 칸 때에 가장 번성했다. 가잔 칸은 이슬람으로 개종하여 피지배자인 이란인과의 융합을 도모했다. 그리하여 일 칸국에서는 이슬람화와 이란화가 동시에 진행되었다. 같은 시기 차가타이 칸국에서도 이슬람화와 투르크화가 진행되고 있었다.

두 나라는 모두 14세기에 쇠퇴하기 시작했다. 차가타이 칸국은 동서로 분열했다. 일 칸국은 몇 개의 지방 정권으로 나뉘어 패권 다툼이 계속되었다. 이런 혼란을 수습하고 중앙아시아와 서아시아의 질서를 회복한 인물이 티무르이다.

티무르는 이슬람화, 투르크화한 몽골 민족 가운데 바를라스 부족 출신으로서 사마르칸트 남쪽 도시인 케시(지금의 샤흐리사브즈)에서 태어났다.

티무르는 군사 지도자로서 천부적 재능을 가졌던 것 같다. 그는 생애의 태반을 정복과 건설 사업에 바쳤다. 1370년에 서투르키스탄 통일을 달성한 뒤 이를 발판으로 아프가니스탄, 북인도, 이란, 이라크, 나아가 남러시아, 동아나톨리아로 지배 영역을 넓혔다. 1402년에는 앙카라 전투에서 오스만 왕조의 바예지드 1세를 무너뜨리고 아나톨리아(소아시아)의 패권도 수중에 넣었다.

티무르 제국이 급속한 발전을 이룬 것은 개인의 군사적 역량에 힘입은 바가 컸다. 그러나 티무르의 훌륭한 정책들도 간과해서는 안 된다. 티무르는 유목민 특유의 군사력과 오아시스 도시의 경제력을 적절히 융화시켜 이를 이용했다. 도시가 지닌 경제적 성격에 중점을 두어 적극적으로 보호, 육성했다.

또 티무르는 수도 사마르칸트를 꾸미는 데도 신경을 썼다. 정복지에서 끌고 온 기술자들과 예술가들을 시켜 궁전, 모스크, 정원 등 토목 사업을 대대적으로 벌였다. 아울러 당대 일류 이슬람 학자들을 사마르칸트로 이주시켰다. 그리하여 그곳을 이슬람 세계의 중심으로 삼기 위해 수단과 방법을 가리지 않았다.

티무르가 죽은 뒤 제국은 정치적·군사적으로는 약화되었지만, 3대째인 샤 로흐와 뒤이은 울루그 베그 때에 문화적 황금기를 맞았다. 도시들마다 호화롭고 장대한 건축물이 잇따라 세워졌고, 세밀화·문학·서도·시 등의 분야에서 다양한 발전이 이루어졌다. 또 그때까지 조악한 언어로 간주되었던 투르크어가 훌륭한 문장을 구사하는 언어로 발전했다.

티무르는 명나라 원정을 시도하지만, 친정에 나선 지 얼마 되지 않아 병으로 급사했다.

오스만 왕조의 진격

"저 도시를 달라"
메메드 2세(오스만 왕조 술탄)

성 소피아 성당
손꼽히는 비잔티움 건축물로 가톨릭
대성당에서 이슬람 사원으로 사용되
었다.

오늘날 터키공화국에 해당하는 아나
톨리아 땅에는 11세기 후반 룸(소아시
아) 셀주크 왕조가 성립된 이래 투르크
화가 진행되었다. 그러나 13세기 들어
다시금 많은 투르크계 민족이 유입되
었다. 그들은 많은 제후국을 형성하게
되는데, 오스만 왕조의 전신인 오스만
후국도 그 가운데 하나였다.

오스만 왕조의 성립은 13세기 말에
이루어졌다. 초대 술탄인 오스만 1세
와 2대인 오르한 시대에 이슬람법에
근거하여 재판과 행정 제도를 정비해,

여러 제후국들 가운데 두각을 나타냈다. 14세기 중엽에 비잔틴 제국이 내
란 상태에 빠지자, 그 중 한편에 가담하여 발칸 반도로 진출했다.

1402년 앙카라 전투에서 패전하며 한때 위축되지만, 메메드 1세와 무
라트 2세 때에 부흥을 이루고, 마침내 메메드 2세 때에 비잔틴 제국을 멸
망시켰다. 표제의 말은 메메드 2세가 노재상 카릴 파샤에게 자신의 결의
를 드러낸 말로, 저 도시란 콘스탄티노플을 가리킨다. 메메드 2세가 정복

한 뒤로 콘스탄티노플은 이스탄불로 이름이 바뀌어 오스만 왕조의 수도가 되었다. 그 이전의 수도는 오르한 때부터는 부르사, 무라트 때부터는 아드리아노플(지금의 에디르네)이었다.

셀림 1세 시대에는 시리아, 이집트를 정복하여 영토가 더더욱 넓어졌다. 그 다음 쉴레이만 1세 때에 이르러 오스만 왕조는 전성기를 맞이한다. 쉴레이만은 열세 차례에 걸친 친정 등 대외적으로 적극적인 정책을 추진해 세 대륙에 걸친 패권자로 떠올랐다. 그의 지배 아래 오스만 왕조는 지중해를 호령하며 세력을 뽐냈다.

발칸 반도 내륙으로까지 전진해 헝가리를 석권한 후, 1529년에는 6개월에 걸쳐 빈을 포위했다. 겨울이 찾아와 할 수 없이 철군했지만, 이 일은 서구 기독교 세계 사람들의 간담을 서늘하게 만들었다.

쉴레이만 1세 시대가 오스만 왕조의 전성기로 평가받는 것은 단지 군사적 성공 때문만은 아니다. 그에게 '카누니(입법자)'라는 이름이 붙은 것으로도 알 수 있듯이, 그의 치세에 전제 군주, 중앙집권적 국가 체제가 안정적으로 자리를 잡았기 때문이기도 하다. 20세기 초엽까지 계속된 대제국의 기초가 쉴레이만 1세 때에 놓였던 것이다. 오스만 문화가 활짝 꽃피운 것도 이때였다.

아나톨리아와 발칸 반도를 평정한 메메드 2세는 '파테프(정복자)'라고도 불린다.

사파위 왕조의 영광

샤 모스크
화려한 정문부터 중앙 돔, 첨탑 등 규
모가 큰 사파위 왕조의 건축 양식을
여실히 보여준다.

16세기 초엽, 이란 서북부에서 새로운 왕조가 일어났다. 이슬람 신비주의 교단을 모체로 한 사파위 왕조였다. 사파위 왕조는 백양조를 무너뜨리고 이란 동부에서 일어난 샤이바니 왕조를 격파함으로써 이란 전역을 지배하게 되었다.

1514년에는 아나톨리아 동부의 귀속 문제를 둘러싸고 오스만 왕조와 격돌했는데, 이 전쟁에서 완패하고 말았다. 그 뒤로도 반세기에 걸쳐 사파위 왕조의 열세가 지속되었다. 초대 이스마일 1세의 뒤를 이은 타마스프 1세는 거듭되는 오스만 왕조의 침입에 대항해 유격전과 초토화 전술로 맞서는 수밖에 없었다. 1555년에는 평화조약이 체결되었지만, 그로 인해 사파위 왕조는 메소포타미아를 잃어버리게 되었다.

타마스프 1세 사후 사파위 왕조는 오스만 왕조와 샤이바니 왕조의 공세가 잇따르는 가운데 키질바시 군단이 왕위 계승에 개입하는 등 내우외

환에 시달렸다. 이런 위기 상황에 왕위를 이은 인물이 아바스 1세였다. 17세에 즉위한 이 재기발랄한 새 왕은 난국을 타개하기 위해 일련의 대담한 개혁에 착수했다.

가장 힘을 기울인 것은 군사 개혁이었다. 통제가 제대로 이뤄지지 않는 키질바시 군단을 대신해 새로이 2개 근위군과 국왕 직속의 총포 부대를 창설했다. 이 정책이 성공을 거둬 사파위 왕조는 초창기의 영광을 재현했다.

새로운 정규군은 키질바시 세력을 제압했을 뿐만 아니라, 오스만 왕조와 샤이바니 왕조에게 빼앗긴 영지도 탈환했다. 아바스 1세는 사파위 왕조를 중흥시켰을 뿐만 아니라, 더 나아가서 사파위 왕조의 전성기를 구현했다.

아바스 1세는 카즈빈에서 이스파한으로 천도했다. 새로운 수도 이스파한은 대대적인 정비 사업을 거쳐, 인구 50만이나 되는 세계 유수의 대도시로 성장했다. 그리하여 유럽의 외교관과 상인들로부터 "이스파한은 세계의 절반"이라는 칭송을 들을 정도로 번성했다.

페르시아 문화를 기초로 하고 그 위에 이슬람 문화와 유목문화 등을 융합시킨 사파위 왕조의 문화는 이곳 이스파한을 중심으로 발전했다. 사파위 왕조는 세밀화, 도자기, 융단, 서도 등에서 특히 수준 높은 문화를 자랑했다.

건축도 성행해서 이스파한에는 화려한 궁전과 모스크, 신학교, 정원 등이 들어섰다. 이런 찬란했던 문화가 남긴 유적들은 오늘날 많은 관광객들을 끌어들이고 있다.

키질바시 군단은 투르크계 유목민으로 구성되어, 빨간 장식이 달린 모자를 표식으로 삼았다.

무굴 왕조의 전성기

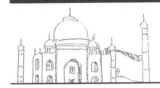

"드물게 보는
위대한 천재,
대정치가이신 대왕"

베르니에(프랑스 여행가)

타지마할
페르시아, 터키, 인도 및 이슬람의 건축 양식이 잘 조화된 무굴 건축의 걸작으로 손꼽힌다.

북인도는 7세기에 하르샤 바르다나 왕국이 붕괴된 후 오랜 분열 시대에 들어섰다. 원래는 '왕자'를 의미하는 '라지푸트'라 불리는 전사들의 할거로 시작되어, 10세기 후반부터는 무슬림 세력의 진입이 계속되어 정세가 한층 복잡해졌다.

13세기부터는 노예 왕조가 시작되어 이후 할지 왕조, 투글루크 왕조, 사이이드 왕조, 로디 왕조로 이어지는 여러 왕조(델리 술탄 왕조)가 300년에 걸쳐 세력을 뻗쳤다. 그러나 어느 왕조도 왕권이 강력하다고는 할 수 없었고, 그런 만큼 지배 영역도 한정되어 있었다.

16세기가 되자 오랜 분열을 거듭한 북인도에 통일 세력이 등장했다. 그 새로운 세력이 바로 무굴 왕조의 창시자가 된 바부르이다. 바부르는 티무르의 5대손으로, 어머니는 칭기즈 칸의 둘째 아들 차가타이의 자손인 유수프의 딸이었다. 이처럼 존귀한 핏줄을 타고 난 바부르는 중앙아시아에서 벌어진 항쟁에서 패배해 인도로 쫓겨난 인물이었다. 바부르는 로디 왕조와 라지푸트 군대, 아프간 귀족 등을 잇따라 꺾고 델리를 중심으로 한 북인도 중부를 무굴 왕조의 지배 아래 두었다.

무굴 왕조는 3대째인 악바르 황제 때에 눈부신 발전을 이루었다. 영토는 북인도 전역에서 아프가니스탄 일부로까지 확대되었다. 힌두교도의 공주를 아내로 맞아들이고 비무슬림에 대한 지즈야(인두세)를 폐지하는 등 이교도와 구세력에게 관용 정책을 펼쳐 안정된 발전을 이루었다.

악바르 황제가 기초를 다진 무굴 왕조는 샤 자한과 아우랑제브 시대에 전성기를 맞이한다. 그러나 두 왕은 이교도에 대한 불관용 정책으로 전환하였고, 이로 말미암아 번영의 모습 뒤로 어두운 그림자가 드리워지기 시작했다.

무굴 왕조를 뒤흔든 것은 힌두교 라지푸트족의 여러 왕들, 마라타 왕국, 거기에 시크교도 등 비무슬림 세력이었다. 지즈야의 부활과 개종의 강요 등이 적대 관계를 심화시켰던 것이다.

시크교도는 펀자브 지방을 거점으로 대결 태세를 강화했다. 또 시바지가 창건한 말라타는 서인도를 거점 삼아 점차 데칸 고원으로 세력을 확대하고, 이윽고 거대한 힌두 왕국으로 성장했다.

표제에 나온 말은 프랑스 여행가 베르니에가 무굴 왕조의 아우랑제브를 평가하며 남긴 말인데, 그의 실정을 생각하면 곧이곧대로 이해하긴 어렵다.

무굴 왕조가 쇠퇴하기 시작한 시기는 영국의 동인도회사가 인도 진출을 개시한 시기와 겹친다.

조선 왕조의 위기

"가볍게 움직이지 말고, 냉정히 산처럼 움직이라"
이순신(조선의 장군)

한산도 대첩
임진왜란 3대 대첩 중 하나로, 이 전투에서 학익진 전술이 큰 위력을 발휘했다.

도요토미 히데요시는 일본의 통일을 이룬 뒤 터무니없는 야심을 품었다. 중국의 명나라를 정복하겠다고 생각한 것이다. 이를 위해 조선 왕조를 찾아가 명으로 가는 길을 빌려달라고 했지만, 조선 왕조가 이런 요구를 받아들일 리 없었다. 그리하여 일본군이 조선반도를 침략하는 일이 벌어졌다.

당시 조선은 무인을 경시하고 문인을 숭배하는 분위기였다. 그런 까닭에 군사력이 형편없었다. 일본군은 파죽지세로 진격해 들어갔다. 그러나 그들에게는 약점이 있었다. 그것은 보급 문제였다. 아무리 승리를 거듭한다 해도 보급로가 끊기면 군대를 유지할 수가 없었다. 일본군의 보급로는 육상과 해상 모두 위험한 상태에 놓여 있었다.

육상에서는 조선 의병들의 저항에 직면했다. 정규군과의 정면 승부에서는 진 적이 없는 일본군도 지형지물을 능숙하게 이용하는 의병들의 게릴라전에는 속수무책이었다. 여기에 명나라에서 온 원군까지 가세하여 일본군은 점차 수세에 몰리게 되었다.

해상에서 일본군을 막아선 인물이 명장 이순신이었다. 이순신 장군이 이끄는 수군 앞에서 일본군은 잇따라 고배를 마셨다.

1592년 5월 7일, 옥포해전을 앞두고 첫 전투에 나서는 군사들은 극도로 긴장하고 있었다. 경상좌우도 수군과 육군이 패배했다는 통보가 있었기에 더더욱 위축되었다. 이때 이순신은 병사들에게 공격에 관한 지시를 내린 뒤, 공포심을 극복하고 냉정함과 여유를 찾으라는 뜻에서 "가볍게 움직이지 말고, 냉정히 산처럼 움직이라"는 말을 하였다. 그 덕분인지 군사들은 어느 정도 자신감을 회복하고 전장에서 자신들의 능력을 충분히 발휘할 수 있었다.

1598년 11월 19일, 노량해전이 한창일 때 이순신은 일본군의 총탄에 맞아 전사한다. 즉사가 아니었기 때문에 어느 정도 의식은 있었다. 그는 "지금은 전투가 한창이다. 내 죽음을 알리지 말라"는 엄명을 내렸다. 자신의 안위보다 전군의 사기, 나아가 조선의 안위만을 걱정한 진정 명장다운 최후의 말이었다.

그 뒤 이순신은 구국의 영웅으로 칭송되며, 전국 각지에 그의 동상이 세워지는 등 많은 이들의 칭송을 받고 있다.

명나라는 조선에 원군을 보냄으로써 재정적 부담이 컸고, 그로 말미암아 급속히 쇠퇴하게 된다.

중국의 새로운 통치자가 된 청나라

"머리카락을 남기고자
한다면 머리를
남기지 말라"
도르곤(중국 정치가)

도르곤
순치제를 대신해 섭정으로 국사를 돌
봤다. 표제의 말에서 만주족의 문화를
지키려는 그의 노력을 엿볼 수 있다.

명나라는 이자성의 반란군으로 말미암아 멸망했다. 당시 동북으로부터 공격해 들어온 만주족의 청나라에서는 홍타이지가 관문 진입을 눈앞에 두고 병사했다. 뒤를 이은 인물이 그의 아홉째 아들로, 겨우 여섯 살 된 복림(순치제)이었다. 당연히 정무를 볼 수 없는 상황이었기 때문에, 그의 숙부 도르곤이 섭정하며 권력을 잡았다.

1644년, 다이곤이 이끄는 청군은 이자성의 군대를 깨뜨렸고, 다음해 2월에는 베이징에 입성했다. 6월에는 성경(지금의 선양)에서 베이징으로 천도를 결정했고, 10월 1일 청이라는 국호와 순치라는 연호를 선언했다. 이와 동시에 전국적으로 대사면을 실시하여 청나라가 중국의 새로운 통치자가 됐음을 세상에 널리 알렸다.

대부분의 한족은 이 사태를 차분하게 받아들였다. 그러나 만주족의 풍습인 변발을 강제하는 명령이 내려지자 상황이 급변했다. 장둥江東의 각 지역에서 격렬한 저항 운동이 일어난 것이다. 다이곤은 이 정책에 관해서는 한 걸음도 양보하지 않고, "머리를 붙여놓고 싶다면 머리카락을 남기지 말고, 머리카락을 남기고자 한다면 머리를 남기지 말라"고 엄명을 내렸다.

장난江南의 저항 운동은 주요 거점인 난징이 함락되면서 차츰 잦아들었다. 순치제의 뒤를 이은 강희제 시대가 되자, 저항을 계속한 이는 타이완의 정성공뿐이었다. 하지만 그곳도 3대로 끝나고 1683년에는 항복했다.

정씨의 저항이 계속되었던 시대에 청나라는 내부에 잠재적 위협을 안고 있었다. 만주족에 항복하여 광대한 영토를 차지한 한족 출신 무장들이 배신하지 않을까 두려웠기 때문이다.

그리하여 강희제는 과감한 정책을 펼쳤다. 도저히 반란을 일으키지 않을 수 없는 상황을 조성한 것이다. 이리하여 발발한 것이 삼번의 난이었다. 한때 전 영토의 절반 가까이를 반란군이 점령했지만, 반란군 상호 간에 보조가 맞지 않아 봉기한 지 9년 만에 평정되었다.

뒤를 이은 옹정제는 대단히 근면한 황제였다. 전국에서 올라온 행정 문서를 모두 살펴보고, 뭔가 문제가 있다 싶으면 빨간 글씨를 써넣어 그에 상응하는 조치를 취하게 했다. 그런 한편으로 밀정들을 보내 고관들의 일상생활까지 철저히 감시했다.

옹정제 다음에 등장한 건륭제는 별명이 '십전노인'이었다. 변경으로 열 번이나 원정군을 파견하여 모두 승리를 거뒀다는 의미이다. 건륭제 스스로도 전국 각지를 순행하기 좋아해 때때로 장난으로도 향했다고 한다. 치수 상황을 시찰한다는 명분을 내걸었다는데, 사실은 미녀를 찾아 나선 것이라는 이야기도 있다.

순치제는 젊은 나이에 죽었다. 그러나 그것은 공식적인 발표일 뿐이고, 사실은 총애하는 비의 죽음을 슬퍼하여 출가한 것이라는 설도 있다.

7월혁명▶

▶서태후

▲아편전쟁

아시아·아프리카의 식민지화

◀링컨

◀노예

◀북군(남북전쟁)

남군▶

▼미국 독립전쟁

▲나폴레옹

1699	1700	1756	1757	1764	1775	1789	1796	1799	1804	1805		1815	1821	1830	184
카를로비츠 조약 체결. 오스만 왕조의 세력 실추	스페인 합스부르크 왕가 단절. 부르봉 왕조 시작	7년전쟁 발발(~63년)	블라츠 전투. 영국이 인도에서 프랑스를 몰아냄	영국에서 제니 방적기 발명	미국, 독립전쟁 시작(~81년)	프랑스 혁명 시작	중국, 백련교도의 난 발발(~1804년)	프랑스, 나폴레옹이 쿠데타를 일으켜 임시 통령이 됨	나폴레옹이 대관 후 황제가 됨	아우스터리츠 전투. 나폴레옹이 적군을 격파함	이집트, 무하마드 알리가 총독이 됨	워털루 전투에서 동맹군이 나폴레옹 군대를 격파함	멕시코와 페루, 스페인으로부터 독립	프랑스, 7월혁명 발발	아편전쟁 발발

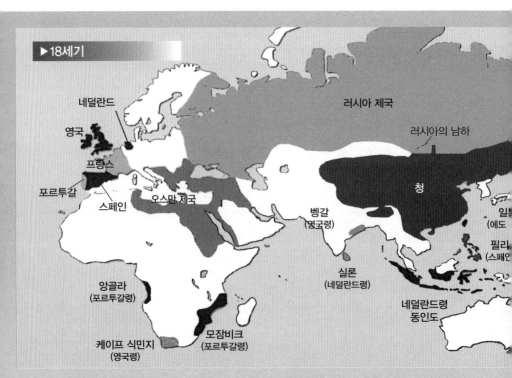

▶18세기

네덜란드
영국
프랑스
포르투갈
스페인
오스만 제국
러시아 제국
러시아의 남하
청
벵갈
(영국령)
실론
(네덜란드령)
앙골라
(포르투갈령)
케이프 식민지
(영국령)
모잠비크
(포르투갈령)
네덜란드령
동인도
일ᄇ
(에도
필리
(스페인

◎19세기, 제정 러시아 군대가 슬금슬금 동방으로 진출했다. 영토와 부동항을 얻기 위한 진군이었다. 패배를 모르던 러시아 군을 막아선 것은 전성기를 구가하던 청나라였다. 청은 여유롭게 러시아를 막았다. 그리고 국경에 관한 조약을 체결하는데, 이것은 청이 외국과 대등하게 맺은 최초의 조약이었다.

1848	1851	1852	1856	1858	1861	1861	1866	1867	1868	1869	1870	1871	1894	1898	1900

- 프랑스, 2월혁명 발발. 마르크스, 공산당 선언 발표
- 중국, 태평천국의 난 발발(~64년)
- 프랑스, 대통령 루이 나폴레옹이 제정을 부활시킴
- 중국, 제2차 아편전쟁(애로 전쟁) 발발
- 무굴 왕조 멸망
- 이탈리아 왕국 성립. 러시아 농노 해방령 발표
- 미국, 남북전쟁 발발(~65년)
- 프러시아와 오스트리아 전쟁
- 오스트리아-헝가리 이중 제국 성립
- 일본, 메이지 유신
- 수에즈 운하 개통
- 프러시아와 프랑스 전쟁
- 독일제국 성립
- 청일전쟁(~95년)
- 중국, 무술정변 발발
- 의화단 사건

▶19세기 전반

영국령 캐나다
러시아 제국
영국
일본 (에도 시대)
프랑스 공화국
1853~56년 크림 전쟁
합중국
나폴레옹 전쟁
오스만 제국
1851~64년 태평천국의 난
1~65년 북전쟁
1815~48년 빈 체제
영국령 인도
1830년 7월혁명
1848년 3월혁명
1804년 틴아메리카 가들의 독립
1857~59년 인도 대반란
케이프 식민지
오스트레일리아

◎19세기는 제국주의 시대였다. 유럽 열강들은 경쟁적으로 아시아와 아프리카에 진출하며 식민지 획득에 광분했다. 그런 가운데 가장 선두에 선 나라가 영국이었고, 독일은 뒤늦은 출발을 만회하기 위해 강제적인 수단을 많이 동원했다.

국민국가로 가는 길

"군주는 국가의 제1공복"
프리드리히 2세(프로이센 왕)

프리드리히 2세
국가의 제1공복을 자처하며 근대적 군주의 모습을 보였다.

계몽 전제 군주란 17세기부터 서구에서 활발히 논의된 계몽사상을 정책에 반영하여, 부국강병을 도모하려 한 군주를 가리킨다. 대표적인 군주들을 꼽아보자면 오스트리아의 마리아 테레지아와 요제프 2세, 러시아의 예카테리나 2세, 그리고 프로이센의 프리드리히 2세 등이 있다.

계몽이란 문자 그대로 "어리석음을 깨우친다"는 뜻으로, 이성의 빛으로 사람들의 머릿속을 밝힌다는 의미이다. 사람들이 무슨 일이든 이성에 근거하여 합리적으로 생각하고, 합리적으로 판단하고, 합리적으로 행동해야 한다는 것이 이 사상의 핵심이다. 특히 18세기 프랑스에서 왕성하게 일어났다.

계몽 전제 군주들은 행정과 재정, 교육과 사법에 이르기까지 다양한 분야에서 개혁을 추진했다. 프리드리히 2세는 "군주는 국가의 제1공복"이라고 했지만, 그것은 국민의 자립적 발전을 목표로 삼은 것이 아니라 어디까지나 부국강병과 군주제의 강화가 목적이었다.

그러나 한편으론 그들이 당시 이름 높은 계몽사상가들을 존경하여 활발하게 교류했던 것도 사실이다. 예카테리나 2세는 전 유럽을 대표하는 사상가 볼테르와 친밀하게 편지를 주고받았고, 계몽사상의 상징인 『백과전서』를 감수한 디드로를 궁정으로 초대해 환대했다. 프리드리히 2세도 볼테르를 궁전으로 불러 대화를 즐겼다고 한다.

개혁의 성과가 가장 크게 나타난 것은 프로이센이었다. 황태자 시절 프리드리히 2세는 철학과 독서에 빠져 군무를 게을리하는 바람에, '군인왕'이란 별명을 가진 아버지 프리드리히 빌헬름 1세의 속을 썩였다. 하지만 즉위한 뒤로는 180도로 변해 전쟁으로 세월을 보냈다.

프리드리히 2세는 오스트리아 왕위계승전쟁, 7년전쟁, 그리고 제1차 폴란드 분할로 영토를 크게 확장했다. 그러나 그의 치세가 순탄하게 흘러간 것만은 아니었다. 마리아 테레지아는 오스트리아 왕위계승전쟁으로 빼앗긴 슐레지엔 지방을 탈환하기 위해 오랜 숙적이었던 프랑스와 연합하는 '외교 혁명'을 감행했다. 나아가 러시아와도 동맹을 맺어 프리드리히 2세에 맞섰다. 이것이 7년전쟁이다.

당시 러시아의 군주였던 여제 옐리자베타, 프랑스에서 실권을 쥐고 있던 루이 15세의 애첩 퐁파두르 후작 부인, 그리고 마리아 테레지아에게 공격당해 곤경에 빠졌던 프리드리히 2세는 화를 내며 그녀들을 '세 창녀'라고 매도했다.

러시아에서는 옐리자베타가 죽고 표트르 3세가 즉위함과 동시에 외교 정책이 일대 전환되었다. 표트르 3세는 프리드리히 2세를 추종했다.

미국의 독립운동

"대표 없이
과세 없다"

미국 식민지 주민

보스턴 차 사건
영국의 지나친 세금 징수에 반발해 일
어난 사건으로 미국 독립전쟁의 씨앗
이 된다.

18세기 중엽까지 북아메리카에는 영국의 13개 식민지가 만들어졌다. 이민자 수는 100만 명을 넘었다. 흑인 노예가 약 20퍼센트를 차지했는데, 그 중 90퍼센트가 남부에 집중되어 있었다.

영국은 프랑스와의 식민지 전쟁에서 승리했다. 덕분에 북아메리카 식민지는 본국의 군사력에 의존할 필요성이 줄고 독립적 경향이 강화되었다.

그런데 영국은 거꾸로 다른 식민지에서와 마찬가지로 과세와 지배를 강화했다. 거듭된 전쟁 탓에 극도의 재정 궁핍에 시달렸기 때문이다. 새로운 과세 방침에 북아메리카 식민지 주민들은 영국 상품 불매운동으로 맞섰다. 1770년에는 보스턴에서 유혈 사태가 벌어져 긴장이 고조되었다.

영국 정부와 관계가 악화되었다고는 하지만 독립을 주장하는 목소리는 아직 소수였다. 총체적으로 말하자면 정책 변경을 촉구하는 정도였다. 그런데 1773년, 경영 위기에 빠진 동인도회사에 대해 사실상 차 판매 독점권을 인정하는 '차법'이 제정되었다. 이로써 영국 정부와의 관계가 돌이키지 못할 지경에 이르렀다.

차법이 무역의 독점화를 추진하는 첫 걸음이 되지 않을까 염려한 식민지 주민들은 보스턴 항에 정박 중인 영국 선박에 올라타 차 상자를 바다에 던져버리는 직접 행동에 돌입했다. 보스턴 항구 봉쇄, 식민지 자치권의 박탈 등 실력 행사에 나선 영국에 맞서 식민지 측은 필라델피아에서 대륙회의를 소집하여 대응책을 논의하기로 했다. 그러나 조지아 주가 불참하는 등 13개주 간의 보조가 맞지 않았다.

1775년 4월, 렉싱턴에서 영국군과 식민지 민병 사이에 작은 다툼이 벌어졌는데, 이것이 독립전쟁의 불씨가 되었다. 다음달에는 제2차 대륙회의가 개최되어 식민지군이 창설되었고, 버지니아 대표인 조지 워싱턴이 만장일치로 총사령관에 선출되었다. 하지만 이때까지만 해도 아직 독립파가 대세를 차지한 것은 아니었다. 영국 국왕에 대한 충성심, 그리고 영국인이라는 의식이 강하게 남아 있어 독립에 선뜻 나서려 하는 사람들이 많지 않았던 까닭이다.

여론이 대번에 독립으로 돌아서게 된 것은 1776년 1월, 토머스 페인이 『상식』을 출판하고 나서였다. 일반인들이 알아듣기 쉽도록 평이한 언어로 쓴 소책자로 당시 3개월 만에 12만 부나 팔린 베스트셀러였다. 이 책은 본국인 영국에 대한 생각을 극적으로 바꾸는 데 크게 기여했다. 7월 4일에는 토머스 제퍼슨이 기초한 독립선언문이 채택되어, 독립을 향해 확실한 발걸음을 내디뎠다.

독립전쟁은 프랑스의 원조를 등에 업은 식민지 측의 승리로 끝났다.

1781년 10월 19일, 요크타운의 영국군이 항복함으로써 전쟁은 사실상 끝났다. 1783년 9월 3일 평화조약이 조인되며 미국의 독립이 승인되었다.

프랑스 혁명

"아닙니다, 폐하! 이건 혁명이옵니다"
리앙쿠르(프랑스 정치가)

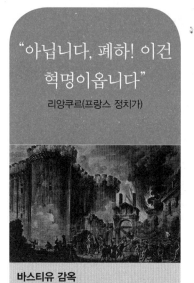

바스티유 감옥
루이 16세와 마리 앙투아네트도 있던
곳으로, 원래 요새였다가 감옥으로 바
뀌었다.

표면상의 화려함과는 달리 루이 14세의 치세 말기부터 프랑스의 국가 재정은 악화일로였다. 루이 15세 시대에는 늘어만 가는 전비를 기존 세입으로는 도저히 맞출 길이 없어 파산 직전에 이르자, 근본적인 세제 개혁을 단행할 필요성이 커졌다. 그때까지 세금을 면제받던 귀족과 성직자 등 특권층에 과세할 필요가 절실해졌던 것이다.

물론 특권층은 이에 강경하게 반대했다. 과세 문제는 의회에서 논의해야 한다는 그들의 요구를 받아들여, 루이 16세는 1614년을 마지막으로 소집된 적이 없었던 삼부회를 부활시켰다. 삼부회란 신분제를 기반으로 한 의회였다.

삼부회를 구성하는 제1신분은 성직자였다. 제2신분은 귀족, 제3신분은 평민이었다. 전국의 토지 가운데 40퍼센트는 총인구의 2~3퍼센트에 불과한 제1, 2신분 사람들이 장악하고 있었는데, 그들에게는 세금이 전혀 부과되지 않았다. 총인구의 80퍼센트를 차지하는 농민들은 1788년부터 계속

된 흉작으로 혹독한 생활고에 시달렸다. 도시에 사는 사람들도 식량난과 높은 물가로 인해 궁핍하긴 마찬가지여서, 전국 각지에서 폭동이 빈발했다. 삼부회는 그런 사회적·경제적 위기 속에서 개최되었다.

전 국민이 주시하는 가운데 175년 만에 베르사유에서 개최된 삼부회였지만, 신분 간의 대립으로 공전이 계속되었다. 이에 잔뜩 열 받은 제3신분 대표자들은 자신들만으로 구성된 부회를 국민의회라고 선언했다.

그들의 행동에는 시에예스가 쓴 『제3신분이란 무엇인가』라는 책이 큰 영향을 끼쳤다. 이 책은 그들 사이에서 널리 읽혔다. "제3신분은 이제까지 '무'에 불과했지만 앞으로는 힘을 지녀야만 한다"라고 주장하는 책이었다. 이 주장은 제3신분 사람들의 공감을 불러일으켰다. 제1, 2신분 인사들 가운데서도 이 주장에 동조하는 움직임이 일었다. 상황이 이렇게 되자 국왕도 타협하지 않을 수 없어 마침내 국민의회를 인정했다. 국민의회는 곧바로 헌법 제정에 착수했다.

국왕이 그들과 타협한 것은 군대를 집결시킬 시간을 벌기 위한 조치였는데, 그것을 간파한 파리 시민들이 무장봉기를 일으켰다. 1789년 7월 14일의 일이었다. 시민들은 무기를 손에 넣기 위하여 앵발리드(폐기된 무기를 보관하던 곳)와 바스티유를 덮쳤다.

시민 봉기는 성공을 거뒀다. 헌법제정국민의회는 미국의 독립선언문을 참고하여, 장차 헌법의 전문이 될 '인간과 시민의 권리선언(인권선언)'을 채택했다. 이 선언에 따라 주권 재민, 법 앞의 평등, 표현 및 출판의 자유, 재산권의 불가침 등 혁명의 기본 이념이 명확하게 설정되었다.

바스티유는 파리 방위를 위해 만들어진 요새 겸
감옥으로, 전제 정치의 상징으로 여겨졌다.

프랑스 공화정의 성립

"조국이
위기에 처했다"
。 프랑스 입법의회

삼부회
성직자, 귀족, 평민 대표가 모여 토론
하는 기구였으나 시민의 의견은 거의
받아들여지지 않았다.

1789년 10월, 루이 16세 일가는 파리의 여성들과 국민위병 등 총 2만 7,000여 명에게 둘러싸여 베르사유에서 파리의 튈르리 궁전으로 거처를 옮겨야만 했다. 그 뒤 시민들의 감시 아래 놓였지만, 1791년 6월에 그곳을 탈출하려 했다(바렌 사건). 이로 인해 시민들 사이에 급격하게 반국왕 감정이 퍼졌다.

혁명이 발발한 뒤 프랑스와 주변 제국의 긴장 관계가 전에 없이 심각해져 갔다. 혁명이 자기 나라로 파급될까 두려워한 오스트리아, 프로이센 등은 프랑스에서 넘어온 망명자들을 원조하여 반혁명 운동을 공공연히 거들었다. 오스트리아는 왕비 마리 앙투아네트의 친정이라는 사정도 있어서 반혁명 운동에 가장 적극적이었다.

1792년, 입법의회는 망명자들의 송환을 촉구하는 최후통첩에 응하지 않은 오스트리아에 선전포고를 했다. 뒤이어 오스트리아와 동맹 조약을 체결하고 있던 프로이센과도 전쟁에 돌입했다. 오스트리아와 프로이센 양국은 루이 16세에게 위해를 가하지 말라는 내용의 경고장을 보냈지만, 이것

이 파리 시민들의 반국
왕 정서에 기름을 붓는
결과를 가져왔다. 그리하
여 '조국의 위기'라고 전
국적으로 호소하자 수많
은 지원병이 모여들었다.
이때 마르세유에서 온
지원병들이 부른 노래가

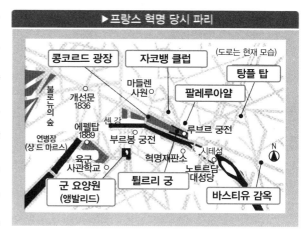

▶프랑스 혁명 당시 파리

(도로는 현재 모습)

콩코르드 광장 / 자코뱅 클럽 / 탕플 탑
불로뉴의 숲 / 개선문 1836 / 마들렌 사원 / 팔레루아얄
에펠탑 1889 / 센 강 / 루브르 궁전
연병장 (상 드 마르스) / 부르봉 궁전 / 시테섬
육군 사관학교 / 혁명재판소 / 노트르담 대성당
군 요양원 (앵발리드) / 틸르리 궁 / 바스티유 감옥

「라 마르세예즈」였고, 이것이 훗날 프랑스 국가가 되었다.

8월, 파리 시민들은 틸르리 궁을 습격해 왕권 정지를 선언했다. 국왕 일
가는 탕플 탑에 갇혔다. 주변국들과의 전쟁에서 프랑스 군은 열세에 놓여
있었다. 장군과 장교를 구성하던 많은 귀족들이 망명해버려 군의 전투 능
력이 현저히 저하되었기 때문이었다.

상황은 발미 전투를 전후해서 역전되었다. 요충지인 베르됭을 공략하
며 파리를 넘보던 오스트리아-프로이센 연합군을 신병이 중심이 된 프
랑스 군이 물리쳤던 것이다. 승리를 거둔 9월 26일, 파리에서는 입법의회
를 대신한 국민공회가 소집되어 왕정의 폐지와 공화정의 성립이 선포되
었다.

1793년 1월, 루이 16세는 외국 세력과 결탁하여 공모한 죄로 혁명광장
에서 단두대의 이슬로 사라졌다. 유럽 각국은 충격을 받아 프랑스에 대한
포위망을 더욱 강화하게 되었다.

마리 앙투아네트는 마리아 테레지아의 여동생.
이때 오스트리아에서 테레지아는 이미 죽고, 요
제프 2세(1790년까지)와 나폴레옹 2세(1790~1792), 프
란츠 2세(1792~1806)가 차례로 재위했다.

나폴레옹의 대륙 지배

"내 사전에 불가능이란 단어는 없다"

나폴레옹(프랑스 황제)

나폴레옹
공포정치에 시달리던 프랑스를 정비하고, 전쟁에서 공을 세우며 부국강병을 꾀했다.

안팎으로 위기를 맞이한 프랑스에서는 이를 극복하기 위해 비상 대권의 행사를 인정받은 공안위원회가 조직되었다. 이로써 공포정치가 시작되었다. 피로써 피를 씻는 내부의 소란이 계속되다가, 1799년 11월 9일 나폴레옹이 쿠데타를 일으켜 혁명에 종지부를 찍었다.

나폴레옹은 착실하게 권력 기반을 다져나갔다. 국내에서는 좌우 양극단의 반대파를 일소하고, 대외적으로는 오스트리아·영국과 화약을 맺었다. 이로써 프랑스에 안정을 가져다준 나폴레옹은 높은 인기를 바탕으로 국민투표를 실시했다. 1802년 8월에는 종신통령으로 선출되어 전제 군주제의 수립을 위한 큰 걸음을 내디뎠다.

1804년 2월, 대규모 암살 계획이 적발된 것을 계기로 국민들 사이에서 나폴레옹의 지위 안정과 사업의 완성을 기원하는 기운이 급속하게 퍼져나갔다. 시기를 재기라도 한 것처럼 3월에는 혁명의 성과를 확인한 민법전이 발표되고, 5월에는 의회에서 세습 '황제'의 호칭을 부여했다. 국민투표에서도 압도적인 다수가 제정 수립을 지지했다. 이에 따라 12월 2일, 로마 교황 피우스 7세의 입회 아래 노트르담 대성당에서 대관식이 거행되었다.

그러나 1805년 8월, 영국·러시아·스웨덴·오스트리아 등이 프랑스에 맞서 동맹을 결성함으로써 유럽은 다시금 전란의 소용돌이에 빠져들었다. 나폴레옹은 해전에서는 영국의 넬슨 제독에게 패배했지만(트라팔가르 해전), 지상전에서는 패배를 몰랐다.

12월 2일에 벌어진 아우스터리츠 전투에서는 나폴레옹 군대 7만 3,000명과 신성 로마 황제 프란츠 2세 그리고 러시아 황제 알렉산드르 1세의 동맹군 9만 명이 격돌했다. 이 전투에서 나폴레옹은 잘 짜인 작전을 구사하여 대승을 거두었다.

신생 프랑스 제국이 등장하며 유럽의 질서는 크게 요동쳤다. 1806년 독일의 16개 영방이 신성 로마 제국으로부터 이탈하여 나폴레옹을 수호자로 내세운 라인 동맹에 가담했다.

이러는 동안 러시아와 프로이센이 새로운 동맹을 결성할 움직임이 일었지만, 나폴레옹은 러시아 군대가 도착하기 전에 싸움을 걸어 10월에 예나-아우어슈테트 전투에서 프로이센 군대를 격파했다. 상승세를 타고 나폴레옹은 베를린에 입성했다. 그리고 폴란드로 들어가 유럽 대륙을 제패한 뒤 이제 남아 있는 영국을 고사시키기 위해 11월에 대륙 봉쇄령을 발포했다. 영국과의 통상을 전면적으로 금지한 것이다.

1806년에 프란츠 2세가 퇴위함으로써 신성 로마 제국은 오토 1세 이래의 역사에 종지부를 찍었다. 이후 오스트리아 황제 프란츠 1세라고 이름 지었다.

빈 회의와 백일천하

"회의에선 춤만 췄고,
무엇 하나
이루어지지 않았다"
리뉴(오스트리아 귀족)

워털루 전투
나폴레옹 최후의 전투로, 프랑스의 근
대화를 두려워한 유럽 국가들과 벌인
전투이다.

맞설 만한 적이 없을 것 같던 나폴레옹이었지만, 사실상 그에게는 일찍부터 어두운 그림자가 드리워져 있었다. 장소는 이베리아 반도였다. 대륙 봉쇄령에 저항한 포르투갈은 간단히 제압했지만, 스페인의 저항은 격렬했다. 그들을 투쟁으로 이끈 원동력은 기아였다. 식민지에서 수탈해온 물자에 의존하고 있던 스페인은 영국이 식민지와의 연락망을 끊어버리는 바람에 초유의 경제 위기에 휩싸였다.

스페인의 게릴라전에 타격을 받긴 했지만, 유럽에서 나폴레옹의 절대적 지위는 아직 확고했다. 명실공히 전 유럽의 지배자가 될 수 있도록 1809년에는 로마 교황령을 병합하고, 그 다음해에는 오스트리아 황제의 딸과 재혼하는 등 착실하게 기반을 다졌다. 신부 마리 루이즈는 기대에 보답하듯 사내아이를 출산했다. 어엿한 후계자가 태어남으로써 나폴레옹의 제국은 안정을 찾은 것처럼 보였다. 그러나 역사는 그렇게 흘러가지 않았다.

1812년 러시아 원정이 나폴레옹에게 치명타가 되었다. 대륙 봉쇄령을 어기고 영국과 무역을 재개한 러시아에 징벌을 가하기 위하여 출병을 서둘렀던 것이다. 그러나 이것은 터무니없는 오산이었다. 60만 명이나 되는 대군 가운데 프랑스로 살아 돌아온 병사는 2만여 명에 지나지 않았다.

허약해진 나폴레옹에게 프로이센, 오스트리아, 러시아, 영국 등의 대프랑스 동맹군이 전쟁을 걸어왔다. 1813년 10월, 최대의 결전이 라이프치히에서 벌어져 동맹군의 승리로 끝났다. 나폴레옹 체제는 이로써 무너지기 시작했고, 나폴레옹은 결국 폐위되어 엘바 섬에 유폐되었다.

전승국들은 빈에 모여 전후 질서를 어떻게 회복할 것인지 의논했지만, 서로 간의 이해관계가 엇갈려 교섭이 제대로 이뤄지지 않았다. 오로지 흥겨운 무도회만 반복될 뿐이었다. 한편 프랑스에서는 부활한 부르봉 왕조가 사람들의 신망을 얻지 못했다.

재기할 승산이 충분히 있다고 계산한 나폴레옹은 엘바 섬을 탈출했다. 그리고는 프랑스에 상륙하여 자신을 치려던 토벌군을 자기편으로 끌어들여 드디어 파리로 개선했다. 그리하여 1815년 3월에 다시 황제 자리에 올라섰다.

이윽고 동맹군이 결성되었다. 같은 해 6월 18일, 나폴레옹은 결전의 날을 맞이했다. 전장은 워털루. 정오를 조금 지나 시작된 전투는 쉽사리 결판나지 않았다. 그러나 저녁 무렵 프로이센 군대가 전장에 도착하면서 상황이 한순간에 역전되었다. 프랑스 군대는 무너졌고, 나폴레옹이 꿈꾼 부활의 야망은 백일천하로 끝나고 말았다.

워털루 전투에서 패한 나폴레옹은 남대서양의 외로운 섬인 세인트헬레나로 유배되어 1821년에 세상을 등졌다.

오스만 왕조의 쇠퇴

"쇠약해진 제국이
위험에 처해 이웃
나라가 자제하기만을
바라고 있다"
카닝(이탈리아 외교관)

압둘마지드
31대 술탄. 사회 전체적으로 개혁을
단행하려 했으나 내부의 의견 불일치
와 외부의 개입으로 실패했다.

오스만 왕조의 영토 확대는 17세기 말을 맞아 끝이 난다. 그때부터는 오히려 입장이 거꾸로 되었다. 18세기 후반 이후부터 오스만 왕조는 러시아·오스트리아 등과 치른 전쟁에서 잇따라 패해 유럽 국가들의 압박에 직면했다. 그로 말미암아 자신들의 군사 기술과 통치 기구가 유럽에 뒤진다는 사실을 인정할 수밖에 없었다.

한편 오스만 제국의 여러 지역에서는 아얀(지역 토후)이 세력을 뻗쳐, 정부의 중앙 집권 체제에 저항했다. 그들은 지역의 정치 권력, 징세권, 토지 등을 장악하고 있었다. 19세기에 들어서자 아나톨리아와 발칸 지역은 유력한 아얀들이 조각조각 분할하는 양상을 드러냈다. 발칸 지역에서는 그리스인, 불가리아인, 세르비아인 등 동방정교도 상인들이 유럽 국가들과 통상 관계를 확대했고, 그로 인해 자연히 민족의식에 눈을 떠서 자립을 도모하려는 움직임을 보이기 시작했다.

이러한 안팎의 압박에 직면한 오스만 왕조는 개혁을 서둘러 중앙 집권 체제를 회복하고, 비무슬림 민족들을 제국의 지배 아래 묶어두려고 했다. 그것은 오스만 제국 내 기독교도 보호를 구실로 내세울 유럽 국가들의 간섭을 피하기 위한 수단이기도 했다.

우선, 개혁을 소리 높여 외친 사람은 셀림 3세였지만, 예니체리(정예 부대)의 강력한 저항에 부딪쳐 폐위되고 말았다. 그러나 그 다음 다음 왕위에 오른 마무드 2세(제30대 황제)가 강경한 수단을 동원하여 예니체리를 궤멸시키는 데 성공했다. 그는 대담하게 개혁을 이끌어나갔다.

1827년에는 오스만 제국 역사상 최초로 유럽 국가들로 유학생을 파견했다. 1834년에는 한때 정지했던 유럽 국가들의 재외 공관을 재개하여 긴밀한 외교 관계를 맺어나가는 한편, 육군사관학교도 개설했다.

그리고 이런 학교들의 준비 과정으로서 이스탄불에 세속적인 교과 과정을 도입한 초등학교를 개설했다. 이러한 일련의 교육 개혁을 통해 유럽의 언어와 지식을 익힌 군인과 관료층이 육성되어, 그들이 이슬람 교육을 받은 울라마(법학자)들을 대체하는 길이 열렸다.

이어진 시대에도 개혁 노선은 그대로 유지되었다. 1839년에는 장미의 방 칙령과 형법의 반포, 인구 조사, 징세 위임의 폐지 및 새로운 징세관 임명, 주의회 설치, 지방관의 봉급제 실시, 뇌물 금지 등 탄지마트(은혜 개혁)라 불리는 일련의 개혁 조치를 단행했다.

15~16세기에 예니체리는 오스만 군대의 중핵을 담당하는 근위보병 군단으로 활약했다.

미국과 멕시코의 전쟁

"천국과 가장 멀고
미국과 가장
가까운 나라"
속담

샌재신토 강 전투
멕시코와 미국이 벌인 전투로 이곳이
미국령으로 바뀌며 이름도 텍사스로
바뀌게 된다.

멕시코는 스페인이 나폴레옹의 지
배 아래 있던 1810년에 독립전쟁을 일
으켜 1821년에 정식으로 독립을 달성
했다. 그러나 그때부터가 가시밭길이
었다.

독립 국가가 되었지만 오랜 전쟁 탓
에 국토가 피폐해져 있었다. 사람들의
생활 형편은 조금도 나아지지 않았다.
게다가 많은 사람들이 자국의 영토, 국
경, 천연자원에 대한 지리적 개념이 부
족했다.

당시 국토 면적은 현재의 두 배에
해당하는 400만 제곱킬로미터 이상이었다. 그러나 인구는 겨우 700만
명에 불과했다. 이러한 자연 환경과 적은 인구가 멕시코에 비극을 안겨
주게 된다.

멕시코는 대통령제를 택했지만, 누가 대통령이 되어도 안정을 이루지
못해 정권이 계속 교체되기 바빴다. 이런 틈을 타 1836년 3월 2일에 텍사
스 지방이 텍사스 공화국으로 독립을 선언했다.

같은 해 3월 6일, 샌안토니오의 앨러모 요새에서 농성하던 187명의 텍사스인들이 산타 안나 대통령이 이끄는 4,000명에 달하는 멕시코 군대의 공격을 받아 전멸했다. 그러나 4월 21일 샌재신토 강 전투에서는 샘 휴스턴 휘하의 텍사스 군대가 "앨러모를 잊지 말라"는 구호를 내걸고 멕시코 군에 대승을 거뒀다.

당시 미국의 여론은 텍사스의 연방 가입을 인정할 것인가 말 것인가로 시끄러웠다. 1844년 4월, 연방 상원에 상정된 텍사스 병합 조약은 찬성 16표, 반대 35표로 부결되었다. 그러나 그로부터 1년이 지난 뒤 여론이 크게 바뀌었다. 1845년 12월에는 드디어 텍사스의 연방 가입이 성사되었다.

미국은 나아가 양국의 국경 지대와 멕시코 북부, 멕시코 만을 일제히 공격했다. 미국과 멕시코 사이에 대규모 전쟁의 불씨가 지펴진 것이다.

그러나 승패는 처음부터 이미 결정된 것이나 마찬가지였다. 수도 멕시코시티를 함락함으로써 미국은 멕시코의 항복을 받아냈다. 1848년 과달루페 이달고 조약에 따라 미국은 멕시코로부터 리오그란데 강 이북을 텍사스 영토로 인정받았다. 한편 캘리포니아와 뉴멕시코를 1,500만 달러에 양도받는 데도 성공했다.

멕시코로서는 굴욕이었다. 그렇기 때문에 멕시코에서는 미국과의 전쟁 뒤 "천국과 가장 멀고 미국과 가장 가까운 나라"라는 속담이 널리 회자되었다. 이 감정은 현재까지도 계속 이어지고 있다.

과달루페 이달고 조약이 조인되기 직전, 캘리포니아의 아메리카 연안에서 금광석이 발견되었다. 그 후 소문이 소문을 낳아 공전의 골드러시 바람이 불었다.

크림 전쟁

"천사는 고뇌하는 사람들을 위해 싸우는 사람이다"
나이팅게일(영국 간호사)

나이팅게일
간호사이자 작가이며 통계학자. 병원의 규율을 세우고 간호학을 전문화했다.

오스만 왕조의 쇠퇴와 함께 열강 사이에서는 동방 문제가 뜨거운 감자로 떠올랐다. 이스탄불과 보스포루스·다르다넬스 두 해협의 지배 체제를 어떻게 할 것인가, 아나톨리아에 사는 기독교도들의 처우를 어떻게 할 것인가, 나아가 오스만 왕조를 연명시킬 것인가 도태시킬 것인가 등의 문제였다. 이는 19세기의 커다란 국제 문제로 떠올라, 영국과 러시아 간의 치열한 대립의 중심축으로 발전했다.

1853년, 러시아와 오스만 왕조의 전쟁이 시작됐다. 바로 크림 전쟁이다. 시노페 해전에서 러시아가 대승을 거둠과 동시에, 영국에서는 엄청난 반러시아 열기가 전국을 휩쓸었다. 이리하여 1854년 1월, 영국과 프랑스 함대가 보스포루스 해협을 통과하여 흑해로 진공했다. 러시아와 오스만 왕조의 전쟁은 러시아와 유럽 연합의 전쟁으로 비화되었다.

9월, 영불 연합군이 러시아의 크림 반도에 상륙했다. 그로부터 1년간 이 지역에서 무수한 사상자가 발생했다.

1855년 세바스토폴의 함락은 러시아를 궁지에 몰아넣는 계기가 되었다. 오스트리아마저 강화 조약을 체결하지 않으면 러시아를 적으로 간주하고 참전하겠다는 위협을 가해왔다. 러시아로선 세바스토폴 함락이 치명적인 타격이었던 것이다. 러시아는 어쩔 수 없이 1856년에 파리 조약을 수락했다.

러시아는 예카테리나 2세 시대에 오스만 왕조와 쿠추크 카이나르자 조약을 맺었다. 러시아는 이 조약을 통해 오스만 왕조 영내에 거주하는 그리스정교도의 보호권을 얻게 되었다. 그 후 러시아는 간간이 이 조약을 내세워 발칸의 정교도 민족들의 보호권을 주장해왔다. 그러나 파리 조약이 체결된 후 러시아는 쿠추크 카이나르자 조약으로 발칸 반도에서 유리하게 활용했던 기반을 대부분 상실하게 되었다.

첫째, 러시아는 흑해의 비무장화와 중립화에 동의했다. 둘째, 러시아는 발칸의 기독교도에 대한 독점적인 보호권을 포기하고, 그 역할을 열강들이 공동으로 관리한다는 데 동의했다. 셋째, 베사라비아 남부는 몰다비아에 양도하기로 했다. 넷째, 몰다비아와 세르비아에 대한 러시아의 보호권이 열강의 공동 보장으로 변경되었다.

파리 조약으로 러시아는 위신이 깎이고 말았다. 거꾸로 영국과 프랑스는 많은 이익을 얻었다. 또 영불 연합군에 가담했던 사르데냐는 이로써 이탈리아 통일운동에 대한 지지를 받을 수 있었다.

나이팅게일이 크림 반도의 전선으로 부임해 병원 내 위생을 철저히 관리함으로써 부상병의 사망률이 42 퍼센트에서 5퍼센트로 감소했다고 한다.

러시아의 농노 해방령

"겉은 번쩍이지만
속은 썩었다"。

바르예프(러시아 정치가)

알렉산드르 2세
농노 해방령(1861년) 이후 늘 암살 위협
에 시달려, 그가 가는 곳에는 사람이
없을 정도였다고 한다.

이 말은 크림 전쟁에서 패한 뒤 지방 관리가 중앙 정부에 내놓은 의견서 가운데 있던 말이다. 러시아 사회는 명백히 병들어 있어서 대수술이 필요했다. 이에 대해 황제 알렉산드르 2세는 "이것(수술)은 밑에서 올라오기보다는 위에서 하는 것이 훨씬 좋다"고 말하며 귀족층을 설득하려고 노력했다.

1857년은 황제의 정부가 개혁을 추진하면서 최초로 구체적인 조치를 내놓은 해이다. 1월에는 농민문제비밀위원회가 설치되어 농노 해방을 위한 준비가 시작되었다.

1858년 1월, 비밀위원회는 총위원회로 이름을 고쳤다. 1856년부터 11개사, 16개사에 불과했던 신문사, 잡지사가 이 해에는 59개사로 늘어 굉장한 인기를 누렸다. 신문과 잡지에는 서유럽의 최신 논의들이 다수 번역되어 실렸다. 사회 곳곳이 활기를 띠어 가는 가운데, 황제는 그해 여름 북부·중부·서부 지역을 의욕적으로 돌아다녔다. 그리하여 지역 위원회에서 농노 해방에 소극적인 의견을 내는 귀족들을 설득했다.

농노들이 술렁거리는 상황이 결국 중도파를 개혁파로 끌어들이게 되었다. 황제가 신임하는 전 사관학교 총참모장이며 총위원회 위원인 로스토프체프가 그때까지의 소극적인 입장을 바꾸었다. 그리하여 공동체를 존속시킬 수 있는 유상 토지 분배 원칙을 내세웠다. 이 제안은 황제의 지지를 받아, 이후 중앙과 지방에서 실효성 있는 정책 추진 방향의 원칙으로 자리 잡았다.

1861년 2월 19일, 농노 해방령은 황제의 재가를 얻었다. 그러나 그 내용은 어떤 계층에게나 만족스럽지 못했다.

농민들에게 제공된 토지는 종래 그들이 경작하던 토지보다 상당히 줄어든 것이어서 농민들의 불만이 고조되었다. "토지는 신의 것이므로 황제는 하루 빨리 모든 농지를 농민들에게 돌려줘야 한다"고 믿는 농민들은 유상 분배 정책에 반발했다. 농민들은 발표된 해방 조서가 가짜이고, 진짜는 따로 있다고까지 생각했다. 심지어는 진짜 조서를 사제나 관리들이 왜곡하는 것이 아닌가 의심했다. 그리하여 여러 지역에서 저항이 일어나기 시작했다.

농노 해방령은 영주와 지식인들의 반발도 불러왔다. 강한 불만을 품은 보수파 귀족들 가운데에서는 농노 해방 대신 입헌군주제 개혁을 요구하는 움직임도 일었다. 또 지식인들 중에는 미봉책에 불과한 개혁 조치에 절망하여 본격적으로 혁명을 지향하는 사람들도 생겨났다.

봉기한 농민들에게 황제는 구세주이며 귀족,
관리, 성직자는 적이라는 인식이 있었다.

영국의 산업혁명

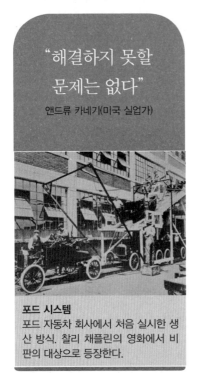

"해결하지 못할 문제는 없다"
앤드류 카네기(미국 실업가)

포드 시스템
포드 자동차 회사에서 처음 실시한 생산 방식. 찰리 채플린의 영화에서 비판의 대상으로 등장한다.

"잘게 쪼개서 하나씩 풀면, 해결하지 못할 문제는 없다."

이 말은 산업혁명 당시 철도와 철강업으로 큰돈을 번 카네기의 말이다.

산업혁명은 영국의 주요 산업인 면직물 공업 분야의 기술 혁신으로 촉발되었다. 이윽고 토머스 뉴커먼과 제임스 와트의 증기기관 개발과 개량, 더비의 코크스 제철법 발명으로 산업혁명은 본격적인 국면에 들어섰다.

그때까지 기계는 사람이나 가축의 힘, 풍력이나 수력으로 움직였다. 하지만 사람이나 가축의 힘은 미약하고, 풍력은 불안정하며, 수력은 에너지량이 많고 안정성도 있지만 공장의 입지가 하천 유역에 한정된다는 단점이 있었다. 증기기관은 이러한 문제들을 단숨에 해결하여 산업에 동력을 활용할 수 있는 길을 열어젖혔다.

와트의 증기기관이 보급되기 시작한 때는 18세기 후반이었다. 처음에는 방적 공장에서 사용되다가 랭커스터를 중심으로 한 공업도시가 여러 군데 생겨났다. 또 이 증기기관이 코크스를 태울 때 송풍 동력으로 쓰이는 용광로를 대형화함으로써, 철과 석탄의 생산량이 비약적으로 늘어났다.

생산 확대에 뒤이어 수송 수단에서도 혁신이 일어났다. 새로운 도로 포장법이 나와 도로 상태가 개선되었다. 그리하여 마차의 주행 시간이 현저히 줄어들었다. 그러나 물자의 대량 수송에는 여전히 어려움이 많았다. 이런 점을 고려하여 잉글랜드 전역에 운하를 새로 건설하거나 정비하는 공사가 진행되었다. 19세기 들어 증기기관차가 제작되면서 철도가 수송 수단의 주역으로 올라섰다.

1851년에 개최된 런던 만국박람회는 산업혁명으로 공업 생산과 국제무역에서 지배적 위치를 차지한 영국이 자신들의 번영을 세계적으로 과시하는 대규모 이벤트였다. 수정궁이라 불리는 거대한 유리로 뒤덮인 구조물을 비롯해 관람객들의 눈길을 사로잡는 진귀한 전시물이 넘쳤다. 박람회는 큰 성공을 거뒀다.

그러나 이러한 번영 뒤에는 심각한 사회 문제가 도사리고 있었다. 우후죽순처럼 생겨난 도시들은 어디나 무질서하게 팽창되었다. 이로 말미암아 공중위생이 형편없었고, 주거 환경도 열악했으며, 범죄가 빈발했다. 한편, 노동자들은 저임금과 장시간 노동에 시달렸다. 공장에서 일하는 비숙련·반숙련 노동자들, 즉 일반 도시민들은 매우 열악한 상황에 놓이게 되었다. 이런 상황을 개선하고자 일어난 것이 참정권의 확대를 통해 지위 향상을 추구하는 차티스트 운동이며, 사회주의 운동이었다.

마르크스와 엥겔스가 『공산당 선언』을 발표한 것이 1848년의 일이었다.

1830년 9월 15일, 리버풀과 맨체스터를 연결하는
철도가 개통됐다. 이때 초청받은 변호사가 기관차
에 치여 사망하는 사고가 나기도 했다.

프랑스 7월혁명

"자유주의는 옳다"
라넴(프랑스 종교인)

루이 필리프
7월혁명 당시 국민들의 지지를 받으
며 왕위에 오르지만, 점점 보수주의자
로 변모했다.

빈 회의는 세력 균형과 정통주의를
주도 원리로 삼아 의정서를 교환하고
막을 내렸다. 프랑스의 왕정복고를 비
롯해 각국은 1792년 상태로 체제를 되
돌리기로 했다. 전승국 쪽에서는 오스
트리아가 북이탈리아를, 네덜란드가
벨기에를 획득했다. 그 밖에 프로이센
과 영국도 영토를 확장해 약간의 경계
선 변동이 있었지만, 세력 균형의 원칙
은 충실히 지켜졌다.

각국의 군주들은 혁명의 재발 방지
에 부심했는데, 나폴레옹이 뿌린 프랑
스의 혁명 이념은 유럽 각지에 자유주의와 민족주의 이념을 싹트게 했다.
이제 이런 움직임을 철저히 억눌러 다시 거둬들이기란 불가능한 상태가
되었다. 1817년에는 중부 독일의 바르트부르크에서 자유주의와 민족주의
를 요구하는 학생들의 집회가 열리기도 했다.

빈 회의 결과, 독일에는 35개의 군주국과 4개의 자유시로 구성된 독일
연방이 결성되었다. 그러나 철학자 피히테 등에게 동조하여 통일된 국민

국가의 건설을 바라는 목소리가 학생, 지식인, 자본가 계층 사이에서 높아 갔다.

스페인, 이탈리아, 러시아에서도 이와 비슷한 움직임이 있었지만 모두 진압되었다.

1830년, 유럽의 현상 유지 원칙에 균열이 생겼다. 발화 지점은 프랑스 였다. 프랑스에서는 왕정 복고 결과 루이 16세의 동생인 루이 18세, 이어 서 샤를 10세가 옛 귀족, 교회 세력과 연합해 옛날의 정책들을 되살렸는 데, 이로 말미암아 민중들과 불협화음이 끊이지 않았다.

자유주의가 과반수를 점하는 의회가 해산되고, 출판의 자유도 제한을 받았다. 7월 20일, 마침내 파리의 민중들이 들고 일어났다. 사흘간에 걸친 시가전 끝에 파리는 민중들의 손에 떨어졌다.

자유주의파 의원들이 협의한 결과, 새로운 정치 체제로 공화정이 아닌 입헌군주제를 택하기로 했다. 왕으로는 프랑스 혁명에 참가한 전력이 있는 오를레앙 가문의 루이 필리프를 추대했다. 왕권신수설이 부정되고, 가톨릭 은 국교의 자리에서 내려왔다. '시민왕'이라 불린 루이 필리프 아래 국민 통합을 앞세운 중용 정책을 펼쳐 프랑스 정국은 차츰 안정을 찾아갔다.

7월혁명의 영향은 곧바로 주변 지역으로 확산되었다. 우선 벨기에가 네 덜란드로부터 독립했다. 여기에 고무된 폴란드에서도 러시아로부터의 독 립을 외치는 봉기가 일어났고, 남독일에서는 헌법 제정 및 독일 통일과 함께 자유를 추구하는 운동이 일어났다. 그러나 이들 나라에서는 모든 운 동이 정권에 진압되고 말았다.

7월혁명 이전 열국이 유일하게 승인한 현상의 변 경은 오스만 왕조로부터 그리스의 독립뿐이었다.

프랑스 2월혁명

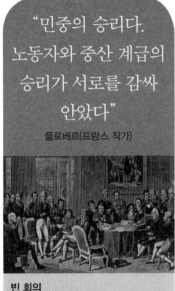

"민중의 승리다.
노동자와 중산 계급의
승리가 서로를 감싸
안았다"
플로베르(프랑스 작가)

빈 회의
2월혁명으로 빈 회의에서 정했던 '빈 체제'가 붕괴되고, 유럽 각국에서 자유주의 물결이 일었다.

1845년, 아일랜드와 플랑드르에서 일어난 감자 역병이 유럽 전역으로 확산되어, 감자뿐만 아니라 모든 곡물의 생산에 타격을 가했다. 이 사태는 사상 초유의 식량 위기를 불러왔다. 도시에서는 여기에 빈곤과 실업 등의 문제가 가중되어, 지배층에 대한 민중들의 불만이 급속도로 높아갔다. 1848년은 불안의 해, 그리고 혁명의 해였다. 그 방아쇠를 당긴 곳은 다시금 프랑스였다.

프랑스에서는 차츰 반동 경향을 강화하는 루이 필리프와 민중들 사이에 갈등이 고조되었다. 그런 상황에 파리에서 참정권의 확대를 요구하는 시위대에게 군이 발포하여 다수의 사상자가 발생했다. 이로 말미암아 2월 22일, 민중 봉기가 일어났다. 파리 시청사와 왕궁이 점거되고, 루이 필리프는 서둘러 망명길에 올랐다. 그리하여 임시정부가 세워졌다.

2월혁명으로 유럽 각지에 불똥이 튀었다. 그 중에서도 독일과 오스트리아에 미친 파장이 가장 컸다. 베를린에서는 격렬한 시가전이 전개되어, 국왕 프리드리히 빌헬름 4세가 일방적인 양보를 할 수밖에 없었다. 오스트리아 빈에서도 시가전이 폭동 양상으로 치달아, 39년에 걸쳐 합스부르크 제국을 농단한 수상 메테르니히가 퇴진 끝에 망명했다. 황제 일가도 인스부르크의 궁전으로 도망쳤다.

체코, 헝가리, 크로아티아 등에서도 제국의 지배를 벗어나려는 운동이 더욱 격렬해졌다. 밀라노, 베네치아 등 이탈리아 여러 도시에서도 봉기가 시작되었다. 서남부 독일의 움직임도 심상치 않아서 자유·입헌·통일을 요구하는 운동이 급속히 발전해, 독일 전역에서 올라온 대표들이 프랑크푸르트에 모여 국민회의를 개최했다. 이로써 헌법 제정 작업이 시작되었다.

각지의 혁명운동으로 많은 군주들이 양보를 함으로써, 처음에는 상당한 성과를 올린 것처럼 보였다. 그러나 혁명 진영 내부의 구성이 대단히 복잡했기 때문에 의견의 일치를 보기가 어려웠다. 그리하여 내부 대립이 심각해지면서 혁명의 파도가 물러가기 시작했다.

프랑스에서는 노동자의 봉기가 진압된 6월 무렵부터 각지에서 혁명에 역풍이 휘몰아쳤다. 이탈리아 도시들의 반란을 진압한 프란츠 요제프 1세는 무력을 앞세우고 빈으로 개선했다. 프리드리히 빌헬름 4세도 강경한 태도로 바뀌어, "민주주의자들에게는 군인이 유일한 약이다. 안녕!"이라고 말하며 무자비하게 탄압했다.

1848년의 혁명은 모두 실패로 끝났다. 그러나 합스부르크 제국에서는 농노제를 폐지하고, 프로이센에서는 흠정 헌법을 반포하는 등 어느 정도 성과는 있었다.

프랑스에서는 나폴레옹의 조카 루이 나폴레옹이 대통령에 선출되었고, 1852년에는 제정을 부활시켰다.

아편전쟁

"우리나라에 불명예를
안겨준 전쟁"
글래드스턴(영국 정치가)

임칙서
흠차대신으로 임명되어 영국의 아편
수출에 대해 적극적인 공세를 폈으나
실패했다.

영국은 중국을 인도의 두 배 이상 가는 시장으로 상정하고 있었다. 맨체스터는 영국 면직 공업의 중심지로서, 면제품은 영국의 주력 수출품이었다. 그런데 청나라 조정이 무역에 갖가지 제약을 가하는 한편, 중국은 전통적으로 면포를 생산했기 때문에 수출이 생각만큼 늘지 않았다.

한편 영국에서는 차의 수요가 폭증해 무역은 완전히 수입 초과 상태였다. 그리하여 대외적으로 지불하는 은의 조달에 어려움을 겪었다. 그리하여 대체 수출품으로 생각해낸 것이 아편이었다.

이로써 인도에서 생산된 아편이 중국으로, 중국의 차가 영국으로, 영국의 면제품이 인도로 넘어가는 삼각 무역이 형성되었다. 중국의 아편 수입량은 해가 갈수록 늘어나, 1827년에는 드디어 영국의 수출 초과로 전환되었다. 중국에서 은의 유출이 시작된 것이다. 아편이 관료들과 군인들에게까지 확산되자, 청나라 조정은 경제적으로나 사회적으로나 큰 타격을 입었다.

조정에서는 아편 수입 금지를 둘러싸고 격렬한 논쟁이 벌어졌다. 도광제는 1838년에 아편 흡입을 엄격히 금지하자는 의견을 채택하고, 임칙서를 흠차대신으로 임명했다. 광저우로 부임한 임칙서는 아편 무역 거래에 엄정한 결의를 내보이며, 아편 무역상들에게 보유한 아편을 모두 내놓게 한 뒤 폐기 처분했다.

그러자 영국 내각은 곧바로 출병을 결의했다. 아편 무역을 담당하는 회사인 자딘 매디슨 상회를 중심으로 로비 활동도 활발해, 영국 하원 의회에서 개전을 위한 임시 예산이 가결되었다. 당연히 출병에 반대하는 목소리도 작지 않았다. 훗날 수상이 된 글래드스턴은 이런 연설을 남겼다.

"그 원인이 이토록 정의롭지 못하고, 조국에 이토록 영원한 불명예를 안겨줄 전쟁을 지금까지 들어본 적도 없고, 어디서 읽은 적도 없습니다."

영국군을 태운 함선 50여 척이 광저우 앞바다에 나타난 것은 1840년 5월 18일이었다. 주력 함대 사령관 브레머가 광저우 해상 봉쇄를 선언한 5월 29일을 기해 아편전쟁의 정식 개전이 이루어졌다.

전쟁은 영국군의 압승으로 끝났다. 1842년 8월 29일, 양쯔 강에 정박한 기함 콘월리스호에서 청나라와 영국 사이에 난징 조약이 체결되었다. 이로써 아편전쟁이 결말을 보았다.

난징 조약은 아편과 관련해 한마디도 언급하고 있지 않다. 이것은 쌍방의 전권이 공공연한 밀수에 대해 합의했기 때문이다.

태평천국의 난

"도의 근원은
하늘에 있다"
홍수전(중국 청나라의 반란 지도자)

태평천국
과도한 증세로 이탈하는 백성들과 비
적들을 흡수하며 크게 성장했다.

아편전쟁에서 패하고 얼마 안 된
1856년, 청은 다시금 외국과의 전쟁에
휘말렸다. 영불 연합군을 상대로 벌어
진 이 전쟁은 제2차 아편전쟁 혹은 애
로 전쟁이라 불린다. 베이징의 자금성
턱밑까지 밀고 간 연합군에게 청은 항
복하고 말았다.

톈진 조약(1858년)과 베이징 조약
(1860년)으로 아편무역이 합법화되고 홍
콩 섬 맞은편 주룽 반도의 할양(영국),
톈진의 개항, 중국인의 해외 도항 허가
등이 결정되었다. 또 같은 시기 청나라

가 궁지에 몰린 틈을 타 러시아가 헤이룽 강 쪽으로 진출하기 시작했다.

열강에 맞서 대응책을 골몰하던 외중에, 청나라는 국내의 반란에도 직
면했다. 태평천국, 염군, 소도회 등 다양한 무장 세력이 청나라를 뒤엎으
려 나선 것이다. 그 중에서도 가장 큰 세력은 태평천국이었다.

태평천국은 광둥 성 출신의 객가 홍수전이 1851년에 광시에서 건국했
다. 청군과 끊임없이 전투를 벌이며 이동을 거듭해, 1853년에는 양쯔 강

하류의 요충지인 난징을 점령했다. 그 후 난징에서 천경天京으로 이름을 바꾸고 태평천국의 수도로 삼았다.

태평천국은 기독교의 영향을 받은 종교 단체인 배상제회를 모체로 삼아 구미 열강에 호의적인 경향을 띠었다. 이 때문에 구미 열강은 태평천국을 청에 저항하는 단체로 인정했다. 그 나라들도 청나라와 항전 중이었기 때문이다. 어쨌든 구미 각국은 이런 배경 아래 태평천국에 대해 중립을 유지했다. 이미 중국의 절반이 태평천국 아래 들어가 청 왕조의 운명이 바람 앞의 등불 같았지만, 그들의 운명은 아직은 끊어지지 않았다.

청을 위기에서 구해준 것은 태평천국의 내분이었다. 거듭된 내홍과 숙청으로 말미암아 태평천국의 세력이 쇠퇴했다. 그 자리를 비집고 청의 반격이 시작되었다. 주력 부대는 팔기군과 녹영의 정규군이 아니라, 유교와 전통 질서의 옹호를 내세운 지방 세력들이 조직한 의용군이었다. 이들이 바로 증국번의 상군과 이홍장의 회군이었다.

베이징 조약이 체결되자 구미 열강도 청나라 쪽에 섰다. 1862년을 기점으로 전황은 청나라의 우위로 기울었다. 패전을 모르는 외국인 군대가 영국 장교 고든의 통솔 아래 회군·상군과 연합하여 태평천국을 공격했다. 1864년 6월에 천경이 함락되었고, 8월에는 태평천국 자체가 무너졌다.

한편 염군은 원래 산둥, 허난, 후베이 일대에서 소금을 암거래하고 부호를 약탈하던 염당이라는 유협遊俠 집단이었다. 재해와 중과세에 신음하는 농민들을 흡수하며 세력을 키워왔는데, 이 역시 1868년 상군과 회군에 진압되었다.

객가는 위진남북조 시대 북방에서 이주해왔다는 한족의 총칭이다. 선주민에게 동화되지 않고 독자적인 문화를 유지했다.

남북전쟁

"노예제는 크나큰
도덕적 악이다"
링컨(미국 대통령)

남북전쟁
노예제도를 둘러싸고 미국의 북부와
남부가 충돌한 전쟁이다.

1789년 13개 주에서 출발한 아메리카 합중국은 매수, 합병, 할양 등으로 영토를 확대했다. 인구도 1790년 국세조사에서는 약 400만 명이었지만, 1850년에는 2,300만 명에 달했다(모두 아메리카 원주민 제외). 이 가운데 흑인 노예는 남부가 320만 명, 북부는 1861년에 없는 것으로 기록되었다.

건국 때부터 남부와 북부는 산업 구조의 차이에서 비롯된 대립이 있었다. 북부는 보호무역주의, 중앙집권제, 노예제 반대를 중심 정책으로 삼았다. 그러나 남부는 자유무역주의, 각주의 자립, 노예제 옹호 및 확대를 견지했다. 산업혁명이 진전되어 상공업 중심의 산업사회가 형성된 북부와 노예제를 기반으로 대규모 면화 재배를 주로 하는 남부가 그대로 공존하기가 매우 곤란해진 상황이었다.

1860년 11월 대통령 선거에서는 노예제에 비판적인 공화당의 링컨이 당선되었다. 이 결과에 위기감을 느끼고 남부에서는 사우스캐롤라이나를 필두로 7개 주가 연방정부로부터 이탈해 남부동맹(최종적으로는 11개 주)을 결성했다. 그리고 1861년 4월 21일, 북군의 섬터 요새를 공격함으로써 남북전쟁이 시작되었다.

전황은 인구, 공업, 식량 생산량뿐만 아니라 철도 부설 거리에서도 압도적 우위에 선 북군이 처음부터 앞서나갔다. 전쟁사 측면에서 보자면, 전신과 철도가 광범위하게 활용되는 한편 사진 기록을 남긴 최초의 전쟁이었다.

전쟁은 1865년 4월 9일, 남군의 리 장군이 항복함으로써 북군의 승리로 끝났다. 1863년 1월 1일 링컨이 이미 '노예 해방 선언'을 발표했지만, 노예 해방은 1865년 말에 성립된 수정헌법 제13조에 따라 실효를 보게 되었다. 그러나 링컨은 그것을 보지 못한 채, 전쟁이 종결된 지 얼마 후인 4월 14일, 광신적인 남부주의자가 쏜 흉탄에 맞아 절명했다.

해방은 되었지만 그날부터 흑인이 백인과 동등한 입장에 서게 된 것은 아니었다. 또 그렇게 될 수도 없는 일이었다. 교육을 비롯해 수많은 핸디캡을 안고 이제 막 해방의 첫걸음을 떼기 시작했을 뿐이었다.

남부에만 국한된 것이 아니라, 백인의 의식도 쉽사리 바뀌지 않았다. 수정헌법 제13조가 성립된 무렵에는 테네시에서 KKK(Ku Klux Klan)단이 결성되었다. 이 조직은 이후 인종 차별로 악명을 떨치게 된다. 북군의 승리로 인종 문제가 해결된 것이 아니었다. 그 문제는 아직도 현재진행형이다.

미국에서는 오늘날 남북전쟁을 '내란'이라고 부른다. 전쟁 중에 북부 쪽은 '반역전쟁', 남부 쪽은 '독립전쟁'이라고 불렸다.

열강의 멕시코 개입

"멕시코 제국은
난산 끝에 태어난
아이다"
이글레시아스(멕시코 정치가)

멕시코시티 대통령궁 벽화
디에고 리베라의 작품으로 멕시코 역
사를 한눈에 볼 수 있다.

1861년 7월, 멕시코의 임시 혁명정부 대통령 팔레스는 2년간 대외 채무 지불 정지를 선언했다. 국고가 바닥나 채무를 변제하기는커녕 이자를 지불할 능력조차 없었던 것이다.

이것이 발단이 돼 같은 해 10월에 영국, 프랑스, 스페인 3개국이 런던에 모여 멕시코 독립전쟁 중에 입은 손해를 배상받기 위한 미변제 채무의 지불 요구 협정을 체결했다.

1862년에 3개국 군대가 베라크루스에 상륙했다. 스페인과 영국은 외교 통로를 통해 요구가 충족되자 파견한 군대를 철수하기로 했다.

유일하게 나폴레옹 3세 치하의 프랑스만이 소기의 목적을 달성하고자 군대를 계속 주둔시켰다. 그 목적이란 유럽의 유서 깊은 가문으로부터 인물을 영입하여 멕시코에 새로운 제국을 세우는 것이었다.

나폴레옹 3세가 점찍은 대상은 합스부르크 왕가의 막시밀리안이었다.

막시밀리안은 당시 오스트리아 황제 프란츠 요제프 1세의 친동생이었다. 형보다 2년 늦게 태어나 황제의 자리에 오르지 못하고, 롬바르디아의 베네치아에서 그 점을 원망하며 웅크리고 있던 인물이었다. 이런 상황이었으니 막시밀리안은 조금도 주저하지 않고 달려들었다.

이리하여 1864년 6월 12일, 막시밀리안이 멕시코시티에 도착했다. 임시 혁명정부 대통령인 팔레스가 집요하게 저항했지만, 그를 꺾는 것은 시간문제라고 생각했다.

그러나 상황이 급변했다. 1866년 1월 15일, 나폴레옹 3세로부터 놀랄 만한 소식이 날아들었다. 멕시코 주둔 프랑스 군대의 철수를 이미 결정했고, 1년 이내에 철수를 완료해야 한다는 내용이었다. 무슨 연유로 이처럼 손바닥 뒤집는 듯한 행동을 하게 된 것일까?

바로 국제 정세가 나폴레옹 3세로 하여금 그렇게 할 수밖에 없게 만들었다. 미합중국의 압력, 프로이센의 위협, 프랑스의 반대 여론, 멕시코 제국의 과도한 군비 지출 등이 겹치고 꼬여 이런 결정을 내리게 되었던 것이다.

생각지도 못한 사태에 막시밀리안은 당혹했다. 영국에 지원을 요청할 것인가, 퇴위할 것인가, 아니면 유럽으로 돌아가야 하는가? 막시밀리안은 결심을 하지 못한 채 시간만 보내다가 팔레스 군에게 무너졌다. 1867년 6월 19일, 막시밀리안은 측근 2명과 함께 총살형에 처해졌다.

막시밀리안의 아내 카를로타는 유럽으로 돌아와 원정을 요청하러 다녔으나, 호의적인 답변을 얻지 못했다.

합스부르크 왕가의 현실

"당신이 황제가 아니었더라면 훨씬 멋있었을 텐데"
엘리자베트(오스트리아 황후)

마리아 테레지아
문물과 제도를 정비해 합스부르크 왕가를 견고히 세운 여왕으로, 마리 앙투아네트의 어머니다.

바이에른의 비텔스바흐 왕가의 딸 엘리자베트는 언니의 맞선 자리에서 합스부르크 왕가의 프란츠 요제프 1세를 처음 만난 뒤 만 16세의 나이로 결혼하게 된다.

교회에서 군중들의 꽃세례 속에 축복을 받으며 결혼식을 치르고, 젊은 두 사람은 티롤의 산길을 마차로 달려 오스트리아로 향했다. 신랑에게 상냥히 외투를 걸쳐주며, 엘리자베트는 뺨을 장밋빛으로 물들인 채 되뇌었다.

"그 누구라도 당신을 사랑하지 않고는 못 배길 거예요. 하지만 당신이 황제가 아니었더라면 훨씬 멋있었을 텐데."

이것은 거짓 없는 그녀의 진심이었다. 사실 엘리자베트의 결혼에는 처음부터 검은 구름이 드리워져 있었다. 엘리자베트는 말괄량이인 데다 성격이 자유분방했다. 그것이 엄격한 합스부르크 왕가의 가풍에 들어맞을 턱이 없었다. 더욱이 시어머니인 소피가 강력히 반대했다. 그러나 프란츠 요제프 1세가 고집을 꺾지 않아 결혼식을 올릴 수 있었다.

그러나 현실은 역시 냉혹했다. 빈의 궁정 생활은 아침에 일어나 저녁에 잠자리에 들 때까지 하나하나 규칙에 얽매여 있었다. 조금이라도 게을리하면, 곧바로 엄격한 소피로부터 질책을 들어야 했다. 도저히 마음 놓고 지낼 수가 없었다.

엘리자베트는 1남 2녀를 낳았지만, 모두 태어나자마자 곧바로 시어머니 소피에게 빼앗겨 엄마로서의 즐거움을 느낄 수 없었다. 그런 세월을 보내며 그녀는 점차 식욕을 잃었고, 원인 모를 가래가 멈추지 않아 우울증에 빠지고 말았다. 공식적인 자리에도 좀처럼 모습을 드러내지 않았고, 약속했던 만남을 취소하거나 기묘한 행동을 했다.

만일 오늘날 진단을 내린다면 적응 장애라고나 할까. 그러나 당시의 의사들은 병명조차 짐작할 수 없었고, 전지 요양이 가장 좋다는 처방을 내렸다. 엘리자베트에게는 이게 행운이었을지도 모른다.

엘리자베트는 먼저 리스본 남서쪽 해상 30킬로미터 지점에 있는 마데이라 섬으로 갔다. 거기서부터 그녀의 방랑이 시작되었다. 남편은 깊은 이해심을 보이며, 때때로 귀국하는 것을 조건으로 가고 싶은 곳에 가서 실컷 시간을 보내는 것을 허락했다.

1898년, 엘리자베트는 제네바에 있었는데, 그곳에서 생각지도 않은 사건에 휘말렸다. 무정부주의를 신봉하는 한 사내의 눈에 띄었던 것이다. 그가 휘두른 칼이 그녀의 가슴을 찔렀다. 심장은 다치지 않았지만 치명적이었다. 그녀는 의식 불명 상태로 있다가 다음날 영원히 눈을 감았다.

1889년, 엘리자베트는 아들 루돌프를 잃고는 장례식이 끝나자마자 도망치듯 빈을 떠났다.

통일로 가는 이탈리아

> "우리가 어디로
> 물러난다 해도 로마는
> 존속한다"
>
> 가리발디(이탈리아 혁명가)

가리발디
이탈리아의 통일을 위해 몸 바쳐 싸웠으며, 용감한 애국자로서 국민들의 존경을 받고 있다.

독일과 이탈리아는 영국과 프랑스에 비해 국민국가적 통일에서 뒤져 있었다. 그런 까닭에 식민지 획득 경쟁이나 경제 발전에서도 뒤처질 수밖에 없었다. 그러나 19세기 후반에는 갖가지 장벽을 제거함으로써 통일을 이루었다. 가장 큰 장애는 오스트리아 합스부르크 제국과 프랑스 제국이었다. 프랑스에서는 1848년에 대통령으로 선출된 루이 나폴레옹이 1852년에 제정을 부활시키고 나폴레옹 3세로 즉위했다.

이탈리아 통일 운동에서 주도적 역할을 한 인물은 사르데냐 왕국의 수상인 카보우르와 가리발디였다. 카보우르는 탁월한 외교 수완을 발휘해 영불 연합군을 아군으로 끌어들인 뒤, 우선 북이탈리아를 영유하는 오스트리아에 싸움을 걸었다.

1859년, 솔페리노 전투를 승리로 이끈 사르데냐는 이탈리아 통일의 발판을 확보했다. 이 전투에서는 양군 합쳐 4만 명이나 되는 사망자가 나왔다. 이 참상을 직접 목격하며 부상자들의 수용과 간호에 분주했던 스위스인 앙리 뒤낭이 훗날 국제적십자를 창립한다.

1860년, 가리발디가 두 시칠리아 왕국을 붕괴시켜 시칠리아와 남이탈리아를 해방시킴으로써 이탈리아 통일에 한 걸음 더 다가서게 되었다. 다음해 3월에는 사르데냐 국왕 비토리오 에마누엘레 2세가 토리노에서 즉위하여 이탈리아 왕국을 성립시켰다. 나아가 프러시아와 오스트리아가 전쟁을 벌일 때 베네치아를, 프러시아와 프랑스가 전쟁 중일 때 로마 교황령을 차지하여, 1870년에 통일 이탈리아를 완성했다.

이렇게 되기까지 이탈리아에도 희생이 따랐다. 카보우르는 나폴레옹과 대대적인 교섭에 나섰다. 그 결과 토스카나, 파르마, 모데나, 로마냐를 사르데냐에 병합하고, 프랑스에는 대신 사부아와 니스를 양도했다.

사부아는 왕가의 발상지로서, 그곳의 양도는 사르데냐에게는 꽤 아픈 결정이었다. 그러나 그곳에는 프랑스인이 많이 살고 있었기 때문에, 현실을 직시하면 어쩔 수 없는 선택이기도 했다. 프랑스의 원조 없이는 오스트리아를 이길 수가 없었기 때문이다.

통일 이탈리아를 반대하고 '교황 무오류설'이란 교의를 내세우며 자유주의 반대, 교회의 세속 권력 유지를 주장했던 교황 피우스 9세는 로마가 점령당하자 스스로 '바티칸의 죄수'라 칭하고 이탈리아와의 관계를 모두 끊었다. 이탈리아와 로마 교황의 관계 단절은 1929년까지 계속되었다.

가리발디는 무역상 출신으로, 남미의 독립전쟁에 참가하여 게릴라전을 몸에 익혔다. 이탈리아 통일 운동에서는 천인부대를 이끌고 활약했다.

독일제국의 약진

"철과 피로써만
해결된다"

비스마르크(프로이센 재상)

비스마르크
독일을 통일해 제국을 건설하고 유럽
의 중심국으로 키웠다.

"독일이 프로이센에 주목하고 있는 것은 그 자유주의가 아니라 힘이다. 지금 앞에 놓인 큰 문제는 언론이나 다수결로써가 아니라, 철과 피로써만 해결된다."

이것은 1862년, 프로이센의 재상 비스마르크가 의회에서 행한 유명한 '철혈 연설'의 일부이다. 독일에서는 1834년에 프로이센 주도 아래 독일관세동맹이 체결되어 정치적 통일을 향한 준비가 착착 진행되어갔다. 이탈리아 통일운동과 거의 비슷한 시기에, 비스마르크와 참모총장 몰트케가 강력히 주도하여 막바지 작업을 서둘고 있었다.

독일 통일의 구상은 크게 두 가지 생각으로 나뉘었다. 대독일주의와 소독일주의가 그것이다. 프로이센과 오스트리아-독일 제후국을 통합하여 모든 독일인을 포함하는 통일 국가를 건설하려는 입장이 대독일주의이다. 반면, 많은 이민족을 거느린 오스트리아는 어쩔 수 없이 배제해야 한다는 것이 소독일주의이다. 소독일주의를 취한 프로이센과 대독일주의를 취한 오스트리아는 관세동맹이 발족되고 나서 대립이 심화되었다. 그러다가 1866년, 드디어 선전포고도 없이 전쟁 상태로 돌입했다.

전쟁은 프로이센의 압승으로 끝나, 오스트리아를 제외한 프로이센 주도의 통일 쪽으로 가닥이 잡혔다. 최후의 장벽이 된 것은 프랑스였다. 프로이센은 프랑스와의 전쟁에서 나폴레옹 3세를 항복시켰다. 그리하여 1871년, 베르사유 궁전 내 거울의 방에서 빌헬름 1세를 황제로 삼는 독일 제국을 성립시켰다.

이것은 사실상 프로이센의 독일 정복이나 마찬가지였다. 그러나 국토와 인구의 5분의 3 이상을 프로이센이 차지하고 있는 데다 압도적인 무력을 지닌 이상, 그것은 필연적인 흐름이기도 했다.

독일제국에서 제외되어 체면과 위세를 모두 잃어버린 오스트리아의 합스부르크 제국은 헝가리를 비롯한 여러 민족의 정치적 움직임 때문에 골머리를 앓고 있었다. 그리하여 1867년, 사태를 타개하기 위한 수단으로 제국을 오스트리아-헝가리 이중 제국으로 재편했다. 황제가 헝가리 왕을 겸하여 외교, 군사, 재정 이외에는 독자적인 사법과 행정을 실시한다는 동군同君 연합 체제를 취했던 것이다.

그러나 제국 영토 내에는 체코, 루마니아, 슬로바키아, 세르비아, 크로아티아 등 남프랑스계 민족도 다수를 차지하고 있었다. 상황이 그러했기 때문에 아이러니하게도 새로운 체제는 그런 민족들의 지위 향상을 요구하는 운동을 촉발시켜, 혼란이 더욱 가중되었다.

1878년 베를린 조약에 따라 오스트리아-헝가리 이중 제국은 보스니아와 헤르체고비나를 행정 관리하게 된다. 새로운 화약을 떠안게 된 것이다.

수에즈 운하 개통

> "저당 물건은
> 영국 정부입니다
>
> 디즈레일리(영국 수상)

수에즈 운하
프랑스의 도움을 받아 이집트에서 건설하나, 영국에 지분을 팔아 운영 주도권을 넘겨주게 된다.

오스만 왕조의 속주 이집트는 중앙으로부터 총독이 파견되는 시스템이었다. 그러나 현실적으로는 징세 대리인 역할을 하는 맘루크들이 이집트 전역을 지배했다.

하지만 나폴레옹의 이집트 원정으로 그런 질서가 무너졌다. 그 혼란을 틈타 두각을 나타낸 인물이 오스만 왕조에서 파견된 알바니아인 용병대 장교 무하마드 알리였다.

1805년, 그는 울라마(법학자)와 카이로 시민들의 지지를 배경으로 총독에 추대되었다. 오스만 왕조도 그를 인정했다. 맘루크 세력을 무찔러 정권의 기반을 다진 무하마드는 오스만 왕조로부터 반독립적인 자세를 취하며, 서구적 근대화와 대외 확장 정책을 적극적으로 추진해 국력을 급속히 신장시켰다.

무하마드의 정책은 그의 사후에도 그대로 계승되어, 사이드와 이스마일 때에는 수에즈 운하 굴착이 이루어졌다. 공사의 계획과 추진은 프랑스의 전 외교관 레셉스가 맡았다.

1859년 4월에 시작된 이 공사에는 약 4억 3,000만 프랑이라는 거금이 투입되었다. 12만 명이나 되는 노동자가 생명을 잃는 난공사 끝에, 운하는 1869년에 완공되었다. 11월 17일, '동양과 서양의 결혼식'이라고 이름 붙여진 기념식이 성대하게 열렸다. 프랑스 황후, 오스트리아 황제, 프로이센 황태자 등 외국의 숱한 귀빈들을 태운 배들이 운하에서 퍼레이드를 벌였다. 주요 행사는 이스마일리 광장에서 개최되었다. 그곳에서 펼쳐진 축하 행사도 매우 화려하게 치러졌다. 그 행사장에는 뒤마와 입센 같은 서구를 대표하는 문인도 참석했다.

영국은 수에즈 운하의 건설에는 일절 관여하지 않았다. 그러나 막상 완공된 후에 운하를 오가는 선박의 80퍼센트가 영국 선박이었다. 영국으로서는 아무래도 운하의 운영에 참여하고 싶었다. 그러는 가운데 둘도 없는 기회가 찾아왔다. 이집트가 대외 채무의 변제를 위해 운하의 지분을 모두 팔겠다고 나선 것이다.

당시 영국 의회는 휴회 중이어서 예산을 통과시킬 수가 없었다. 그리하여 디즈레일리는 비서관을 유대계 대부호인 로스차일드에게 급파했다. "그렇다면 당신 쪽 저당 물건은?" 로스차일드가 묻자 비서관이 대답했다. "영국 정부입니다."

이로써 이야기가 끝나, 1875년에 영국은 그 주식을 매입했다. 졸지에 수에즈 운하의 최대 주주가 된 것이다. 수에즈 운하가 사실상 영국의 관리 아래 놓이게 됨으로써, 이집트도 영국에 종속되는 길을 걷는다.

로스차일드는 2,000만 파운드를 빌려주고 50만 파운드의 이자를 받았다고 한다.

비스마르크의 은퇴

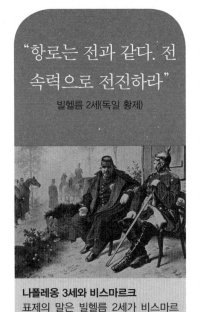

"항로는 전과 같다. 전
속력으로 전진하라"
빌헬름 2세(독일 황제)

나폴레옹 3세와 비스마르크
표제의 말은 빌헬름 2세가 비스마르
크를 사직시키고 나서 한 말이다.

1878년 베를린 회의 뒤에, 유럽의 국
제 질서는 독일의 비스마르크를 중심
으로 움직이고 있었다. 비스마르크의
기본 방침은 프랑스를 고립시키고 현
상 유지를 꾀한다는 것이었다. 그러기
위해 비스마르크는 거의 신기에 가까
울 만큼 뛰어난 외교 수완을 발휘했다.

우선 비스마르크는 오스트리아, 러
시아와 삼국 협상을 체결했다. 이것은
삼국의 다른 두 나라 가운데 한 나라
가 오스만 왕조 이외의 제4국과 전쟁
을 하는 경우, 호의적인 중립을 지키기
로 약속한 것이다. 또 삼국 가운데 한 나라가 오스만 왕조와 전쟁을 하려
고 할 경우에는 미리 다른 두 나라와 협의해야 하고, 유럽 동남부의 영토
는 삼국의 동의 없이는 현상 변화가 없다는 내용이었다.

이어서 비스마르크는 오스트리아, 이탈리아와 삼제동맹三帝同盟을 맺었
다. 이것은 협상보다 한 걸음 더 나아간 것이었다.

만약 이탈리아가 프랑스의 공격을 받으면, 독일과 오스트리아는 전 병

력을 동원하여 이탈리아를 원조한다. 만약 독일이 프랑스로부터 공격받으면, 오스트리아와 이탈리아는 같은 방식으로 독일을 돕는다. 만약 동맹국 가운데 한 나라 혹은 두 나라가 동맹국 이외의 두 나라 혹은 세 나라의 공격을 받는다면, 다른 동맹국은 방위에 참가한다. 만약 동맹국 가운데 한 나라가 전쟁을 수행하려고 한다면, 다른 두 나라는 호의적인 중립을 지키고, 삼국 간에 협의를 거쳐 삼제동맹으로 화의를 맺는다는 내용으로 구성되었다.

나아가 비스마르크는 오스트리아, 루마니아와도 삼국동맹을 체결해 세르비아, 영국과도 친교를 맺었다. 영국은 "영광스러운 고립" 원칙을 지켜 어떤 나라와도 동맹을 체결하지 않았기 때문에, 비스마르크로서는 영국과 우호적인 관계를 맺는 것만으로 만족했다.

이러한 비스마르크의 정책이 효과를 발휘하여 유럽은 잠시 전쟁 없는 시기를 보냈다.

그러나 평화도 오래가지는 않았다. 빌헬름 1세가 92세의 나이로 세상을 떠나고, 그의 아들 프리드리히 3세가 즉위한 지 겨우 99일 만에 세상을 떠났다. 그리하여 30세의 빌헬름 2세가 제위를 이어받았다.

비스마르크는 국내에 적이 많았다. 빌헬름 2세는 그들의 선동에 휘말려 비스마르크를 사직시켰다. 그러고는 "국가라는 배의 당직 근무가 나에게 돌아왔다. 항로는 전과 같다. 전속력으로 전진하라"고 선언했다. 그러나 그 항로는 비스마르크가 향했던 방향과는 전혀 달랐다.

베를린 회의는 러시아와 터키의 전쟁으로 인해 발생한 국제 분쟁을 해결하기 위해 독일의 비스마르크가 주재한 국제 회의이다. 이 회의는 6년 뒤에도 다시 열려 아프리카의 분할 방식을 결정했다.

서태후의 동치중흥

"중체서용"

중국의 개명파 관료

서태후
중체서용을 중시했으며 권력을 유지
하기 위해 자신의 자녀에게도 칼을 휘
둘렀다.

서구 열강에게 두 차례 패전하면서 청나라의 완강했던 대외 정책에도 변화의 바람이 불었다. 1861년에는 베이징에 총리각국사무아문(청나라 말기에 외국과의 교섭을 담당한 관청)이 설치되어 양무(洋務), 즉 외교 문제를 취급하는 전문적인 창구 노릇을 했다. 이때까지 이무(夷務)로 칭하던 외교 사무를 양무라고 고친 것은 열강을 대등한 나라로 인정한다는 것을 의미했다. 이것은 중국 역사상 획기적인 조치였다.

여섯 살에 즉위한 동치제와 네 살에 즉위한 광무제 시대에 궁정의 실권을 잡고 있던 인물은 함풍제의 아내 서태후였다. 대외적으로는 협조 노선을 으뜸으로 삼고, 국내적으로는 태평천국·염군·백련교·천지회, 거기에 무슬림(회족)·몽인(먀오족) 등 소수민족들의 무수한 반란도 어느 정도 평정되었다. 그리하여 쇠잔해져 가는 청나라 조정도 잠시 안정기에 접어들었다. 이런 상대적 안정기를 역사에서는 동치중흥同治中興 시대라고 부른다.

동치중흥 시기는 질서의 회복기임과 동시에, 서구의 기술을 도입하여 부국강병을 도모한다는 이른바 양무운동이 벌어졌던 시기이기도 했다. 하지만 그것은 사회 전체의 문명개화, 즉 서구적 근대화를 모방하는 것이 아니라 "중국의 학문을 체로 삼고, 서양의 학문을 용으로 삼는다"는 중체서용中體西用의 정신에 근거한 것이었다. 그 중심적 역할을 한 인물들은 태평천국을 진압함으로써 급격히 세를 불린 증국번, 이홍장, 좌종당 등 한족 관료들이었다.

유학생의 파견, 외국어 학교의 설립 등 장기적 관점에서 추진한 사업들도 물론 있었지만, 특히 역점을 둔 사업은 공업화였다. 병기공장의 설치부터 시작하여 운수·통신 기관의 설립, 각종 광산의 개발로 이어졌다. 그럼으로써 양무의 범위는 점점 확대되어갔다. 자금 문제가 있었지만, 그것은 민영 기업을 정부가 적극적으로 보호 육성하는 반관반민半官半民의 관독상변官督商弁이라는 경영 형태를 취함으로써 해결했다.

중체서용은 일본의 화혼양재和魂洋才와 상통하는 측면이 있다. 그렇다면 양무운동을 문명개화라고 할 수 있을까?

그러나 중국의 경우, 고용한 외국인들 가운데 변변한 사람이 없었다. 게다가 도입한 기계들이 죄다 중고여서 좀처럼 생각만큼의 성과를 내지 못했다. 두드러진 성과가 나타나기 시작한 것은 최초의 유학생들이 귀국한 이후의 일이다. 그들이 현장에 나옴으로써 불량 외국인과 확실한 인재의 구별이 가능해져, 드디어 개혁의 물살에 올라타게 되었다.

1884~85년의 청불전쟁 결과, 청은 베트남에 대한 종주권을 잃는다. 1894~95년의 청일전쟁으로는 대만을 잃게 된다.

변법자강을 통한 근대화

"각국의 변법 가운데
피를 흘리지 않고 성공
한 경우는 없다"
담사동(중국의 개혁가)

담사동
봉건군주제를 비판하며 변법자강운동
을 주도한 인물 중 하나. 광서제를 도
와 변법을 추진했다.

청일전쟁에서의 패배가 중국 지식인들에게 끼친 영향은 실로 엄청났다. 군의 근대화만으로는 국력의 회복을 꾀할 수 없다, 일본의 메이지 유신의 성공을 참고해서 근본적인 개혁을 할 필요가 있다, 나라의 보전을 바란다면 조상 전래의 정치 제도를 바꿔야만 한다(변법)는 생각이 자연스럽게 퍼져나갔다. 그러한 움직임의 맨 앞에 선 인물이 캉유웨이, 량치차오, 담사동 같은 예비 관료들이었다.

친정을 시작한 광서제는 단비라도 만난 듯이 변법에 매달렸다. 국력 회복(변법자강)이야말로 중국을 구할 유일한 방책이라고 확신했던 것이다. 광서제는 캉유웨이 등을 발탁하여, 1898년부터 근본적인 정치 개혁에 나섰다. 그리하여 잇따라 개혁의 뜻을 표현했다.

그러나 개혁에는 저항이 따르는 법이다. 이때도 수구파가 강력하게 반발하며 서태후 아래 결집하여 대책을 강구했다. 수구파가 어떤 식으로든 반발할 것이 틀림없다는 것은 캉유웨이 등도 예상했던 바였다. 마지막에 승부를 가르는 것은 무력밖에 없다. 그렇게 생각한 담사동은 위안스카이를 자기편으로 끌어들이려 했다.

청일전쟁에서 패배한 뒤 조정은 새로운 정규군을 조직하기 시작했다. 서양식 훈련을 받고 서양의 무기를 갖춘, 전혀 새로운 군대였다. 이들은 신건육군新建陸軍(신군)이라 불렸다. 변법운동이 시작되었을 때, 이미 무위우군·무위좌군·무위전군·무위후군·무위중군 등 5개 부대가 갖춰져 있었다. 그 가운데 최정예 부대로 주목받던 무위우군은 한족인 위안스카이의 지휘 아래 있었다. 담사동은 이 무력을 기반으로 일거에 수구파를 타도하려 했다.

그러나 위안스카이는 담사동의 제안을 받아들이는 체하고는, 그 내용을 그대로 수구파 상사인 영록이란 인물에게 보고했다. 수구파는 보고를 받고 정변을 일으켜 광서제를 폐위시켰다(무술정변). 변법파의 일제 검거는 당연한 수순이었다. 그리하여 개혁은 겨우 100여 일 만에 좌절되고 말았다.

한편, 캉유웨이와 량치차오는 서둘러 일본 공사관으로 피신한 뒤 일본으로 망명했다. 담사동은 도망치라는 권유를 받았음에도, "각국의 변법 가운데 피를 흘리지 않고 성공한 경우는 없다"고 말하며 베이징에 머무르다가 저항하지 않고 체포되었다. 벗이자 협객인 대도회 소속의 왕오가 담사동이 호송될 때 그를 구출하려 했지만 실패로 끝났다. 담사동은 사람들이 잔뜩 모인 차이스커우茶市口에서 처형되었다.

광서제의 변법운동이 무술년에 일어났기 때문에 이를 '무술정변'이라고도 한다. 또 100여 일 만에 실패로 돌아갔으므로 '백일유신'이라고도 한다.

의화단 사건

"중국은 대대로 허약해져 이미 피폐해졌으니, 기댈 곳은 오직 인심뿐이다"
서태후(중국의 최고 권력자)

만평
1898년 1월 15일, 프랑스 신문 『르 프티 주르날』에 실려 당시 중국 분할을 풍자했다.

1858년의 톈진 조약 결과, 중국 내지에서 기독교의 포교가 공식적으로 허용되었다. 그러나 기독교의 포교, 인류학 연구, 제국주의 침략은 삼위일체의 관계였다. 그랬기 때문에 중국 내에서의 기독교 포교는 곳곳에서 마찰을 일으켰다. 중국인들의 반기독교 운동을 구교운동仇敎運動, 기독교가 개입돼 일어난 사건을 교안敎案, 중국인으로서 기독교 신자가 된 사람을 교민敎民이라고 했다.

구교운동은 양쯔 강 유역에서 발생했지만, 19세기 말에는 중심지가 산둥 쪽으로 옮겨갔다. 산둥 지역에 독일의 진출이 한창이었던 데다가, 교민이 종래의 관습을 무시하며 파괴적인 행동에 나서는 일이 잦았고, 기독교 교회가 재판에 간섭하는 일이 빈번했기 때문이다.

만약 교민과 일반인들 사이에 분쟁이 생기면 교민이 교회에, 교회는 그 지구를 통괄하는 사제에게, 사제는 그것을 열강의 공사에게 보고했다. 그러면 공사는 청나라의 외무성에 해당하는 총리아문에 압력을 가했다. 총리아문이나 조정은 거기에 대항할 수가 없었다. 오히려 사실 관계조차 확인하지 않고 무조건 교회가 말하는 대로 사건을 수습하라는 명령을 지방관에게 내렸다. 말단 지방관 가운데는 압력이 가해질 때까지 기다릴 것도 없이, 처음부터 교민에게 유리한 판정을 내리는 자들도 적지 않았다.

당연히 사람들의 불만이 높아갈 수밖에 없었다. 그런 상황에서 반서양 종교, 반기독교를 내세우는 다양한 무술 결사가 등장하여 인심을 얻었다. 대도회·매화권·의화권 등 다양한 결사가 있었지만, 조정이 이들을 자위단으로 공인함과 동시에 총칭하여 의화단이라고 부르게 되었다.

아직 공인을 받기 전, 의화단은 산둥 순무로 부임해온 위안스카이로부터 무력 탄압을 받았다. 그리하여 그들은 직예(지금의 허베이 성)로 옮겨가, 1900년 6월에 톈진과 베이징 시내에도 모습을 드러내게 되었다.

처음에 조정은 확실한 태도를 취하지 않았지만, 많은 만주 귀족들이 이들을 지지하여 공인하는 쪽으로 결정을 내렸다. 그런데 열강의 연합 함대가 톈진 동쪽의 다구 포대를 점령한다는 통보를 받자마자, 서태후는 어쩔 수 없이 열강에 선전포고를 했다.

그러나 일본군을 주력으로 하는 8개국 연합군이 톈진에서 곧바로 도성 안까지 밀고 들어오자 의화단은 궤멸되었다. 이로써 의화단을 사주한 청나라 조정은 배상금을 지불한다는 내용 등이 담긴 불평등 조약을 체결하게 된다.

대도회는 산둥의 유사단이 만든 무술 결사이다.
종종 도적단을 평정해서 명성이 높았는데, 각지의
촌락에서 도움의 손길을 내미는 경우가 많았다.
이들은 교회를 습격하기도 했다.

▼B29 전폭기(에놀라 게이)

간디▶

▲맥아더

◀케네디

▲빈 라덴

F-117▶

▲9·11

킹 목사▶

미·소의 대립에서 미국의 세기로

▼제1차 세계대전(전투기)

◀레닌

▲제1차 세계대전(전차)

히틀러▶

◀쑨원

무솔리니▶

▼제로 전투기

▲세계 대공황

세계 ▶	제국주의 시대		파시즘 대두	제2차 세계대전
중국 ▶	청		중화민국	

1904	1905	1911	1912	1914	1917	1920	1921	1923	1929	1936	1937	1939	1940	1941	1944
러일전쟁(~05년)	러시아, 피의 일요일 사건	중국, 신해혁명 발발	청이 멸망하고 중화민국 성립	사라예보 사건. 제1차 세계대전 발발(~18년)	러시아 혁명	국제연맹 결성	히틀러, 나치스 당수가 됨	터키 공화국 성립	뉴욕, 주가 대폭락	스페인 내전(~39년)	중국, 루거우차오 사건. 중일전쟁 발발	독·소 불가침 조약 체결. 제2차 세계대전 발발(~45년)	독일, 프랑스 점령	태평양전쟁 발발	노르망디 상륙 작전

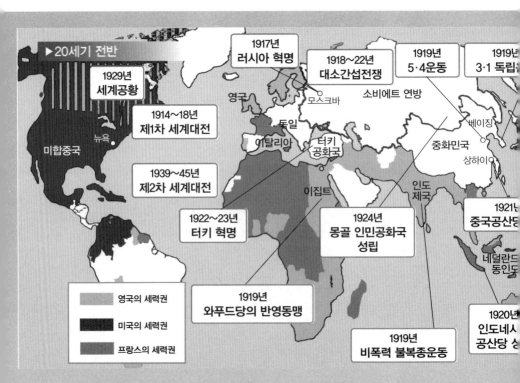

◎20세기 전반에는 혁명과 공산주의와 파시즘이 세계를 뒤흔들었다. 제1차 세계대전 뒤에 구축된 베르사유 체제는 패전국에 가혹한 조건을 내걸어 또 다른 세계대전이 벌어지게 만든다.

중화인민공화국

1945	1946	1948	1949	1950	1956	1960	1962	1966	1976	1979	1989	1991	1993	2001	2003
제2차 세계대전 종결. 처칠, 철의 장막 연설	중국, 국공 내전 재개. 제1차 인도차이나 전쟁(~45년)	이스라엘 건국 선언. 제1차 중동전쟁. 베를린 봉쇄	중화인민공화국 성립. 국민당 전부가 대만으로 옮겨감	한국전쟁 발발(~53년)	소련에서 스탈린 비판이 일어남. 헝가리 동란	제2차 인도차이나 전쟁(베트남 전쟁, ~75년)	쿠바 위기	중국, 문화대혁명 시작	베트남 사회주의공화국 성립	이란, 팔라비 왕 망명. 이슬람공화국 탄생	중국, 톈안먼 사건	페르시아 만 전쟁 발발. 쿠웨이트 해방	유럽연합(EU) 성립	미국에서 동시 다발 테러 발생. 아프가니스탄 공격	미국과 영국, 이라크 공격

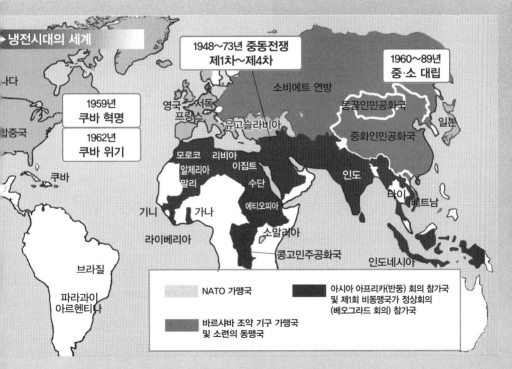

◎냉전 시대 미·소 양 초강대국의 전략적 입장에 따라 개발도상국들이 극심한 혼란을 겪었다. 냉전이 끝나자 이번에는 민족 간·종교 간 분쟁이 세계 각지에서 불붙었다. 9·11 테러로 촉발된 테러와의 전쟁도 아직 끝이 보이지 않는 상황이다.

피의 일요일 사건

"폐하, 이제
힘이 다했습니다"
가폰(러시아 종교인)

겨울궁전
10월혁명의 배경이 된 곳으로 임시정
부 청사로도 쓰였다.

동북아에서 러시아와 일본이 격전
을 벌일 무렵, 러시아 제국의 수도 상
트페테르부르크에서는 혁명의 불길이
모락모락 피어나고 있었다. 그 중심에
선 인물이 가폰이라는 성직자였다.

가폰은 학생 시절부터 노동자들이
사는 마을로 전도를 나가, 노동자들 간
의 상호 부조를 역설하며 도시 노동자
들의 문제에 깊은 관심을 기울여왔다.
그때부터 정부 보안부의 눈에 들어, 당
국이 공인하는 노동자 단체를 만들라
는 명령을 받았다.

1904년 2월, 가폰을 중심으로 한 '페테르부르크 시 러시아인 공장 노동
자 모임'이 설립 허가를 받았다. 설립에 필요한 자금 150루블은 경호국,
210루블은 보안부가 제공했다. 설립식장에서는 내무장관 앞으로 "경애하
는 황제 폐하의 허락에 힘입어 이 모임을 만들었으니, 옥좌와 조국에 대
한 사랑으로 불타는 노동자들의 충심을 전해주십시오"라는 전보를 칠 것
을 만장일치로 결의했다. 사람들은 "신이시여, 황제 폐하를 지켜주소서"

라고 노래했다. 발족 당시 회원 수는 120명이었지만, 5월에는 750명으로 늘어났고, 지부도 2개가 생겼다. 9월에 제1회 총회가 개최되었을 때에는 5개 지부에 회원이 1,200명에 달했다.

이러한 상황에서 같은 해 연말에 프티로프 공장에서 회원 4명이 해고되는 사건이 일어났다. 당연히 노동자 모임이 항의했다. 그러나 공장 측이 무시했다. 다음해 1월 3일, 노동자들이 파업에 돌입했다. 이 운동은 노동자들의 공감을 불러일으켰고, 급기야 파업은 전 시가지로 번졌다.

그런 가운데 가폰은 4일 황제에게 청원하기로 방침을 정하고, 5일에는 청원서를 썼다. 그는 처음에 대표자 400명의 이름으로 제출하려 했다. 그러나 6일 오후 그의 집에서 열린 지부 대표자 회의에서 "이번 일요일인 1월 9일 오후 2시 겨울궁전 앞 광장에서 페테르부르크의 전 노동자들이 모여서 청원서를 제출하자"는 제안이 받아들여져 그에 따르기로 했다.

그리하여 동장군이 기승을 부리는 가운데, 페테르부르크의 노동자들이 겨울궁전 앞 광장에 모여들었다. 정부는 보병 20개 대대, 기병 23개 중대, 카자크 8개 중대, 총병력 1만 5,000명을 다리와 광장, 주요 도로에 배치했다. 또 5,000명에 가까운 기마 순찰대와 헌병대에게 전원 가두 경비에 임하도록 명령했다.

노동자들은 누구 하나 무기를 들고 있지 않았다. 그들은 비무장 상태에서 가폰의 지도 아래 전진을 시작했다. 그러나 군인들은 이들에게 무자비하게 발포했다. 당국은 사망자 98명, 부상자 333명이라고 발표했다. 하지만 실제로는 사망자 1,000명, 부상자 4,000명에 이르렀다고 한다.

이 사건이 벌어지기 겨우 두 시간 전에 동아시아에서는 러시아의 군항인 여순이 함락되었다. 이 사건과 맞물려서 일본과의 전쟁은 더 이상 계속하기가 어려워졌다.

청나라의 멸망

"나는 무일푼이다.
가지고 돌아온 것은
혁명정신뿐"
쑨원(중국의 혁명가)

쑨원
한족을 중심으로 한 개혁에 관심이 많
았다. 그의 정치 이념은 민주, 민생,
민권의 삼민주의로 압축된다.

의화단 사건이 벌어졌을 때, 신군 가
운데 궤멸되지 않은 유일한 부대는 산
둥에서 정세를 관망하던 위안스카이의
무위우군뿐이었다. 시안으로 도망쳤던
서태후와 광서제가 베이징으로 돌아
오자, 위안스카이는 북양대신 겸 직예
총독을 제수했다. 그는 1905년까지 신
군을 여섯 배로 늘려 이른바 북양 6진
을 창설했다. 이로써 그의 입김이 강한
북양 6진은 북양군이라 불리며 청군의
주력을 맡았다.

1907년에는 전국적으로 36진의 신
군을 창설하기로 하고, 각 성마다 북양군과는 별도로 신군을 구성하기 시
작했다. 언뜻 위안스카이에게는 거칠 것이 없어 보였지만, 만주 출신 귀족
들 사이에서는 그에 대한 경계심이 한껏 고조되었다. 그래서 1908년 말에
는 "다리에 병이 도져 다니기가 곤란하다"는 이유를 대고, 고향인 허난 성
상청으로 내려가 은거에 들어갔다.

선통제 푸이가 즉위하고 3년째 되는 8월 19일(1911년 양력 10월 10일), 양

쯔 강 중류의 중심 도시인 후베이 성 우창에서 신군이 무장봉기했다. 혁명의 불길은 순식간에 중국 각지로 옮겨 붙어, 전국 18개 성 가운데 14개 성이 청나라로부터 독립을 선언했다(신해혁명).

조정은 만주 귀족의 총지휘 아래 북양군을 우창으로 파견했다. 그러나 위안스카이의 수하에서 큰 장군들은 그 명령을 따르려 하지 않았다. 조정은 위안스카이를 불러들일 수밖에 없다고 판단했다. 그러나 그는 병을 핑계 대며 순순히 응하지 않았다. 그러면서 조정으로부터 군과 정치 양면의 전권을 위임받고자 했다. 결국 조정에서 전권을 위임하자, 그제야 활동에 들어갔다. 위안스카이는 전선의 부대들에 진격을 명하는 한편, 혁명파 수뇌와 대화도 했다. 그리하여 혁명파와 제정을 종식시키는 대신, 자신이 공화국 원수에 오르고 전쟁을 끝내기로 합의했다. 만주 귀족들 사이에서는 철저한 항전을 주장하는 인물도 있었다. 그러나 그가 암살되자 대세는 기울었다. 1912년 2월 12일, 선통제 푸이가 퇴위를 선언했다.

한편, 혁명파의 정신적 지도자 쑨원은 우창 봉기 당시 미국에 있었다. 봉기가 성공했다는 소식을 듣고 유럽을 거쳐 급히 귀국길에 올라, 1911년 12월 25일 상하이에 도착했다. 그때까지 중국 국내에서는 "쑨원이 거액의 자금을 모아 귀국한다"고 알려져 있었다. 귀국 직후 쑨원은 기자를 앞에 두고 "나는 무일푼이다. 가지고 돌아온 것은 혁명정신뿐"이라고 답했다.

1912년 1월 1일, 중화민국이 성립되고, 쑨원이 임시 대통령으로 취임했다. 그러나 약속한 대로 푸이가 퇴임하고 난 뒤 그 자리를 위안스카이에게 넘겼다.

진鎭은 사단에 해당. 사단장에 해당하는 직을 통제라고 했다. 진 아래로는 협協, 표標, 영營, 대隊, 배排, 붕棚으로 이어졌다.

제1차 세계대전

**"큰 위기는
서서히 진행된다"**
마르크 블로크(프랑스 역사가)

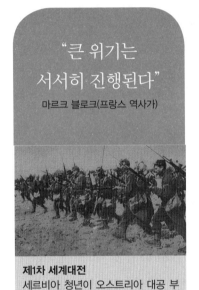

제1차 세계대전
세르비아 청년이 오스트리아 대공 부
부를 암살한 사건이 발단이 되었다.

19세기 이후 발칸은 '유럽의 화약
고'라 불렸다. 그 이름에 걸맞게 1914
년 6월 28일, 보스니아의 사라예보에
서 오스트리아 황태자 부부가 암살되
는 사건이 일어났다. 이를 계기로 제1
차 세계대전이 발발한다.

그렇지만 상황은 갑작스럽게 전개
되지 않았다. 암살 사건이 터진 후 오
스트리아가 세르비아에 선전포고를 하
기까지 1개월의 시간이 걸렸다. 프랑
스 대통령과 수상은 예정대로 러시아

순방에 나섰고, 공식 일정을 마친 7월 23일부터 6일 동안 바닷길로 귀국
하는 느긋함을 보였다. 유례없는 큰 전쟁을 앞뒀다고는 생각지 못했을 것
이다.

그런데 막상 전쟁이 시작되자 유럽뿐만 아니라 전 세계를 끌어들여 실
로 세계대전이란 이름에 걸맞은 규모로 발전했다. 일영동맹을 이유로 독
일에 선전포고한 일본은 독일이 중국에서 차지하고 있던 거점들을 점거
했다. 영국은 전후의 자치를 약속하고 인도로부터 6억 달러의 전비와 100

만 명을 지원받았다.

유럽 전선의 주요 전장은 서부 전선이었다. 그곳에서 프랑스 동부에 자리 잡은 독일 연합군과 전투가 벌어졌다. 전투는 오랫동안 소모전 양상을 띠었다. 기관총과 참호의 등장으로 어느 쪽도 용이하게 진격할 수 없는 상황이 전개되었기 때문이다.

전황이 기운 것은 1917년 4월, 미국이 연합국 측에 서서 참전하고 나서부터다. 혁명으로 러시아가 빠져나갔음에도 승리의 여신은 연합국을 향해 미소 지었다. 동맹국 측에서는 1918년 10월 30일에 먼저 오스만 왕조가 빠져나갔다.

독일에서는 11월 29일 킬 항구에서 벌어진 수병들의 항의 데모를 계기로 혁명이 발발했다. 황제 빌헬름 2세는 퇴위하게 되었고, 사회민주당 당수 에베르트(혁명 임시정부의 지도자)는 11월 11일 무조건 항복이나 다름없는 휴전 협정에 조인했다. 오스트리아–헝가리 이중 제국에서도 12일에 카를 1세가 퇴위하여 중세 이래 지속돼온 합스부르크 제국이 종말을 맞이했다.

제1차 세계대전은 세계 전쟁 역사상 최초의 총력전이었다. 전차, 독가스, 잠수함 등 수많은 신무기가 등장했을 뿐만 아니라, 그때까지 정찰이 주요 임무였던 항공기가 폭격에 이용되기 시작했다.

러시아와 패전국 독일, 오스트리아, 터키 등은 제정이 붕괴했다. 그러나 승전국 쪽도 기뻐할 만한 상황은 아니었다. 서유럽 전체의 힘이 크게 약화되어, 아메리카 합중국(미국) 시대가 도래하게 된 것이다.

오스트리아 황태자 부부는 시민들에게 인기가 없었던 탓에 암살된 후 시민들의 반응은 냉정하기만 했다.

러시아 혁명

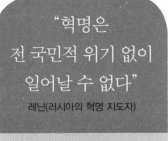

"혁명은
전 국민적 위기 없이
일어날 수 없다"
레닌(러시아의 혁명 지도자)

레닌
과학적 사회주의를 발전시켜 레닌주의 이념을 만들었으며 공산주의 국가를 건설하려 했다.

피의 일요일 사건 뒤, 러시아 황제 정부는 국민에게 다가서는 자세를 취했다. 즉 인격의 불가침, 양심·언론·결사의 자유를 인정했다. 공약에 따라 의회 선거에 보다 많은 국민이 참여할 수 있도록 선거법을 개정하고, 의회의 성격도 단순한 자문 기관에서 입법 기관으로 전환한다는 내용이 포함되었다.

이러한 조치는 자유주의자들의 환영을 받았다. 그러나 다른 한편에서는 제정이 한계에 처했다고 보고, 혁명을 요구하는 마르크스주의자들의 활동이 활발해져 갔다. 러시아 사회민주노동당, 사회혁명당(SL) 등 많은 혁명 단체가 결성되어 지식인과 유대인 사이에 침투했다.

노선 대립으로 SL은 좌우 양극단으로 분열했다. 러시아 사회민주노동당도 대중 정당을 지향하는 멘셰비키와 소수가 주도하는 전위적인 혁명당을 지향하는 볼셰비키로 나뉘었다. 볼셰비키의 지도자가 레닌이었다.

피의 일요일 사건 이후, 정부는 당근과 채찍 정책을 구사해 혁명운동을 철저히 통제했다. 그로 인해 운동은 일시적 소강상태에 들어갔다.

그러나 제1차 세계대전 중에 국민들의 불만이 광범위하게 터져 나오면서 세력을 회복했다. 세계대전으로 러시아는 1917년까지 1,500만 명 이상을 동원했는데, 그 가운데 전사자가 170만 명, 부상자가 490만 명, 포로로 잡힌 병사가 240만 명에 달했다. 전쟁을 지긋지긋해하는 분위기가 러시아 전역에 퍼졌다. 그러나 괴승 라스푸틴의 강력한 영향력 아래 있던 니콜라이 2세는 이런 난제를 풀어갈 실마리조차 찾지 못해, 결국 날이 갈수록 권위가 실추되는 상황을 자초했다.

1917년 3월(러시아력으로 2월), 수도 페테르부르크 일각에서 벌어진 여성 노동자들의 "빵을 달라"는 시위가 전 시가지로 파급되었다. 이것이 총파업으로 발전해 노동자와 군경 사이에 무력 충돌이 빚어졌다. 이 와중에 다수의 사상자가 발생했다. 군인들 가운데에서도 노동자 쪽에 붙는 병사들이 속출함에 따라 정부 기관이 붕괴되고 수도 페테르부르크가 혁명의 소용돌이에 빠져들었다.

노동자·병사 대표가 소비에트(평의회)를 창설하는 한편, 의회 내 여러 당파의 대표들도 권력 장악을 위해 움직이기 시작했다. 사태의 심각성을 깨달은 니콜라이 2세는 퇴위를 결정하고, 동생 미하일 대공에게 양위하겠다는 뜻을 밝혔다. 그러나 미하일 대공은 신변 안전이 보장되지 않는다는 이유로 고사했다. 이로써 로마노프 왕조는 300년 역사의 막을 내렸다.

혼란이 계속되는 가운데, 볼셰비키와 SL 좌파가 11월 혁명에 성공하고 정권을 잡았다.

라스푸틴은 혈우병을 앓고 있던 황태자 알렉세이에게 기도의 치료를 베풀어 황제 부부의 신뢰를 얻었다.

오스만 왕조의 해체

"주권은 무조건
국민의 것이다"
무스타파 케말(터키 정치가)

무스타파 케말
공화정 수립, 라틴어 표기, 이슬람 국
교 조항 폐지 등의 개혁을 통해 나라
의 발전을 꾀했다.

오스만 왕조는 1839년부터 탄지마트(은혜 개혁)라 불리는, 서구적 근대 국가를 지향하는 개혁을 추진했다. 1876년에는 아시아 최초의 헌법(미드하트 헌법)도 반포했다. 그러나 당시의 술탄 압둘 하미드 2세가 겨우 2년 만에 전제 정치를 부활시켜, 개혁은 좌절되고 말았다.

압둘 하미드 2세의 전제 정치 아래 오스만 왕조는 열강들에게 계속해서 영토를 빼앗겼다. 아울러 열강들에 대한 경제적 종속이 더더욱 심화되어갔다. 젊은 관료, 지식인, 청년 장교들 사이에서는 전제 정치를 타도하고 입헌 군주제를 도입하자는 비밀 결사가 결성되었다. 이런 움직임이 활발해지면서 태어난 '통일진보위원회'가 1908년 혁명에 성공한다.

헌법이 부활되어 제2차 입헌 제도가 성립되지만, 유감스럽게 새로운 이 체제도 발칸 전쟁과 제1차 세계대전의 패배로 인해 동력을 완전히 상실한다. 그뿐 아니라 1920년 8월에 연합군 측과 체결한 세브르 조약에 따라 오스만 왕조는 해체될 위기에 직면한다.

이 조약에 따르면, 터키에 남는 것은 아나톨리아 중부와 이스탄불을 연결하는 일대뿐이었다. 나머지 지역들은 별도로 다뤄지게 되었다. 서부는 그리스, 남부는 이탈리아, 남동부는 프랑스의 관리 아래 두든지, 독립을 하든지 택하라는 것이었다.

이 유례없는 위기에 구세주처럼 등장한 인물이 훗날 아타튀르크(국부)로 추앙받게 되는 무스타파 케말이다.

제1차 세계대전 중 가리볼리 전투에서 용맹을 떨친 케말은 그리스를 주력으로 한 연합국과 거기에 가담한 이스탄불 정부, 분리 독립을 지향하는 쿠르드인·아르메니아인·아랍인 등에 맞서 무장 투쟁을 전개했다.

1922년 9월에는 최대의 적인 그리스를 아나톨리아에서 완전히 몰아냈고, 11월에는 술탄 제도를 폐지함으로써 오스만 왕조의 역사에 종지부를 찍었다. 한편, 1923년 7월에는 연합국과 로잔 조약을 체결하여 국제적 승인을 얻었다. 10월에는 터키 공화국을 건국하여 초대 대통령에 취임했다.

케말의 강력한 지도 아래, 신생 터키는 정교 분리의 세속주의적 국가로서 새로운 길을 걷기 시작했다. 터키 모자의 착용 금지, 그레고리우스력 채용, 아라비아 문자 폐기, 로마자를 기반으로 한 새 터키 문자의 채용 등 생활의 모든 면에서 개혁이 추진되었다.

대전 중에 아르메니아인에 대한 조직적인 박해가
이루어져 100명 이상이 살해되었다고 한다.

이탈리아의 파시스트 체제

"폭력은 오히려
도덕적인 것이다"
무솔리니(이탈리아 정치가)

파시스트당
무솔리니를 당수로 하는 정당으로 급
진적·권위적·민족주의적 성격을 띠
었다.

표제의 말 뒤에 다음과 같은 말이 이
어진다.

"이 말을 하는 까닭은 우리가 도덕
을 토대로 48년이란 세월에 걸쳐 이뤄
온 것을, 겨우 48시간 만에 달성해냈기
때문이다."

제1차 세계대전 후 이탈리아는 경제
와 사회 양면에서 위기 상황에 직면했
다. 인플레이션과 실업이 만연한 가운
데, 공산주의 운동이 활발해서 도시에
서나 농촌에서나 불온한 혁명의 분위
기가 팽배했다.

한편, 이탈리아는 제1차 세계대전에서 연합국 쪽에 가담했으면서도, 런
던 비밀조약으로 약속받은 영토를 양도받지 못했다. 당연히 이에 대한 불
만이 높아져 군소 극우 단체가 우후죽순처럼 생겨났다. 1919년, 밀라노에
서 무솔리니가 결성한 이탈리아 전투 파쇼도 그 가운데 하나였다.

자본가·중산층과 보수파의 지지를 얻은 무솔리니는 급속히 세력을 뻗
쳐, 이탈리아 전투 파쇼를 파시스트당으로 개조했다. 1921년 11월 전국

파시스트당 대회 시점에 당원 23만 명, 지부 800개소가 될 정도로 성장했다. 그 대회에서 무솔리니는 스스로 '두체(최고 통치자)'라고 선언했다.

폭력으로 당의 세력을 강화한 무솔리니는 역시 폭력을 배경으로 정권을 탈환한다. 1922년 10월, 로마는 이탈리아 전역에서 모인 4만여 명의 파시스트에게 포위되었다. 그 압력에 굴복하여 파크타 내각이 붕괴했다. 국왕 비토리오 에마누엘레 3세로부터 수상으로 지명된 무솔리니는 독재 체제를 굳혀 나간다. 표제에 나온 말은 바로 이런 행동과 관련된 것이다. 무솔리니는 언론·재판·노동조합을 자신의 권력 아래 두었으며, 1925년까지 대략 독재자로서의 지위를 확고히 했다. 1929년에는 이탈리아 왕국 건국 이래 관계를 단절했던 로마 교황과 화해한다(로테란 조약).

로마 교황청은 주권 국가 바티칸시국으로서 독립을 승인받고, 이탈리아 국내에서의 특권적 지위까지 부여받았다. 즉 초·중학교의 종교 교육 의무화, 성직자의 징병 면제, 교회를 통한 혼인식과 장례식 거행 등이 결정되었다. 무솔리니는 로마 교황청에 크게 양보하는 자세를 취했다. 그 대신에 무솔리니는 파시스트 체제의 위신을 단번에 높이는 데 성공했다.

무솔리니는 식민지의 획득에도 열을 올렸다. 국제연맹의 경제 제재도 아랑곳하지 않고, 1936년 아프리카의 에티오피아를 합병했다.

이탈리아는 에티오피아를 식민지로 삼으려고 1895~96년에 군을 파견했지만 이때는 참패를 당하고 만다.

세계 공황

"주가는 항구적으로
높은 고원 같은 곳에
이르렀다"

어빙 피셔(미국 경제학자)

어빙 피셔
예일대에서 경제학을 가르쳤고, 경제 분
석에 수학을 도입해 높이 평가받았다.

미국의 윌슨 대통령은 제1차 세계 대전 후 새로운 질서 구축과 관련해, 1918년에 10개 조항을 제안했다. 다시는 세계대전 같은 비참한 전쟁이 재발하지 않도록 하기 위한 조치였다.

이 제안 가운데 국제연맹의 설립, 군축 등 결실을 맺은 것도 있지만, 결국에는 제2차 세계대전을 저지할 수 없었다. 패전국에 대한 관대한 처리, 민족자결주의 등도 거론되었지만, 그 주장들은 파리 강화 회의에서 제대로 받아들여지지 않았다.

1919년 6월 28일에 조인된 독일과 연합국 간의 베르사유 조약을 비롯해, 강화 조약은 모두 패전국에 과중한 부담을 지우는 내용이었다. 독일은 모든 해외 식민지를 잃어버렸다. 아울러 자국 영토 내에서도 관리권을 빼앗기는 곳이 많았고, 군비도 제한되었으며, 거기에 방대한 배상금까지 더해졌다. 독일 국민들은 이 조약을 '명령받은 평화'라고 불렀다. 가혹한 조약은 그들로 하여금 심각한 원한을 품게 만들었다.

독일은 급격한 인플레이션에 휩싸였다. 마르크화의 가치 하락은 멈출 줄을 몰랐다. 종전 후 마르크화의 가치는 전쟁 전의 10분의 1에 불과했다가, 2년 후에는 다시 그 10분의 1, 4개월 후에는 거기에서 또다시 10분의 1로 떨어졌다. 배상금 지불이 지연되자 성이 난 프랑스와 벨기에가 루르 공업 지대를 점령했다. 그로 인해 인플레이션은 더더욱 가속화했다. 이윽고 정상적으로는 배상금을 도저히 지불할 수 없다는 공감대가 형성되어 배상금의 감액, 지불 유예, 국제적인 차관, 새로운 통화 도입 등의 조치를 취한 결과, 1920년대 후반에는 인플레이션이 그나마 수습되기 시작했다.

그러나 세계 공황이 덮쳐와 모든 노력을 일거에 무력화시켰다. 경제 대폭락이 일어나기 전 10년 동안인 1920년대는 부의 도시 집중이 과도한 시대였다. 아울러 투기의 위험성에 대한 경고가 끊임없이 이어졌지만, 많은 사람들은 시장이 높은 가격 수준을 유지할 것이라고 믿었다. 그러나 그것이 한낱 꿈에 지나지 않았음이 머지않아 명백해졌다.

1929년 10월 24일, 뉴욕의 월스트리트에서 주가가 대폭락했다(검은 목요일). 은행들이 신속한 조치를 취해 장중에는 전날의 수준까지 회복할 수 있었다. 그러나 29일에 찾아온 대폭락(비극의 화요일)에는 손쓸 새도 없이 공포가 곧바로 전 세계로 확산되었다.

1931년에는 오스트리아 최대의 은행 크레디탄슈탈트가 도산했다. 이 사건은 독일 경제에 직격탄을 날려, 도산과 실업 등 심각한 사회 불안정을 초래하기에 이르렀다.

당시 미국은 먼로주의를 고수하고 있었기 때문에 국제연맹에 가입하지 않았다.

독립을 향해 가는 인도

"비폭력이란
폭력자의 의지에
대항하여 온 영혼을
내던지는 것이다"

마하트마 간디(인도 독립운동 지도자)

간디
비폭력 불복종 운동을 통해 인도의 자
주 독립운동을 주도했다.

18세기 이래 인도의 식민지화를 추진해온 영국은 1857년에 발생한 대반란을 기점으로 방침을 전환한다. 동인도회사를 해산시키고 정부가 직접 통치하기 시작한 것이다. 그에 따라 현지의 정책에도 많은 변화가 찾아왔다.

영국에 반항하지 않는 한 번왕국의 반독립을 인정하고, 직접 통치 지역에서는 영국에 반대하는 세력의 결집을 저지하기 위해 분할 통치를 실시했다. 이로써 사회 모순이 증폭되기 시작했다.

제1차 세계대전에서 인도는 전후의 자치권 획득을 기대하며 적극적으로 협력했다. 6억 달러의 전비와 100만 명이라는 인원을 투입했고, 5만 4,000명에 이르는 전사자를 냈다. 이렇게 큰 희생을 치렀음에도 영국은 인도인들의 기대를 저버렸다.

여론은 반영反英 색채를 강하게 드러냈다. 이 무렵부터 간디의 등장으로 운동 노선에 변화가 생긴다. 힌두교도와 무슬림을 포함한 전 인도적인 비폭력 독립운동이 전개되었던 것이다.

1919년 4월, 펀자브 주 암리차르 시에서 개최된 반영 집회에 영국군이 총격을 가해 1,500여 명의 사상자가 발생하는 대참사가 벌어졌다. 당연히 여론이 비등했다. 간디도 국산품 애용, 동맹 파업 등을 부르짖으며 활동의 폭을 넓혔다.

그 무렵 무슬림들은 영국이 중심이 되어 추진하던 오스만 왕조의 해체 움직임에 항의하는 활동을 전개하고 있었다. 간디가 여기에 지지를 표명하자 한때 공동 전선이 형성되는 등, 반영 분위기가 이전과 비교할 수 없을 정도로 고조되었다.

이후 운동이 과격한 방향으로 흐르기 시작하자, 간디는 잠시 물러났다. 그러다 다시 최전선에 나선 것은 1930년 3월이었다. 1929년 국민회의파가 완전 독립 요구를 결의하기까지 여론이 들끓어 올랐고, 간디는 그러한 사람들의 소망에 따라 활동을 재개했다. 인도인의 제염을 금지하는 소금 전매법과 염세에 정면으로 저항한 '소금 행진'을 계기로, 제1차 비폭력 운동이 그로부터 5년 동안 전개되었다.

이러한 간디의 피나는 노력에도 불구하고 현실은 좀처럼 생각대로 흘러가지 않았다. 국민회의파 내부에서는 폭력 수단도 동원해야 한다는 네루와 찬드라 보스의 목소리가 날이 갈수록 커졌다.

한편, 무슬림 측에서는 힌두와는 별개로 독자적인 국가 파키스탄의 건국을 구상했다. 독립의 날은 확실히 다가오고 있었지만, 비폭력과 종교 화해 같은 간디의 높은 이상은 점점 멀어지기만 했다.

1877년, 영국은 인도 제국을 성립시키고 빅토리아 여왕이 인도의 황제가 되었다.

나치스 지배하의 독일

"대중을
지배하는 자가
권력을 장악한다"

괴벨스(독일 정치가)

히틀러
선동에 능한 정치가로 제1차 세계대전
이후 흔들리는 독일 국민들의 마음을
사로잡았다.

독일은 제1차 세계대전 뒤 공화국이 성립되었다. 그러나 이탈리아와 마찬가지로 경제와 사회가 심각하게 어지러워져 공산주의 세력이 약진하고 있었다.

베르사유 조약으로 연합국은 거액의 배상금을 물렸고, 전면적인 전쟁 책임을 덮어씌웠다. 영토는 줄어들고 군비는 제한받게 되었다. 이런 조치들에 독일 국민들은 점차 불만의 목소리를 높여갔다. 베르사유 체제에 대한 불만과 좌파의 위협에 불안을 느껴 이탈리아와 마찬가지로 자본가, 중산층, 보수파의 지지를 받는 극우단체가 무수히 생겨났다. 히틀러가 몸담고 있던 뮌헨의 독일노동자당도 그런 단체들 가운데 하나였다.

히틀러는 반공, 반유대, 독일 민족 지상주의를 내세우는 독일노동자당에 입당하자마자 선전 담당 자리에 앉는다. 그는 보기 드문 연설 능력을 갖춰 연설장이 항상 성황을 이뤘다. 입장료를 받아도 청중은 줄어들 기미를 보이지 않고 오히려 늘어날 뿐이었다. 당원이 급증하면서 자금도 넉넉해졌다. 그리하여 히틀러의 당내 지위가 높아졌다.

독일노동자당은 1920년에 민족사회주의 독일노동자당(나치스)으로 이름을 바꿨다. 또 당의 상징으로 갈고리 십자(卍)를 채택했다. 1921년에 치른 당 대회에서 드디어 히틀러가 당수로 선출되었다. 히틀러는 곧바로 돌격대를 결성하고, 그것을 선전·시위·폭력의 실행 부대로 삼았다.

1923년, 히틀러는 무솔리니를 따라 베를린에 진군하여 공화국 정부를 타도하는 계획을 세웠다. 그리하여 무장봉기를 꾀하지만 맥없이 진압됐다. 이후 그는 금고형을 선고받고, 옥중에서『나의 투쟁』을 집필했다.

히틀러는 1924년 말에 석방되었다. 그리고 곧장 나치스의 재건에 착수했다. 선거 활동에 힘을 기울여, 과거 바이에른에 한정된 세력을 넓혀 독일 전역으로 당세를 확대했다. 1932년에는 나치스가 제1당으로 약진했고, 다음해 1월에는 히틀러가 수상에 올라 나치스 독재로 가는 길이 열렸다.

나치스의 약진은 정보와 선전을 담당하는 괴벨스의 교묘한 선거 연출에 힘입은 바가 컸다. 그는 "길거리를 지배하는 자가 대중을 장악하고, 대중을 지배하는 자가 권력을 장악한다"는 말을 모토로 내세웠다. 괴벨스는 그때까지 발전해온 근대 기술을 응용함으로써 그 천재성을 유감없이 발휘했다.

비행기, 축음기, 토키 영화의 활용 등 그때까지의 상식을 뒤엎는 다양한 선거 전술이 동원되었다. 집회장에는 자전거 경주와 서커스, 오페라 같은 이벤트도 등장했다. 히틀러가 연설할 때에는 그의 카리스마 넘치는 모습을 강조하기 위해 종교 의식처럼 치밀하게 연출했다.

히틀러는 자본가에게는 반공을, 군에게는 재군비를, 영세 상인들에게는 대규모 상점의 억제를, 농민들에게는 보호관세를, 노동자에게는 일자리와 정당한 보수를 약속했다. 팔방미인격인 공약이었다.

신해혁명과 군벌

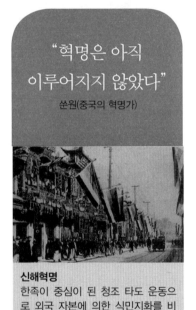

"혁명은 아직
이루어지지 않았다"
쑨원(중국의 혁명가)

신해혁명
한족이 중심이 된 청조 타도 운동으
로 외국 자본에 의한 식민지화를 비
난했다.

신해혁명 결과, 아시아에서 최초의 공화국인 중화민국이 탄생했다. 그러나 그 앞길은 결코 평탄하지 않았다.

위안스카이가 죽은 시점에 남북이 대치하는 상황이 되었다. 지방 군벌들의 느슨한 연합으로 이루어진 남부, 북양군벌의 각부 장군들이 할거하는 북부, 나아가 동북 지방에는 방계의 펑톈파 군벌인 장쭤린이 버티고 있었다.

북양군벌은 하나의 통일체가 아니라, 서서히 안후이파와 직례파로 갈라졌다. 그러나 1920년 직례전쟁 결과 안후이파는 세력을 잃었다.

이어서 직례파와 펑톈파가 두 차례에 걸쳐 격돌했다. 제2차 직봉전쟁에서는 펑톈파가 대승을 거뒀다. 그 결과, 1924년 말 화베이는 네 군벌이 할거하는 형국이 되었다. 장쭤린, 펑톈파로부터 분리된 장쭝창과 리징린의 직노연군, 직례파를 배신한 펑위샹의 국민군, 먼로주의를 따르는 산시 성의 옌시산이 그들이었다.

평위샹은 쑨원을 베이징으로 불러들였다. 쑨원을 내세워 평화회의를 열고자 했던 것이다. 쑨원은 병을 앓았음에도 불구하고, 그 말을 듣고 일본을 경유해 1924년 11월 베이징으로 들어갔다. 그리고 이듬해 베이징에서 객사하게 된다.

장쭤린의 구상에는 쑨원이 포함되지 않았다. 그리하여 베이징 정부의 수반인 집정이라는 자리에는 안후이파인 돤치루이를 내세웠다. 그는 이미 군사적 위세를 잃어버려 위험하지 않았고, 반면에 아직 명성은 남아 있었기 때문에 허수아비로는 안성맞춤이라고 생각했던 것이다. 평위샹은 장쭤린의 뜻을 거스르지 않고 그 의견을 받아들였다.

그러나 정국은 그것으로 안정되지 않았다. 전쟁에 이긴 군벌들 사이에서 영역 다툼이 끊이지 않았기 때문이다. 첫 전투는 1925년 말, 국민군과 직노연군 사이에서 벌어졌다. 이윽고 여기에 장쭤린과 옌시산이 후자 편에 서서 참전했다. 국민군은 패주하여 서북 변방으로 내몰렸다.

한편, 직노연군은 장난江南에도 손길을 뻗쳤다. 그러나 여기에는 직례파 방계인 쑨촨팡이라는 강적이 도사리고 있었다. 쑨촨팡은 반격에 나서 직노연군을 저장 성에서 쫓아내는 데 성공했다. 제2차 봉직전쟁에서 참패한 장제스가 북벌을 개시했을 때는 군벌 간의 전쟁이 최종 단계를 맞이할 즈음이었다.

쑨원은 일본에 갔을 때 고베에서 '대아시아주의'를 강연하며, 일본이 왕도를 버리고 패도로 달려서는 안 된다고 경고했다.

북벌의 개시

"공간을 내주고
시간을 번다"
장제스(중국 정치가)

장제스
중국의 민주주의적 통일 노선을 지지
했으며 공산군과의 대결에서 패해 타
이완으로 물러나게 된다.

쑨원이 죽은 뒤 중국 국민당의 지도
자로 올라선 인물은 장제스였다. 왜 장
제스였을까? 그 이유는 그가 황푸군관
학교 교장을 역임한 관계로 군 내부에
풍부한 인맥을 구축하고 있었기 때문
이었다. 또 특무기관을 장악하고 있던
것도 큰 힘으로 작용했다. 장제스는 당
내 기반을 강화하는 한편, 국민혁명군
을 이끌고 군벌 타도를 위한 원정, 즉
북벌에 나섰다. 소련으로부터 받은 원
조도 있어 자금은 충분했고 훈련도 충
실했다. 그리고 구체적 작전으로는 각
개격파 전술을 사용했다.

당면한 적은 후베이 성과 후난 성을
지배하던 우페이푸였다. 우페이푸를 격파하자, 이번에는 동남부 5개 성을
차지한 쑨촨팡을 향해 출격했다. 그 동안 국민당이 분열하는 위기가 있었
지만, 장제스는 교묘한 정치력을 발휘하여 위기를 잘 극복하고 북벌을 계
속 진행했다.

이에 비해 군벌은 장쭤린을 맹주로 추대하여 안국군이라는 연합전선을 구축했다. 일본군도 산둥에서의 권익을 주장하며, 두 번에 걸쳐 무력 간섭을 해왔다. 그러나 장제스는 수많은 장애물을 뛰어넘어 안국군을 격파했다. 그리하여 장쭤린을 베이징에서 몰아내는 데 성공했다.

1928년, 장쭤린이 펑톈으로 귀환하던 도중 일본 관동군에게 암살당한다. 뒤를 이은 장쉐량은 저항이 무의미하다고 판단해, 같은 해 12월 29일 장제스의 국민혁명군으로 귀순한다고 발표했다. 이로써 드디어 중국이 통일된 것이다.

그러나 통일은 이뤘지만 그것은 표면적인 것에 불과했다. 국민혁명군에 귀순한 군벌들이 많이 남아 있었고, 그들은 반독립적인 자세를 취했다. 진정한 통일을 이룩하기 위해서는 그들로부터 병권을 거둬들여야만 했다.

그 뒤 장제스는 중원대전이라 불리는 두 차례 전투에서, 독자적 세력을 확보하려는 펑위샹과 옌시산을 깨뜨려 진정한 통일로 나아가는 큰 걸음을 내디뎠다. 아직 윈난의 룽윈과 쓰촨의 류샹이 남아 있었지만, 그들은 중앙에 충성을 맹세하며 병력 감축에도 동의했기 때문에 문제가 없었다. 남은 적은 공산당이었다.

그 뒤 장제스는 압도적 군사력을 토대로 공산당군을 잇따라 몰아붙였다. 그러나 딱 한 걸음쯤 남았다고 생각할 때 마가 끼는 법이다. 일본군이 갑작스럽게 끼어든 것이다. 안에서 적들과 싸우고 있는데, 보다 강한 외적에 대항해야 했다. 장제스는 험난한 국면에 내몰리게 되었다.

장제스는 일본군과 중국군의 전력을 정확히 분석한 결과, 장기 소모전 이외에는 승기를 잡을 수 없으리라는 결론에 도달했다.

중국공산당의 결성

"권력은
총구로부터 나온다"
마오쩌둥(중국 정치가)

마오쩌둥
대약진 운동과 문화혁명을 통해 이상
적인 평등 사회 실현을 꿈꾸었다.

1921년 상하이, 중국공산당이 결성
되는 공식석상에 젊은 날의 마오쩌둥
도 자리 잡고 있었다. 그러나 동석했던
그 누구도 이 젊은이가 장차 당 지도자
가 되리라고는 전혀 생각지 못했다.

마오쩌둥이 당의 실권을 장악한 것
은 장정 도중이었다고 한다. 그때까지
당은 코민테른에서 파견한 군사 고문
이 지시하는 대로 움직였다. 그래서 노
동자가 도시에서 봉기를 일으켜 거점
을 사수하는 참호전 등을 반복하게 되
었다. 그러나 그런 시도들은 하나같이 실패로 끝났다.

마오쩌둥은 생각했다. 소련에는 소련의 사정이 있고, 중국에는 중국의
사정이 있다. 똑같이 공산주의 국가 수립을 목표로 한다 해도, 행동 방식
이 서로 달라야 하는 게 아닐까. 중국에는 중국의 현실에 맞는 별도의 행
동 방식이 필요하다. 공업이 발달하지 못한 중국은 도시 노동자의 수가
적을 수밖에 없다. 그럼에도 그들에만 의존하여 봉기를 반복했다. 마오쩌
둥은 거기에 오류가 있는 것은 아닐까 생각했다.

그렇다면 어느 세력에 기반을 두면 좋을까. 마오쩌둥의 눈에 들어온 것은 농민들이었다. 총인구의 절대 다수가 농민이었고, 중국인의 태반이 농민이었다. 게다가 중국 농민들은 무기를 쥐고 자신을 지키기 위해 싸웠거나 반란에 맞서 싸운 전례가 있었다. 마오쩌둥이 살아온 시대에 허난에서는 홍창회, 둥베이에서는 대도회 등의 결사들이 활발한 활동을 벌인 바 있었다. 이 같은 현실을 돌아보고 공산당은 방침을 바꿨다. 아니, 현실과가 실권을 빼앗았다는 편이 정확할 것이다.

구체적인 전술과 관련해서도 마오쩌둥은 현실적이었다. 손에 들고 싸우는 무기의 차이가 너무나 뚜렷했기 때문에 정면에서 공격하는 것은 어리석은 짓이라고 보았다. 적을 피로하게 만들고, 분산시키고, 허약한 곳을 공격한다. 승리하는 길은 그것밖에 없다고 여겼다.

"농촌을 통해 도시를 포위한다"는 것도 마오쩌둥의 전략 가운데 하나였다. 이것도 당시 중국이 처한 현실에 근거한 것이었다. 도시는 돈을 만들어내는 곳이기는 해도 물과 식량은 만들어내지 못한다. 농촌이 있어야만 도시도 있는 것이다. 그런 생필품의 유통을 막아버리면, 먼저 비명을 올리는 쪽은 도시이다. 즉 장기적 관점에서 전략을 세우면, 도시에 의존하는 군은 농촌에 의존하는 군을 이길 수 없다는 논리이다.

마오쩌둥은 『실천론』, 『모순론』 같은 저작도 남겼다. 그의 전략은 거듭된 실패를 냉정히 분석한 뒤 나온 것이었기에 유효하게 작용할 수 있었다.

1934년 10월부터 공산당은 장시 성 징강 산에 있던 거점을 포기하고 산시 성 옌안으로 대이동했다. 이를 역사에서는 '장정長征'이라고 한다.

제2차 세계대전

파리
유럽의 민주주의가 꽃핀 곳이며 세계 문화 중심지로 통한다. 프랑스인들은 '빛의 도시'라 부른다.

"파리는 불타고 있는가?"
히틀러(독일 정치가)

제2차 세계대전은 독일군이 폴란드를 진격해 들어감으로써 시작된다. 전반은 독일, 이탈리아, 일본으로 이루어진 추축국 쪽이 유리했다.

그러나 1943년에 들어서자 명백히 연합국 쪽으로 형세가 기운다. 그 전년부터 스탈린그라드를 포위 공격하던 독일군이 소련군에게 거꾸로 포위당해, 같은 해 2월에 항복하게 된다. 이 전투에서의 패배는 독일 국민들에게 앞날의 전쟁에 대한 불안감과 히틀러에 대한 불신을 심어주었다.

5월에는 북아프리카 전선에서 독일과 이탈리아 군이 항복했고, 7월에는 사상 최대의 전차전이라 일컬어지는 쿠르스크 전투에서 소련군에게 참패를 당했다. 이리하여 독일군은 동부 전선에서 두 차례에 걸쳐 크게 밀리며, 공세로 전환하는 데 실패했다. 7월에는 연합군이 시칠리아에 상륙했다. 무솔리니가 실각하고 추축국으로부터 이탈리아가 탈락했다.

연합국 내에서는 독·소전 개시 이후 제2전선 문제가 현안으로 떠올랐다.

스탈린은 일찍부터 미·영군이 서유럽에 상륙하여 소련군의 부담을 덜어줄 것을 요청했다. 그러나 서로 생각이 달라 실현되지 못하고 있었다. 그렇지만 시간이 지나면서 그 논의가 마침내 실현 단계에 들어섰다.

독일도 당연히 그렇게 되리라고 예상했지만, 상륙 지점이 칼레일까 노르망디일까를 놓고 의견이 엇갈렸다. 해안선 방위 강화 총감인 롬멜은 노르망디로 예측했지만, 영불해협의 최단거리에 있는 칼레로 보는 견해가 우세했다.

1944년 6월 6일 미명에 연합군의 노르망디 상륙 작전이 개시되었다. 투입된 병력은 제1진만도 17만 6,000명, 함정 5,300척, 항공기 1만 4,000대라는 엄청난 규모였다. 실로 사상 최대의 작전이라 부르기에 손색이 없는 물량이었다. 연합군이 북프랑스에 교두보를 확보함으로써 승패는 결정이 났다. 8월 25일에는 파리가 해방되었다. 서쪽에서는 미국과 영국군이, 동쪽에서는 소련군이 독일을 향해 진군했다. 1945년 2월부터는 독일이 전쟁터로 변했다.

무솔리니는 히틀러의 지원을 받아 한때 정권을 되찾기도 했지만, 레지스탕스의 공세에 직면해 스위스로 달아나려다 붙잡혔다. 결국 4월 28일에 정부인 페타치와 함께 처형되었고, 사체는 밀라노의 로레타 광장에 거꾸로 매달렸다.

히틀러는 최후까지 저항을 시도했지만, 베를린이 소련에 포위되자 전날 결혼한 부인과 함께 자살했다. 5월 7일, 뒷일을 부탁받은 되니츠가 무조건 항복 문서에 조인함으로써 유럽에서 일어난 세계대전은 종결되었다.

히틀러는 파리를 포기하며 도시를 파괴하라고 명령했지만, 현지 사령관인 콜티츠는 그 명령에 따르지 않았다.

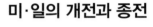

미·일의 개전과 종전

"나는 돌아올 것이다"
맥아더(미국 군인)

맥아더
인천상륙작전의 영웅이란 인식이 강하지만, 단지 술수에 능했던 사람이란 평가도 있다.

일본은 애초 중국과의 전쟁이 단기간에 끝날 것이라고 보았다. 그러나 중국은 수도인 난징이 함락되고 나서도 계속 저항해 일본군을 수렁에 빠뜨렸다. 그러는 동안 일본군의 규모가 점점 비대해져, 미국의 눈에 위협적으로 비쳤다.

원래 미국은 먼로주의를 제창해 유럽 문제에는 관여하지 않는다는 자세를 취하고 있었다. 그 원칙은 제1차 세계대전에 참전함으로써 무너지게 되었지만, 여전히 많은 정치가와 국민들은 먼로주의를 지지했다.

한편 미국은 시장으로서의 중국에 주목했다. 그런 중국을 일본이 독점하게 두는 것은 국익에 반한다는 견해가 있었다. 이런 까닭에 중일전쟁의 향방에 지대한 관심을 쏟으며, 일본에도 반복적으로 경고했다.

동아시아에서는 1941년 12월 7일, 일본군이 하와이의 진주만을 기습함으로써 전쟁 상황에 돌입한다. 미국 내에서 참전에 반대하는 목소리가 강했지만, 일본군의 기습은 그런 목소리를 일시에 잠재웠다. 상원 의회에서는 만장일치로, 하원 의회에서는 반대 1표로 참전을 가결했다. 일본과의 전쟁이 시작되자, 이제 모든 주축국과 연합국이 제2차 세계대전의 주역으로 등장하게 되었다.

1942년은 태평양 전쟁사에서 커다란 전환점이 된 해이다. 일본은 개전한 지 겨우 3개월 만에 동남아시아와 남서 태평양의 거의 전역을 점령했다. 하지만 6월의 미드웨이 해전에서 패함으로써 태평양의 제해권과 제공권을 잃어버렸고, 마침내 수세에 몰렸다.

1943년 2월에는 미군의 공세를 막아내지 못하고 과달카날 섬에서 철수하게 되는데, 일본 국내에서는 이것을 '전진轉進'이라고 칭했다.

유럽에서 전쟁이 종결될 무렵, 동아시아와 태평양에서도 전쟁은 막바지로 치달았다. 1945년이 되자 필리핀, 이오지마, 오키나와가 미군의 수중에 떨어졌다. 그때부터 도쿄를 비롯해 대도시란 대도시는 모두 공습으로 초토화되었고, 일본의 항전 능력은 날이 갈수록 저하되었다.

8월 들어 히로시마, 나가사키에 원폭이 투하되고 소련군이 참전하는 등 사태는 더욱 악화되었다.

그리하여 1945년 8월 15일, 일왕은 연합국이 제시한 포츠담 선언을 수락한다는 취지를 담아 대국민 담화를 발표했다. 9월 2일, 미국 전함 미주리호에서 항복 문서 조인식이 거행되었고, 이리하여 제2차 세계대전이 종결되었다.

개전 시 맥아더는 필리핀에 있었는데, 2개월에 걸친 항전 끝에 탈출했다. 표제의 말은 탈출하면서 그가 남긴 말이다(I will return).

6장 미·소의 대립에서 미국의 세기로　327

미·소 냉전

"철의 장막이
드리워졌다"
처칠(영국 정치가)

처칠
냉전시대 영국의 수상으로 자유주의
와 공산주의 사이의 심리적 거리를 비
유한 말을 남겼다.

1945년 10월, 제2차 세계대전 발발과 함께 사실상 해체된 국제연맹을 대신해 국제연합이 창설됐다. 사람들은 대전 뒤에 평화와 안전을 기대했지만, 새로운 국제 질서를 구축해간 중심은 국제연합이 아니었다. 그것은 미국과 소련이라는 두 초강대국이었다. 미국은 국가 시스템이 소련과는 매우 다르지만, 협조는 가능하다는 생각을 갖고 있었다.

전후 동유럽에서는 공산당 세력이 대두했다. 유고슬라비아, 알바니아, 헝가리에서 잇따라 왕정이 폐지되고 인민공화국이 들어섰다. 모두 연립 정권이긴 해도 공산당이 주도적인 입장을 점하고 있었다. 소련의 강력한 지원에 힘입은 각국 공산당은 서서히 다른 정치 세력을 배제하며 독재권을 강화해갔다.

1947년 3월, 미국 대통령 트루먼은 그리스와 터키의 공산화를 막기 위해 양국에 경제적·군사적 원조를 제안했다(트루먼 독트린). 공산주의의 침투는 서유럽에서 진행되었기 때문에 6월에는 대규모 서유럽 원조 계획(마셜 플랜)도 발표했다.

일련의 대외 정책은 소련 주변 지역을 경제적·군사적으로 원조함으로써, 소련의 세력 팽창을 장기간에 걸쳐 봉쇄하는 것을 목적으로 했다. 그렇기 때문에 '봉쇄 정책'이라고도 불린다. 미국 내에서는 이와 관련하여 3월에는 정부 부처 내에서 공산주의자의 추방을 주목적으로 하는 충성심 사제가 제정되었고, 7월에는 국가안전보장법이 마련되었다. 이에 근거하여 9월에는 국방부(펜타곤)와 중앙정보국(CIA), 국가안전보장회의가 창설되었다.

그 뒤 소련이 서독을 봉쇄함으로써 미국과 소련은 일촉즉발의 위기에 놓인다. 봉쇄는 1949년 5월에 해제되었지만, 미국·영국·프랑스가 점령했던 지역에서 같은 달 독일연방공화국(서독)이 성립되었다.

10월에는 소련 점령 지역에서도 독일민주공화국(동독)이 성립되어, 독일의 분단이 결정되었다. 1948년 10월, 미국 상원에서 '냉전'이라는 말이 사용되면서 급속히 퍼져나갔다. 독일의 분단은 실로 냉전을 상징하는 대표적 사건이었다.

1948년 9월, 소련이 원자폭탄을 보유하고 있음을 공식적으로 발표했다. 1952년에는 미국이 수소폭탄 실험을 했고, 1953년에는 소련이 수소폭탄 보유를 선언하는 등 핵무기 확장 경쟁이 날이 갈수록 치열해졌다.

같은 시기 동유럽에서는 공산당이 일당 독재 체제를 구축하려는 움직임이 뚜렷해졌다. 이러한 상황을 배경으로 1949년 4월 북대서양조약기구(NATO)가 설립되었다.

소련은 NATO에 대항하기 위해 1955년 동유럽 국가들 간에 바르샤바 조약기구를 창설했다.

한국전쟁

"노병은 죽지 않는다.
다만 사라질 뿐이다"
맥아더(미국 군인)

한국전쟁
자유주의와 공산주의 사상의 노선 투
쟁으로 발생한 냉전시대 소산이다.

1945년 8월, 일본이 항복하면서 한반도는 북위 38도선을 경계로 북쪽은 소련, 남쪽은 미국이 점령했다.

해방이 되자 일찌감치 건국준비위원회가 결성되는 등 자주적인 국가 재건 움직임이 있었지만, 미국과 소련은 공히 이를 무시했다. 잠시 동안은 국제관리 아래 두겠다는 강대국들의 생각과 미·소의 각축전이 복잡하게 얽혀, 한국은 끝내 남북으로 분단되고 마는 비극적 상황에 처하게 된다.

1948년 8월 15일에 미국의 후원을 받는 이승만을 대통령으로 한 대한민국(한국)이, 9월 9일에는 소련의 후원을 받는 김일성을 주석으로 한 조선민주주의인민공화국(북한)이 들어섰다.

남북 분단에 따른 반발은 강력했다. 특히 한국에서는 민중들의 소란이 빈발했다. 그것을 본 김일성은 상황이 유리하다고 생각해 남진을 결심했다. 소련 군사고문단이 작성한 선제 타격 계획에 따라, 1950년 6월 25일 새벽에 총력을 기울여 남침을 개시했다. 이리하여 한국전쟁이 발발하게 되었다.

작전은 거의 계획대로 착착 진행되었다. 북한군의 기습으로 한국군은 모든 전선에서 붕괴 상태에 빠졌다. 나머지 부대는 겨우 한반도 남동부인 경상남도만을 사수하는 처참한 상황에 놓였다. 이에 맞서 미국은 국제연합(UN) 안전보장이사회를 움직여, 국제연합군의 이름 아래 반격을 개시했다.

9월 15일, 연합군이 서울에서 가까운 인천 상륙에 성공함으로써 전쟁의 양상이 뒤바뀌었다. 연합군과 한국군은 38선을 넘어 북한을 완전히 굴복시키기 바로 직전까지 몰아붙였다. 그런데 예기치 못한 변수가 나타났다. 중국이 '항미원조抗美援朝', '보가위국保家衛國'이란 구호를 내걸고 북한 편에 서서 참전한 것이다. 소련도 비밀리에 공군 병사들을 보내 북한을 도왔다.

중국이 참전한 뒤, 서울은 다시 북한군에게 점령되었다. 그러나 다음해 국제연합군이 작전을 펼쳐 다시금 한국 측이 탈환했다. 그 뒤 전선은 교착 상태에 빠졌다가, 1953년 7월 27일 판문점에서 북한·중국·국제연합이 휴전협정을 조인하여 현재와 같은 남북 분단 상황이 고착되었다.

한편, 한국에서는 1961년 5·16 쿠데타 후 군정이 계속되어 민중들의 불만이 높아갔다. 그러나 1970년대부터 안정적인 성장을 이뤄, 오늘날 선진국 진입을 눈앞에 두고 있다.

맥아더는 최고 사령관을 역임했지만, 트루먼 대통령과 대립하여 전쟁 중에 해임되었다. 표제의 말은 퇴임하면서 그가 남긴 말이다.

평화 10원칙

"아시아와 아프리카 국가들은 이제 다른 나라의 도구가 아니다"
수카르노(인도네시아 정치가)

수카르노
인도네시아의 독립을 이끈 초대 대통령. 이후 쿠데타로 군부에 권력을 넘겨준다.

미국과 소련의 대립이 깊어가는 과정에서 식민지 지배로부터 독립한 아시아와 아프리카 국가들 사이에 주목할 만한 움직임이 일어났다. 1955년 4월, 인도네시아 반둥에서 피부색에 관계없이 평화 공존을 이룩하자는 염원을 담아 국제회의가 열렸다. 참가국은 29개국이었다. 당시 세계 인구 가운데 절반을 차지하는 14억 인구의 '못사는 나라들'이 나머지 '잘사는 나라들'의 '식민지주의와 인종 차별, 부당한 적대시'를 소리 높여 규탄했다.

회의를 주도한 사람은 중국 저우언라이 수상, 인도 네루 수상, 이집트 나세르 대통령 등이었다. 이들은 저마다 다른 생각을 갖고 있었다. 저우언라이는 못사는 나라들의 보호자 역할을 맡으려고 했다. 네루는 비동맹 중립 국가의 입장을 관철시키려고 했다. 그리고 나세르는 고조되어가는 아랍 민족주의의 대변자로서 회의에 임했다.

소수파지만 필리핀, 터키, 파키스탄 같은 서방 세계의 우방국들도 얼굴을 내밀었다. 공산주의 국가도 있었지만 반공을 모토로 삼는 국가, 중립을 고수하는 국가도 있었다. 회의에서는 때때로 상대방을 매도하는 고성도 오갔다. 그러나 저우언라이가 능숙하게 정리하여 나온 것이 평화 10원칙이다.

1. 기본적 인권과 국제연합 헌장의 취지와 원칙을 존중한다.
2. 모든 나라의 주권과 영토 보전을 존중한다.
3. 모든 인류의 평등과 대소 모든 국가의 평등을 승인한다.
4. 타국의 내정에 간섭하지 않는다.
5. 국제연합 헌장에 의한 단독 또는 집단적 자국 방위권을 존중한다.
6. 대국의 특정한 이익을 위해 집단적 방위를 이용하지 않는다. 또는 타국에 압력을 가하지 않는다.
7. 침략 또는 침략의 위협 및 무력 행사로 타국의 영토와 정치적 독립을 해치지 않는다.
8. 국제 분쟁은 평화적 수단으로 해결한다.
9. 상호 이익과 협력을 촉진한다.
10. 정의와 국제 의무를 존중한다.

이후 이 선언이 국제 정치를 움직이는 하나의 기준이 되었다.

이 회의의 주역을 맡았던 수카르노는 일약 '제3세계'의 리더로 각광받았다. 그러나 공산주의를 옹호하는 자세가 문제가 되어, 1965년 군이 일으킨 쿠데타로 실각했다. 그 뒤 군의 지지를 얻은 수하르토가 정권을 잡았다.

2005년, 이 회의의 50주년을 기념하는 정상회담이 개최되었다. 향후 4년에 한 번씩 정상회담을 개최하기로 결정했다. 참가국도 105개국으로 늘어나 세계화에 대항하자는 것 등을 선언했다.

미국의 공민권 운동

> **"나에게는 꿈이 있습니다"**
> 마틴 루터 킹(미국 종교인)

마틴 루터 킹
'흑인 해방 운동가'로 흑인과 백인이 동등하게 존중 받는 세상을 꿈꾸었다.

미국에서는 1950년대부터 60년대에 걸쳐 공민권 운동이 활발하게 펼쳐졌다. 공민권 운동이란 인종 간의 평등과 기회의 균등을 추구하는 모든 활동을 가리킨다.

운동의 계기가 된 것은 1954년 대법원이 내린 판결 때문이었다. 대법원은 공립학교에서의 인종 차별을 위헌으로 판결하고, 백인과 흑인이 함께 다니는 학교가 되어야 한다고 했다.

이 판결에 많은 사람들이 용기를 얻었다. 그들은 1955년 12월부터는 앨라배마 주의 주도인 몽고메리에서 버스 안에서의 인종 격리에 반대하는 버스 보이콧 운동을 개시했다. 이 투쟁은 무려 1년간이나 지속됐다. 이 투쟁 끝에 흑인들은 완전한 승리를 얻는다. 이 성과는 인종 차별이라는 두꺼운 벽에 최초로 구멍이 뚫렸다는 점에서 역사적 쾌거가 아닐 수 없었다.

그 뒤로도 공학共學 투쟁을 비롯해 다양한 운동이 전개되었다. 그 과정에서 주도적 위치에 섰던 인물이 마틴 루터 킹 목사였다. 1963년 8월, 그는 워싱턴의 링컨기념관에서 20만 명의 대중을 앞에 두고, 후세에 길이 남을 감동적인 연설을 했다.

"나에게는 꿈이 있습니다. 언젠가 조지아의 붉은 황토 언덕 위에서 옛날에 노예였던 사람의 자식들과, 옛날에 노예 소유자였던 사람의 자식들이 형제로서 함께 식탁에 앉을 수 있는 날이 오리라는 꿈. 부정과 억압의 뜨거운 습기에 눌려 황폐한 미시시피 주조차, 언젠가 자유와 정의의 오아시스로 변하는 날이 오리라는 꿈. 나에게는 꿈이 있습니다. 내 자그마한 네 아이들이 언젠가 피부색이 아니라, 그들의 인격 그 자체로 평가받는 나라에 살 수 있으리라는 꿈. 나에게는 꿈이 있습니다. 지사가 지금은 연방정부의 개입을 비난하고 주의 권리를 주장하는 말을 계속 뱉어내고 있는 앨라배마 주에서, 언젠가 자그마한 흑인 소년소녀가 자그마한 백인 소년소녀와 손을 맞잡고 형제자매로서 함께 걸을 수 있는 날이 오리라는 꿈입니다."

킹은 인도의 마하트마 간디의 정신을 배워, 비폭력을 내세운 대중 운동을 전개했다. 그 때문에 흑인 쪽에서 소요를 일으키는 경우는 많지 않았다.

이렇게 흑인들은 비폭력을 내세웠지만, 백인 지상주의자들은 가차없었다. 흑인과 흑인의 공민권 운동에 찬성하는 자유주의적 백인들을 협박하고 폭행하는 등 숱한 테러를 자행했다. 이때 백인들이 장악한 공권력은 그들의 고유한 의무, 즉 보호·검거·처벌을 공정하게 수행하는 경우가 극히 드물었다. 그로 인해 희생자가 끊이지 않았다.

아프리카계 주민들이 전개한 블랙 파워 운동에 자극받아 아메리카 원주민, 아일랜드계, 이탈리아계 이주민들도 공민권 운동을 일으켰다.

중동전쟁

"경우에 따라선
유전의 폭파도
불사한다"
야마니(사우디아라비아 정치가)

자유 가자 운동
이스라엘 가자 지구 봉쇄에 대항해 실
상을 알리고 봉쇄를 풀고자 국제선 입
항을 통해 활동하고 있다.

제1차 세계대전 후 팔레스타인은 영국의 위임통치령이 되었다. 그러나 테러와 아랍·유대인 간의 충돌이 끊일 날이 없자, 영국은 위임 통치를 포기하고 이 문제를 국제연합에 떠넘겼다. 국제연합은 1947년 10월 29일에 열린 총회에서 미국의 주도하에 팔레스타인 분할안을 가결했다. 팔레스타인 땅의 57퍼센트는 유대 국가, 43퍼센트는 아랍 국가로 분열되고, 예루살렘은 국제연합이 신탁 통치한다는 내용이었다. 그러나 인구의 3분의 2나 되는 아랍인들이 이를 받아들일 리 없었다.

팔레스타인 전역에서 아랍 양쪽 과격분자들의 무차별 테러가 횡행하기 시작했다. 그 중에서도 1948년 4월 9일에 유대인 과격분자들이 자행한 데이르 야신 마을 습격 사건이 가져다준 충격은 너무나도 컸다. 사태가 진정되기까지 잠시 피하겠다며 생필품도 챙기지 못하고 떠난 아랍인들이 많았는데, 누구도 사태가 그토록 장기화하리라고는 예상하지 못했다.

5월 14일에 유대인들이 이스라엘 건국을 선언하
자 이집트, 시리아, 요르단, 이라크 등 주변 아랍 국
가들이 일제히 팔레스타인으로의 진격을 개시했
다. 제1차 중동전쟁이 발발한 것이다. 처음에는 수
적으로 우위에 있는 아랍 쪽에 유리하게 전개됐지
만, 아랍 국가들 간의 보조가 맞지 않아 이윽고 전
황이 불리해졌다.

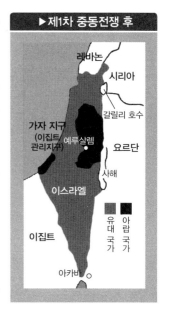

전쟁이 종료된 뒤 팔레스타인 땅의 80퍼센트 정
도가 이스라엘에게 넘어갔다. 다음해 휴전협정이
체결되기까지 더 많은 팔레스타인 난민이 발생했
다. 당연히 그들은 주변 아랍 국가들로 넘어갔는
데, 그 수가 100만 명에 이르렀다.

아랍 국가들과 이스라엘의 전투는 그 후에도 세 번이나 벌어지지만, 회
를 거듭할수록 이스라엘이 더욱 우위에 서게 되었다. 마침내 이스라엘이
점령한 땅도 예루살렘 전체, 가자 지구, 요르단 강 서안, 골란 고원, 시나이
반도로 확대되었다.

제4차 중동전쟁 때 아랍 측은 비장의 카드를 꺼내들었다. 아랍 석유수
출국기구(OPEC)가 이스라엘을 지원하는 국가들에게는 석유를 수출하지
않겠다고 선언한 것이다. 이 조치에 전 세계가 당황했다. 가솔린과 휴지
등의 사재기가 기승을 부리는 가운데, 전 세계가 공황상태에 빠졌다. 이로
써 여러 나라가 대중동 정책의 수정을 검토하지 않을 수 없었다.

1978년, 이집트는 이스라엘과 단독으로
평화협정을 체결하여 시나이 반도를 되찾
았다(이스라엘이 82년에 반환). 그 뒤 요르
단도 이스라엘과 평화협정을 맺었다.

베를린 장벽과 쿠바 위기

"베를린을 결코 포기하지 않을 것이다"
케네디(미국 정치가)

베를린 장벽
1961년 동독 정부가 세운 분리 장벽으로, 1989년 장벽 붕괴와 함께 독일 통일이 이루어졌다.

미국은 케네디 대통령 시대에 두 번에 걸쳐 핵전쟁의 위기를 경험했다. 첫 번째 위기는 1961년 8월에 찾아왔다. 무대는 독일 베를린이었다.

1945년 독일이 분단된 이래 동독 각지에서 400만 명이나 되는 시민들이 베를린을 경유하여 서방으로 탈출했다. 이에 화가 난 소련의 흐루시초프 서기장은 동독과 단독 강화를 맺어 전쟁 상황을 종결한다고 선언했다. 이렇게 함으로써 미국, 영국, 프랑스로 하여금 베를린을 포기하게 만들려는 속셈이었다.

이에 맞서 케네디는 "베를린을 결코 포기하지 않을 것이다"라며 전쟁 위기를 감수하고라도 서베를린을 지키겠다고 선언했다. 그런 한편 병력을 증강시키고 국방 예산도 추가로 편성했다. 여론 조사에서는 70퍼센트 넘는 시민들이 전쟁을 해도 좋다고 대답했다. 이 위기는 동베를린 당국이 장벽을 쌓아 시민들의 탈출을 막는 조치를 취함으로써 마무리되었다.

두 번째 위기는 1962년 10월, 카리브 해의 쿠바를 둘러싸고 일어났다. 그 계기가 된 것은 1961년에 CIA가 쿠바 진공 계획을 실행에 옮겼으나 실패로 끝나자, 소련이 쿠바에 대한 군사 원조를 본격화한 데 있었다.

소련이 쿠바에 미사일 기지를 건설 중이라는 확증을 얻은 케네디는 대응책 짜기에 골몰했다. 정부 수뇌부는 격렬한 회의를 거쳤다. 결국 케네디는 10월 22일에 더 이상의 군비 증강을 막는다는 이유로 쿠바에 대한 해상 봉쇄를 단행했다. 나아가 미사일 기지에 대한 공중 폭격을 준비시켰다.

실로 핵전쟁이 금방이라도 터질 것 같은 상황이었다. 그러나 26일 저녁에 케네디는 흐루시초프로부터 미국이 쿠바로 진공하지 않겠다는 약속을 한다면, 소련은 쿠바의 미사일 기지를 철수하겠다는 메시지를 받았다. 소련은 다시 터키의 NATO군 미사일 철거도 요구했다.

케네디 정권 수뇌부는 핵공격도 포함한 선택지를 신속하게 검토한 결과, 진공하지 않는다는 조건을 받아들이기로 했다. 핵전략을 수립한 양국이 실로 일촉즉발의 상황으로까지 치달았던 것이다. 그 뒤 미·소 양국의 긴장이 급속히 완화되기 시작해, 1963년 8월에는 영국을 포함한 3국이 부분적 핵실험 중지 조약을 체결했다.

이리하여 쿠바 위기는 누그러졌지만, 만약 양국이 핵전쟁에 돌입했다면 어땠을까? 쿠바로부터 준중거리 미사일 60발과 중거리 미사일 50발이 발사되면, 17분 이내에 미국 전략공군사령부 기지 42개소가 파괴되고, 미국의 핵 억제력은 기능 정지에 빠지게 된다는 시뮬레이션 결과가 나오기도 했다.

쿠바에서는 1959년 혁명 이후 피델 카스트로가 국가원수로 군림했다. 그는 2008년에 물러나고 그 자리를 동생 라울에게 넘겼다.

베트남 전쟁

**"독립과 자유만큼
소중한 것은 없다"**
호치민(베트남 독립운동 지도자)

호치민
30여 년간 베트남 민족운동을 이끌었
으며 독립에 일생을 바쳤다.

베트남은 19세기에 프랑스 식민지 (프랑스령 인도차이나)가 된 이래, 프랑스와 일본에 대한 저항운동을 줄기차게 전개해왔다. 그리하여 1945년 9월 2일, 일본이 항복 문서에 조인한 날 프랑스군이 다시 진주해올 때까지 시간이 걸리는 틈을 타 하노이에서 베트남 민주공화국의 독립을 선언했다. 초대 주석에 오른 인물은 1941년 5월에 결성된 베트남 독립동맹(베트민)의 맹주인 호치민이었다.

재진입을 개시한 프랑스와 평화적 해결을 지향하는 대화가 성사되었지만, 교섭은 난항을 거듭했다. 1946년 12월 20일, 호치민은 철저한 전국적 항전을 부르짖었다. 이로써 제1차 베트남 전쟁이 시작되었다.

전쟁은 일반의 예상과 달리 베트남에 유리하게 전개되었다. 1954년 5월 7일에는 프랑스 군대의 거점인 디엔비엔푸를 함락해 전 국토의 4분의

3을 지배하게 되었다. 상황이 이렇게 전개되자 제네바에서 휴전회담이 열렸다. 7월 21일에는 마침내 휴전협정이 체결된다. 그러나 강대국들의 이해관계가 복잡하게 얽혀 베트남의 통일은 즉시 이루어지지 않았다.

베트남은 북위 17도선을 경계로 남북으로 분단되었다. 그리하여 남부에는 미국의 강력한 후원을 받는 반공친미주의자 고 딘 디엠을 대통령으로 하는 베트남 공화국(남베트남)이 성립되었다. 가톨릭 신자였던 디엠은 친족들을 중용하여 반공·반불교의 강권 독재 체제를 구축했다. 그러나 불교도가 인구의 80퍼센트를 차지하는 베트남에서 대중들의 지지를 받을 수 없었다. 또 대토지 소유자들을 보호하는 토지 개혁을 단행해 농민들의 강력한 반발을 샀다. 불교도 탄압이 명줄을 단축시켜, 디엠 정권은 결국 1963년 11월에 발생한 쿠데타로 무너졌다. 그러나 남베트남은 그 뒤로도 반공친미 정권이 계속 들어섰다.

이보다 앞서, 1960년 12월에는 반미 반디엠을 내건 베트남 민족해방전선(NLF)이 발족된 것을 계기로 제2차 베트남 전쟁이 시작되었다.

미국의 케네디 대통령은 베트남 전쟁에 강력하게 개입하겠다는 의지를 분명히 드러냈다. 이 뜻을 이어받아 존슨 대통령이 1964년 8월에 발생한 통킹 만 사건을 구실 삼아 보복 폭격을 선언했다. 그리하여 1965년 2월부터 북쪽에 폭격을 개시했다. 미국이 본격적으로 개입하고 나선 것이다.

그러나 미국의 막강한 전력으로도 베트민과 NLF를 이길 수 없었다. 1973년 1월 파리 평화협정을 맺고, 미국은 그 협정에 따라 3월 말까지 베트남에서 전군을 철수시켰다.

베트남 전쟁은 1975년 4월 30일, 북베트남군이 사이공을 함락하며 끝이 났다. 고엽제 사용 등 전쟁의 상흔은 아직도 아물지 않고 있다.

백색혁명

"독을 마신 것보다도
쓰라리다"

호메이니(이란의 혁명 지도자)

호메이니
서구화·세속화에 반대했으며, 1979년
국가의 최고지도자가 되었다.

이란에서는 사파위 왕조의 뒤를 카자르 왕조가 이어받았고, 카자르 왕조의 뒤를 팔라비 왕조가 이었다.

1953년 8월, 석유의 국유화를 단행한 모사데크가 CIA의 원조를 받은 국왕 모하마드 레자 팔라비(팔라비 2세) 지지파에 밀려 정권을 내놓아야만 했다. 이리하여 정권에 복귀한 레자 팔라비는 소련과 아랍 급진파의 관계가 악화되리라 예상하고 철저한 친미 노선을 밟는다. 그는 제일 먼저 CIA의 도움을 받아 비밀경찰을 창설했다. 그리고 반대파를 탄압하며 독재 체제를 구축해나갔다. 1963년부터 백색혁명이라 불리는 일련의 근대화 정책을 강력하게 추진하는데, 이란에서는 다수를 점하는 시아파 법학자들이 강력하게 반발하며 연일 항의 집회를 열었다. 레자 팔라비는 가차없이 탄압하며, 법학자 중 최고 지도자인 호메이니를 추방했다.

백색혁명의 성과로 이란의 국제적 지위는 크게 향상되었다. 그러나 종교계, 바자르 상인, 대지주 같은 전통적인 상류층은 개혁의 흐름에 큰 불만을 품고 있었다. 1970년대 후반부터 경제가 어려워져 인플레이션과 실업이 심각해지자, 노동자와 학생 사이에서도 불만이 확산되고, 공산주의자도 눈에 띄게 활동 범위를 넓혀갔다.

팔라비는 반체제 움직임을 군과 비밀경찰의 힘으로 억눌렀다. 그런데 1978년 1월, 성지 쿰에서 벌어진 신학생들의 항의 시위를 유혈 진압한 것을 계기로 팔라비를 타도하자는 운동이 들불처럼 번져나갔다.

시아파에서는 사람이 죽으면 40일 뒤에 추도 행사를 여는 전통이 있다. 그런 추도 행사를 이용한 시위대와 군이 충돌할 때마다 사상자가 나왔다. 시위가 40일마다 반복되는 가운데, 회를 거듭할수록 시위대의 숫자는 확대일로였다. 동시에 다른 도시로도 파급되어 순식간에 국왕에 반대하는 목소리가 전국을 뒤덮었다. 탄압도 화해도 불가능하다고 판단한 팔라비는 1979년 1월 16일, 어쩔 수 없이 망명을 택했다.

체제는 무너졌다. 그러나 그 뒤에 권력을 잡은 세력은 종교 지도자들이 아니었다. 지식인과 상인을 지지 기반으로 하는 국민전선을 비롯해 무자헤딘 할크나 페다인 할크 같은 게릴라 조직, 나아가 이란 공산당인 투데당, 팔레스타인 해방기구(PLO) 등의 힘을 업은 경우가 많았다. 그러나 2월 1일, 호메이니가 망명지인 파리에서 귀국했다. 이를 계기로 이 세력들은 정권에서 점차 배제되기 시작해, 이윽고 종교 지도자들에 의한 통치 체제가 확립되었다. 1979년 12월에는 나라 이름을 이란 이슬람 공화국으로 바꾸었다. 호메이니는 미국과 소련 가운데 어느 쪽도 친구로 삼지 않는 정책을 내세운 뒤 이를 실행함으로써 전 세계를 놀라게 했다.

이웃 나라 이라크는 혁명의 불길이 번져올까 두려워 전쟁을 일으켰다. 그러자 미국이 이라크 쪽에 서서 간섭해오기 시작했다. 호메이니는 표제의 말을 입에 올리며 전쟁의 중지를 결의했다.

중국의 대외 개방 정책

"검은 고양이든
흰 고양이든 쥐만
잘 잡으면 된다"
덩샤오핑(중국 정치가)

덩샤오핑
외국인 투자와 유학생 파견 등을 통해
실용주의적 공산주의 체제를 도입해
경제를 발전시켰다.

문화대혁명으로 중국 경제는 위기를 맞았다. 그것을 바로세우는 역할을 떠맡은 인물이 저우언라이 총리였다.

그러나 저우언라이도 1976년 1월 8일에 운명했다. 7월 6일에는 인민해방군의 창설자인 주더, 그리고 9월 9일에는 마오쩌둥이 세상을 떠났다. 또 7월 28일에는 허베이 성 탕산 시에서 대지진이 일어나 사망자 24만 2,000여 명, 부상자 164만 4,000여 명이라는 끔찍한 피해를 입었다.

혁명의 원훈들이 잇따라 영면에 들어가고 천재지변이 일어났다. 사람들은 커다란 시대적 변화에 직면했음을 예감했다. 그리고 그 예감은 적중했다. 1976년 10월 6일, 예젠잉·리셴녠 등 군과 당 원로들의 후광을 입은 화궈펑 총리가 마오쩌둥의 부인 장칭 등 문화혁명 4인방을 체포한 것이다.

이보다 앞서 저우언라이는 체제를 바로세우기 위해서는 반드시 그 인물을 등용해야만 한다고 생각하고 있었다. 그 인물은 다름 아니라, 문화혁명으로 실각됐던 덩샤오핑이었다. 그리하여 1973년 3월, 덩샤오핑은 부총리로 부활했다.

덩샤오핑은 1976년 4월에 다시 실각하지만, 당의 원로와 군의 강력한 후광에 힘입어 다음해 7월에 또다시 부활한다. 그 뒤 차츰 권력을 강화해 1980년 8월에는 화궈펑을 사임시키고 최고 권력자 자리에 올랐다.

덩샤오핑은 후야오방과 자오쯔양을 기용하여 대담한 자유화를 단행했다. 외자의 도입을 인정하는 대외 개방 정책을 실시한 것이다. 농촌에서는 가정 위탁 생산제를 도입하는 등 대폭적인 자유화를 추진했다. 이 제도는 농민의 자유 경작지, 가정의 부업, 자유시장의 이용 등을 대폭 인정한 것이다. 이로써 농민들은 남은 곡물의 자유로운 판매, 상품으로 내놓을 작물의 재배 및 유통에 나설 수 있게 되었다.

이런 정책들은 사회주의에 반하는 것이라고 생각할 수도 있지만, 덩샤오핑은 생각이 달랐다. 그는 선부론先富論, 즉 부유해질 수 있는 조건을 갖춘 사람과 지역이 먼저 부유해지는 것이 좋다는 이론 아래 그런 정책들을 합리화했다.

그 결과 중국 연안 지대에 자리한 대도시에 외국 자본이 물밀듯이 들어왔고, 농촌에서는 연간 수입이 1만 위안을 넘는 집들이 속속 등장하기 시작했다. 중국에서는 이들을 '만원호万元戶'라고 불렀다.

두 차례 실각에도 덩샤오핑은 군의 비호를 받았기 때문에 4인방도 그 이상 손을 댈 수가 없었다.

미·소 협조 시대로

"사람들이 전쟁을 시작한 것이 아니다. 정부가 시작한 것이다"
레이건(미국 대통령)

냉전 종식
레이건과 고르바초프. 자유주의와 공산주의 이념의 화해를 상징한다.

미국 레이건 정권의 외교는 1기 (1981년~)와 2기(1985년~)로 크게 나뉜다. 시기별로 소련의 변화에 대응하는 방식이 달랐던 것이다

1기 때 레이건은 강한 미국을 재생한다는 목표 아래, 소련을 '악의 제국'이라고까지 부르며 군사적 확대 노선을 전개했다. 그러나 그런 정책의 여파로 경제 분야에 불똥이 튀었다.

레이건 정권의 2기는 소련에서 고르바초프가 정권을 잡고 페레스트로이카

(개혁)와 글라스노스트(정보 공개)를 추진한 시기에 해당한다.

제한 없는 군비 확장 경쟁은 소련 경제에도 심각한 타격을 입혔다. 경제를 바로세우려면 군비의 대폭적인 삭감을 추진하는 수밖에 없었다. 이리하여 제네바에서 대화가 열려, 군축을 논의하기 시작했다.

이러한 화해 분위기를 이어받아 1989년 여름, 동유럽 정세가 급변했다. 동독에서 서독으로 탈출하는 사람들이 러시를 이루어, 장벽을 탈출하여 망명을 신청하는 사람들로 붐비기 시작했다. 9월 10일, 헝가리 정부가

동독 난민들의 서방 출국을 허용한 것이 결정적인 전기가 되었다. 그런데 그 파도가 동유럽 전체로 퍼져나갔다. 사람들은 마치 동과 서를 격리해놓은 경계선을 밟아 뭉개기라도 할 것처럼 움직였다. 그러자 그때까지 각국을 떠받쳐온 정치 체제가 순식간에 무너지기 시작했다.

10월 들어 체제를 비판하는 항의 시위가 동독 각지에서 벌어지는 가운데, 독일 사회주의통일당 제1서기 호네커가 퇴진했다. 그리하여 1949년부터 계속돼온 동독 사회주의 체제가 붕괴로 치달았다.

체제 붕괴는 주변의 체코슬로바키아, 불가리아, 루마니아로 확대되었다. 그해 말까지 동유럽의 정치 체제 대부분이 무너졌다. 호네커가 퇴진한 지 1개월 뒤인 1989년 11월에는 동독 국경이 개방되었고 베를린 장벽은 시민들의 손으로 무너졌다. 1990년 10월 동서로 나뉘어 있던 독일은 서독의 주도 아래 통일을 이루었다. 같은 달에 유럽 공동체는 1994년까지 유럽중앙은행을 설립하기로 결의하고, 그에 따라 보다 폭넓은 유럽 통합을 도모하자는 움직임을 가속화했다.

이러한 사태를 지켜보며, 미국의 부시 대통령(제41대)은 1989년 12월에 냉전 종결을 선언했다. 그리고 지중해 말타에서 고르바초프와 정상회담을 가졌다. 이 회담에서 미국과 소련은 냉전 시대를 청산하고, 서로 간의 협조 아래 새로운 세계 질서를 구축하자는 논의를 했다. 그러나 정상회담 1년 6개월 뒤, 정작 고르바초프 정권은 소련 사회 자체의 개혁에 직면하여 무너지고 말았다. 고르바초프는 1991년 12월에 대통령직을 사임했고, 소련은 역사의 뒤안길로 사라졌다.

신생 러시아의 지도자가 된 인물은 옐친이고,
그 뒤를 이은 인물이 KGB 출신의 푸틴이다.

테러와의 전쟁

"악의 축"
부시(미국 대통령, 제43대)

뉴욕 세계무역센터
2001년 9·11 테러로 많은 사람들의
마음도 무너져 내렸다.

2002년 1월 29일, 미국의 부시 대통령은 매년 행하는 새해 연설에서 반테러 정책의 대상으로 북한·이란·이라크 3개국을 거명하며, 이들 세 나라를 '악의 축'으로 규정했다.

이라크에 대해서는 대량 살상 무기를 보유하고 있다는 이유로 2003년 3월에 전쟁을 일으켜 사담 후세인 정권을 붕괴시켰다. 그러나 대량 살상 무기는 끝내 발견하지 못했다. 전후의 처리 방안도 제대로 수립, 실행하지 못하여 이라크는 아직도 평화와 거리가 먼 상황에 놓여 있다.

한편, 대북한·대이란 외교는 적절한 수단을 찾지 못한 채 답보 상태였다. 이라크와 아프가니스탄에 많은 병력을 파견하여, 향후 전망도 할 수 없는 상황이었기 때문이다. 만약 이라크 이외의 지역으로까지 전쟁을 확대한다면 미국의 목을 죌 가능성이 크다. 이런 까닭에 미국 쪽에서 북한이나 이란에 대해 전쟁을 벌일 것으로 보이지는 않는다.

그런데 미국의 이런 대응에 직면한 북한과 이란의 국내 정세는 어떻게 돌아가고 있을까? 북한은 경제적으로 대단히 곤란한 상황에 놓였음에도, 인민들의 인내를 강요하며 체제 유지를 위해 골몰하고 있다.

반면, 이란은 사정이 복잡하다. 이란은 법률상 민주주의 체제를 채택하고 있다. 선거도 일정 시기마다 차질 없이 치러진다. 그 결과 보수 강경파인 아마디네자드가 대통령에 선출되자, 반미 반이스라엘 태도가 이전보다 더욱 선명해졌다.

이란 국민들은 이를 어떻게 받아들이고 있을까? 그들은 대체로 미국과 이스라엘에 적대감을 품고 있다. 1979년 혁명 직후 미국 대사관을 습격해 인질을 잡고 농성했던 때와 같은 열기가 지금도 전혀 식지 않고 있는 것이다.

테헤란의 중산층과 혁명 후 세대는 이슬람 법학자들의 정치 관여에 반감을 품고, 미국과의 관계 개선을 바라고 있다. 그런 까닭에 2009년 6월의 대통령 선거에서도 테헤란 시민들의 표는 아마디네자드와 대립해 입후보한 무사비에게 몰렸다. 하지만 아마디네자드는 지방에서 표를 많이 얻어 재선에 성공했다.

지방에서는 왜 그에게 그토록 많은 표를 던진 것일까? 그것은 아마디네자드의 국내 정책이 지방 하층민들에게 호의적이었기 때문이다. 말하자면 선심성 정책을 지속적으로 추진해온 것이다. 그러나 이러한 상황이 오래 지속되기는 어려워 보인다. 아마도 머지않아 변혁에 직면하게 될 것으로 예상된다.

이란은 대통령 위에 최고지도자가 있다. 현재의 최고지도자 하메네이는 선거 전부터 아마디네자드를 지지한다는 태도를 분명히 했다.

새우와 고래가 함께 숨 쉬는 바다

시대를 움직인 한마디
명언과 함께 떠나는 세계사 여행

지은이 | 시마자키 스스무
옮긴이 | 전형배

펴낸곳 | 도서출판 창해
출판등록 | 제9-281호(1993년 11월 17일)

1판1쇄 인쇄 | 2012년 10월 11일
1판1쇄 발행 | 2012년 10월 18일

주소 | 121-869 서울시 마포구 연남동 509-16 동서빌딩 2층
전화 | 070-7165-7500, 02-333-5678
팩시밀리 | 02-322-3333
E-mail | chpco@chol.com

ISBN 978-89-7919-989-5 03900
값 15,000원
ⓒ CHANGHAE, 2012, Printed in Korea